손에 잡히는
아두이노
3판
Arduino

Getting Started with Arduino 3/E

by Massimo Banzi and Michael Shiloh

Authorized Korean translation of the English edition of Getting Started with Arduino, 3E, ISBN 9781449363338 ⓒ 2014 Massimo Banzi, Michael Shiloh published by Maker Media Inc.
Korean-language edition copyright ⓒ 2016 Insight Press
This translation is published and sold by permission of O'Reilly Media, Inc., the owner of all rights to publish and sell the same.

손에 잡히는 아두이노 3판

초판 1쇄 발행 2010년 6월 15일 초판 2쇄 발행 2011년 7월 5일 2판 1쇄 발행 2012년 7월 12일 2판 5쇄 발행 2016년 3월 24일 3판 1쇄 발행 2016년 11월 28일 지은이 마시모 밴지·마이클 실로 옮긴이 황주선 펴낸이 한기성 펴낸곳 인사이트 편집 조은별 본문 디자인 윤영준 제작·관리 박미경 용지 에이페이퍼 출력 소다미디어 인쇄 현문인쇄 제본 자현제책 등록번호 제10-2313호 등록일자 2002년 2월 19일 주소 서울시 마포구 잔다리로 119 석우빌딩 3층 전화 02-322-5143 팩스 02-3143-5579 블로그 http://blog.insightbook.co.kr 이메일 insight@insightbook.co.kr ISBN 978-89-6626-186-4 책값은 뒤표지에 있습니다. 잘못 만들어진 책은 바꾸어 드립니다. 이 책의 정오표는 http://www.insightbook.co.kr/에서 확인하실 수 있습니다. 이 도서의 국립중앙도서관 출판예정도서목록(CIP)은 서지정보유통지원시스템 홈페이지(http://seoji.nl.go.kr)와 국가자료공동목록시스템(http://www.nl.go.kr/kolisnet)에서 이용하실 수 있습니다.(CIP제어번호: CIP2016024299)

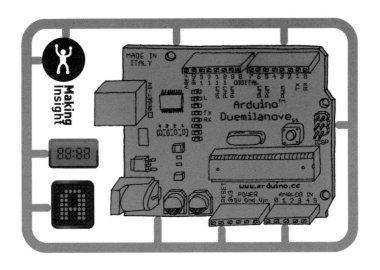

손에 잡히는
아두이노 ^{3판}

마시모 밴지 · 마이클 실로 지음 | 황주선 옮김

인사이트

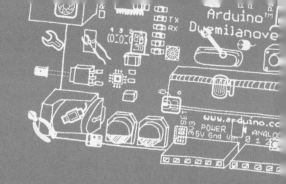

차례

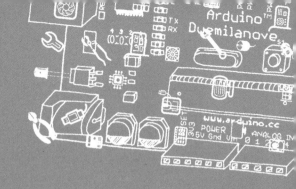

옮긴이 서문

아두이노는 전기, 전자, 컴퓨터, 프로그래밍 등을 전공하지 않은 사람들도 빠르게 습득해서 작동 가능한 프로토타입을 간편하게 구현할 수 있는 근사한 피지컬 컴퓨팅 도구입니다. 여러분은 만들고 싶은 것을 생각한 다음 아두이노가 알아들을 수 있는 언어로 표현하고, 그 언어를 실천할 작동기를 선택해서 조작한 뒤 연결하면 됩니다.

아두이노가 출시되자 사람들은 작고 단순한 프로젝트에 하나둘씩 시험 삼아 아두이노를 사용하기 시작했습니다. 그리고 머지 않아 아두이노는 호기심 많은 예술가와 디자이너, 연구자, 교육자, 취미 또는 전문 공학자, 창업을 준비하는 예비 CEO 등 다양한 사람의 사무실이나 작업대 위에 한자리씩 차지하는 인기 있는 장치가 되었습니다.

아두이노가 이러한 인기를 누리는 데는 여러 가지 이유가 있습니다. 우선 아두이노는 상대적으로 사용하기 간편하고, 저렴하며, 빠르게 배울 수 있습니다. 또한 아두이노는 특정한 조건에서는 사람보다 더 정확하게 측정하고 더 빠르게 계산할 수 있을 뿐만 아니라 24시간 작동해도 지치지 않는 지구력도 지니고 있습니다. 나아가 자동으로 소리 또는 빛을 내거나 주변 환경의 변화에 따라 물리적인 반응을 하는 흥미로운 상호작용성도 있습니다. 이 외에도 아두이노는 헤아릴 수 없을 만큼 많은 매력을 가진 장치입니다.

그러나 보다 주목해야 할 요인은 바로 아두이노 사용자들에게서 찾을 수 있을 것입니다. 낯선 분야에 과감히 뛰어들어 탐험하는 모험심과 탐구심, 자발적으로 까다로운 목표를 마주하는 도전 정신, 실패에 굴하지 않는 의지 등은 많은 아두이노 사용자들이 입을 모아 강조하는 미덕입니다. 그리고 무엇보다도 중요한 것, 그것은 바로 자신의 성공담은 물론 시행착오까지 꼼꼼하게 정리하고 기록해서 공개하고 공유하는 태도와 마음이라고 할 수 있습니다. 이러한 철학 덕분에 아두이노는 현재의 자리에 있게 되었고 다양한 분야의 광범위한 현장에서 무시할 수 없는 변화를 이끌어 낼 수 있었습니다.

이 책은 아두이노를 처음 시작하는 독자들을 대상으로 합니다. 벌써 세 번째 영문판과 번역판이 출간될 만큼 이 책은 많은 독자의 꾸준한 사랑을 받아 왔습니다. 그만큼 책의 설명과 예제들이 잘 구성되어 있어서 하나씩 꼼꼼히 따라하며 손으로 문제를 해결하다 보면 어느새 독자들은 자신의 프로젝트를 구현할 수 있는 능력을 갖추게 될 것입니다. 이 책을 통해 독자들이 유쾌한 성장 과정을 거치고 숙련도를 높일 수 있다면 역자로서 더없이 기쁘겠습니다. 그리고 바라건대 자신이 실험하고 실패하고 구현한 것을 정리하고 공개하는 독자가 늘어나고 정보를 공유하는 문화가 확산된다면 더더욱 기쁘겠습니다.

이번 번역도 매우 재미있었지만 또한 유난히 힘들기도 했습니다. 번역이 지연되는 상황에서도 인사이트 출판사의 한기성 대표님과 조은별 편집자님은 인내와 격려를 아끼지 않으셨고 그 외에도 많은 분의 도움과 지원 덕분에 책이 세상에 나올 수 있었습니다. 그 모든 분께 깊은 감사의 마음을 전합니다.

황주선

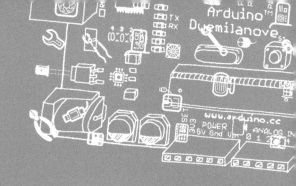

서문

『손에 잡히는 아두이노』 3판에는 두 개 장이 새로 추가되었다. 하나는 매우 야심 찬 프로젝트를 소개하는 8장으로, 보다 복잡한 회로와 프로그램을 다루는 사례를 상세하게 보여준다. 뿐만 아니라 프로젝트 디자인, 부품 및 회로 실험과 조립하기, 그리고 회로도를 사용하는 방법 등에 대해 안내한다. 회로도에 대해서는 (여전히) 부록 D에서 다루고 있다.

새로 추가된 두 번째 장은 아두이노 레오나르도를 소개하는 6장이다. 아두이노 레오나르도는 이전의 아두이노와는 달리 USB 컨트롤러가 별도의 칩이 아닌 소프트웨어로 구현된 약간 특이한 아두이노다. 레오나르도는 이러한 특성 덕분에 보드의 USB 기능을 사용자의 의도에 맞게 변경할 수 있다.

새로 추가된 장들 외에도 여러 가지 갱신된 부분이 있다.

『손에 잡히는 아두이노』 3판은 아두이노 IDE 1.0.5 버전을 기준으로 내용이 수정되었다. 하지만 곧 출시될 1.5 버전에 대비할 수 있도록 1.0.5 버전과 1.5 버전의 다른 점을 안내한다.

이 책에는 수많은 학생들과 독자들의 제안이 수렴되어 있고, 초판의 정신을 이어받기 위해 영국식 철자법을 그대로 유지하고 있다.

- 마이클

2판의 서문

필자는 몇 년 전 매우 흥미로운 일을 제안 받았다. 디자이너들에게 전자 부품에 대한 최소한의 교육을 진행해서 그들이 직접 자신의 인터랙티브 프로토타입을 제작하도록 만드는 일이었다.

필자는 잠재된 본능에 따라 나 자신이 학교에서 배운 방식대로 디자이너들을 가르치기 시작했다. 하지만 얼마 지나지 않아 수업이 기대했던 방식대로 진행되고 있지 않다는 사실을 깨닫게 되었고, 과거에는 나 자신도 관련 수업을 들으며 말이 아니게 지루한 시간을 보냈던 기억을 떠올리게 되었다.

사실 내가 학생이었을 무렵에는 전자 부품에 대한 경험적인 지식을 이미 어느 정도는 갖고 있었다. 즉, 이론적인 이해는 매우 빈약했지만 실제 경험은 풍부한 상태였다.

필자는 자신이 전자 부품에 대해 참된 배움을 얻게 되었던 과정을 생각해 보기 시작했다.

- 손에 잡히는 전자 장치들을 닥치는 대로 분해하곤 했다.
- 그 과정을 통해 각 부품들을 서서히 알아갈 수 있게 되었다.
- 일부 배선을 변경해 보며 부품들을 조작하기 시작했다. 그리고 어떤 일이 일어나는지 관찰했다. 대부분은 무엇인가 폭발하거나 아니면 연기가 피어 오르거나 두 가지 결과 중 하나로 이어졌다.
- 전자 분야 잡지에서 판매하는 키트들을 만들어 보기 시작했다.

- 직접 해킹한 부품들을 조합하기 시작했고 잡지를 통해 구했던 키트들과 다른 회로들의 용도를 변경해서 새로운 기능을 수행하도록 만들었다.

어린 꼬마였던 필자는 주변의 전자 장치들이 어떻게 작동하는지 알아내는 일에 흠뻑 빠져서 온갖 장치를 분해하곤 했다. 이러한 열정은 더욱 커져서 집안에서 사용하지 않는 물건들도 차츰 손을 대서 분해해버리는 지경에 이르게 되었다. 결국 사람들은 아예 필자가 분해할 수 있도록 온갖 장치를 갖다 주기에 이르렀다. 당시 필자의 가장 큰 분해 프로젝트는 식기세척기와 어떤 보험 회사에서 얻은 컴퓨터를 분해하는 일이었다. 컴퓨터에는 커다란 프린터, 전자 카드, 자기 카드 리더기, 그리고 수많은 다양한 장치들이 딸려 있었다. 식시세척기와 컴퓨터를 분해하는 일은 매우 흥미롭고 도전적인 과제였다.

한동안 식기세척기와 컴퓨터를 분해하다 보니, 차츰 어떤 부품이 어떤 용도로 사용되는지 대략 감을 잡아갈 수 있었다. 게다가 마침 집에는 아버지가 1970년대 초반에 구독한 것으로 보이는 헌 전자 잡지들이 잔뜩 있었다. 비록 내용은 대부분 이해하지 못했지만, 덕분에 책의 기사들과 회로도를 몇 시간씩 들여다 보며 지낼 수 있었다.

그리고 언제부터인지, 잡지의 기사들을 반복적으로 읽는 과정과 전자 장치들을 분해하며 알게 된 경험적인 지식들이 서로 연결되며 서서히 선순환을 하게 된 것 같다.

그러던 어느 크리스마스 날, 필자는 대전환을 맞이하게 되었다. 아버지가 십대들을 위한 전자 장치 학습 키트를 사주신 것이다. 모든 부품들은 플라스틱 육면체에 들어 있었고, 육면체에는 자석이 있어서 서로 붙일 수 있었다. 육면체들이 서로 붙으면 전기적으로도 서로 연결되었다. 육면체의 상단에는 회로도 기호가 있었다. 당시에는 그 장난감이 디터 람스(Dieter Rams)가 1960년대에 디자인한 독일 디자인의 랜드마크였다는 사실은 알지 못했다.

필자는 이 새로운 도구 덕분에 빠르게 회로를 구성해서 어떤 결과가 나오는지 바로 관찰할 수 있었다. 프로토타입을 만드는 시간은 단축되어 갔다.

얼마 지나지 않아 필자는 라디오, 증폭기, 끔찍하거나 근사한 소리를 내는 회로들, 우천 센서, 그리고 작은 로봇을 만들 수 있게 되었다.

필자는 특별한 계획 없이 작업하는 방식, 즉 처음에는 단순한 발상으로 작업을 시작하지만 결국에는 전혀 예기치 않은 결과물을 만들어내는 작업 방식을 지칭할 수 있는 영어 단어를 오랫동안 찾아왔다. 그러다 마침내 발견한 단어가 바로 팅커링(tinkering)이었다. 필자는 이 단어가 다양한 분야에서 탐험적인 작업 방식이나 그런 방식으로 작업하는 사람들을 지칭하는 용도로 사용되어 왔다는 사실을 알게 되었다. 가령, 누벨 바그(Nouvelle Vague)를 탄생시킨 프랑스의 영화 감독 세대는 팅커러(tinkerer)라고 불리고 있었다. 하지만 팅커링을 가장 잘 정의한 것은 샌프란시스코 과학관(Exploratorium)에서 열린 전시회의 한 문구였다.

팅커링은 즉흥적인 충동, 상상, 그리고 호기심에 이끌려 만드는 방법도 잘 모르는 상태에서 무엇인가를 만들 때 일어난다. 팅커링에는 그 어떤 지침도 주어지지 않는다. 그렇기에 실패 또한 없으며 작업하는 방식의 옳고 그름 또한 없다. 팅커링은 사물의 작동 방식을 알아내는 것에 대한 것이며 또한 그것들을 재작업하는 것에 대한 것이기도 하다.

기묘한 장치들, 기계들, 극도로 어긋나 있지만 조화를 이루는 물건들이 바로 팅커링의 사물들이다.

그러므로 팅커링은 본질적으로 놀이와 탐구를 결합하는 과정인 것이다.

어린 시절의 실험을 통해 필자는, 자신이 원하는 대로 작동하는 회로를 만들기 위해서는 기본 부품부터 공부하기 시작해서 수 많은 경험을 해야 한다는 점을 잘 알고 있었다.

필자에게 1982년은 또 다른 전환의 해였다. 그 해에 필자는 부모님과 함께 런던에 있는 과학 박물관을 방문하여 몇 시간 동안 관람할 수 있었다. 마침 그때는 컴퓨터 관이 새로 열린 참이었고, 직접 실험해 볼 수 있는 전시물도 많이 있었다. 필자는 그 전시물들을 만져보며 기초적인 이진 수학과 프로그래밍에 대해 이해할 수 있었다.

필자는 그곳에서 엔지니어들이 이제 더 이상 기초 소자들로 회로를 구성하지 않고, 엄청난 지력을 마이크로프로세서에 투입하여 제품을 생산하고 있다는 사실을 깨달았다. 전자 부품을 설계하기 위해 소비되는 몇 시간씩의 노고는 소프트웨어로 대체되고 있었고, 덕분에 개발 주기는 더욱 단축될 수 있었다.

박물관에서 돌아온 필자는 저금을 하기 시작했다. 컴퓨터를 사서 프로그래밍을 배워보고 싶었기 때문이다.

그렇게 새로 구입한 ZX81 컴퓨터로 필자의 첫 번째이자 가장 중요한 프로젝트인 용접 기계 제어기를 만들 수 있었다. 어쩌면 다소 재미 없는 프로젝트처럼 보일 수도 있지만 당시에는 마침 그 프로젝트에 대한 요구도 있었으며 이제 겨우 프로그램 작성법을 배운 필자에게는 매우 커다란 도전이기도 했다. 당시에 작업을 진행하며 분명히 깨닫게 된 점이 있었다. 바로 코드를 작성하는 편이 복잡한 회로를 조작하는 것보다 훨씬 작업 시간을 줄일 수 있다는 점이다.

그로부터 약 20여년이 지난 지금, 필자는 어렸을 때의 경험 덕분에 수학 시간에 무엇을 들었는지 전혀 기억하지 못하는 사람들에게도 프로그래밍을 가르칠 수 있게 되었다. 뿐만 아니라 필자는 유년 시절 이후 계속 간직하고 있는 팅커(tinker)에 대한 열정과 역량을 다른 사람들에게도 불어넣기 위해 노력하고 있다.

- 마시모

감사의 말(마시모 밴지)

이 책을 옴브레타(Ombretta)에게 바친다.

감사의 말(마이클 실로)

이 책을 나의 형제와 부모님께 바친다.

그리고 나를 아두이노의 세계로 안내해 주고 나아가 이 책의 세 번째 판을 함께 작업하도록 이끌어 준 마시모에게 감사의 마음을 전한다. 나에게는 매우 영광스럽고 즐거운 작업이었다.

브라이언 젭슨(Brian Jepson)에게도 감사의 마음을 전하고 싶다. 그는 독려와 지원을 아끼지 않았으며 나의 실수를 바로 잡아주었다. 프랭크 텡(Frank Teng)은 내가 작업을 지속할 수 있게끔 도와주었다. 킴 코퍼(Kim Cofer)와 니콜 셸비(Nicole Shelby) 덕분에 원고는 잘 정리될 수 있었고 편집 작업도 훌륭하게 마무리 될 수 있었습니다.

나의 딸 야스민(Yasmine)은 나에게 아낌없는 신뢰와 사랑을 보내줬으며 끊임 없이 격려해 주었다. 딸은 여전히 저를 자랑스러운 아버지이자 훌륭한 사람이라고 여깁니다. 그러한 딸이 곁에서 지원해 준 덕분에 이 작업을 무사히 마칠 수 있었다.

마지막으로, 그 누구 못지 않게 소중한 나의 동반자 주디 에메 카스트로(Judy Aime' Castro)에게 감사의 마음을 전한다. 그녀는 셀 수도 없이 많은 시간과 공을 들여 나의 서투른 그림을 근사한 삽화로 바꿔 놓았을 뿐만 아니라 책에 대한 풍부한 의견을 제시하고, 나와 함께 오랜 인내의 시간을 함께 해주었다. 그녀가 없었다면 이 작업을 완수하지 못했을지도 모른다.

일러두기

📝 이 아이콘은 팁, 제안 또는 일반적인 정보를 나타낸다.

💣 이 아이콘은 경고나 주의사항을 나타낸다.

예제 코드의 사용에 대하여

이 책은 독자의 실질적인 편의를 위해 쓰였다. 일반적인 상황이라면 독자가 이 책의 코드로 자신의 프로그램이나 문서를 작성해도 문제될 것이 없다. 즉, 코드의 상당 부분을 그대로 사용하는 경우가 아니라면 코드를 사용할 때 허락을 구할 필요가 없다. 가령, 이 책의 여기저기에 있는 코드를 사용해서 자신의 프로그램을 작성할 때는 허락을 구할 필요가 없다. 하지만 Make 책에 수록된 예제를 CD-ROM에 담아 판매하거나 배포할 때는 허락을 구해야 한다. 누군가의 질문에 답하기 위해 이 책을 인용하며 책의 예제를 답변에 사용할 경우에도 허락을 구하지 않아도 된다. 하지만 이 책에 수록된 예제의 상당 부분을 제품의 문서에 포함시킬 때는 허락을 구해야 한다.

저작권을 표시해 준다면 고마운 일이지만 반드시 표시할 필요는 없다. 저작권 표시는 통상 제목, 저자, 출판사 그리고 ISBN을 포함한다. 가령 다음과 같다. "Getting Started With Arduino, Third Edition, by Massimo Banzi and Michael Shiloh (Maker Media). Copyright 2015 Massimo Banzi and Michael Shiloh, 978-1-4493-6333-8."[1]

예제 코드를 정당한 사용 범위나 허용 범위를 넘어서 사용하고 있는 것은 아닌지 판단하기 어렵다면 편한 마음으로 bookpermissions@makermedia.com(번역서는 인사이트 홈페이지를 통해 문의)에 문의하기 바란다.

Make에 대하여

Make는 뒷마당이나 지하실 또는 차고에서 매력적인 프로젝트에 몰두하고 있는 재주 있는 사람들을 서로 이어주고, 영감을 불어넣으며, 유용한 정보를 제공하는 등 다양한 지원 활동을 하고 있다. Make는 기술을 임의로 수정하고, 해킹하고 또한 변용하려는 독자의 권리를 옹호한다. Make의 독자들은 우리들 자신, 우리의 환경, 우리의 교육 체계, 나아가 우리의 세계를 보다 낫게 만들 수 있다는 신념을 가지는 문화적 움직임과 공동체로 성장하고 있다. 이는 수동적인 독자의 역할을 넘어서는 실천적인 활동 행위이자 전세계적으로 일어나는 움직임이기도 하다. 우리는 이러한 움직임을 메이커 운동(Maker Movement)이라고 부르며 이 움직임의 선봉에 서있음을 자랑스럽게 생각하고 있다.

다음 주소를 방문하면 Make에 대해 더 많은 정보를 얻을 수 있다.

---

1 (옮긴이) 번역서의 저작권 표시는 『손에 잡히는 아두이노 3판』(마시모 밴지·마이클 실로 지음, 황주선 옮김, 인사이트, 2015).

Make 잡지: http://makezine.com/magazine/

메이커 페어: http://makerfaire.com

메이크진닷컴: http://makezine.com

메이커 셰드: http://makershed.com/

한국 Make: http://www.make.co.kr

메이커 셰드에서는 이 책의 예제들(7장까지)을 대부분 실습해 볼 수 있는 부품들을 묶어 키트로 판매하고 있다.

이 책의 웹 페이지에는 정오표, 예제 그리고 추가적인 정보들이 있다. 페이지의 주소는 http://bit.ly/start_arduino_3e이다.

아두이노 홈페이지[2]는 아두이노에 대한 추가적인 정보나 토론 포럼 및 심화 문서 등을 제공하고 있다.

이 책과 관련된 의견이나 기술적인 질문은 bookquestions@oreilly.com(번역서는 인사이트 홈페이지를 통해 문의)으로 해주기 바란다.

2 http://www.arduino.cc

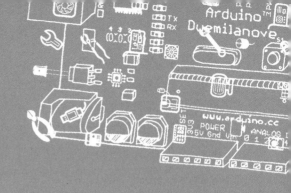

1

소개

아두이노는 상호작용하는 사물을 만드는 오픈 소스 피지컬 컴퓨팅 플랫폼으로, 독립적으로 작동시킬 수도 있고 컴퓨터의 소프트웨어와 연동해서 작동시킬 수도 있다. 아두이노는 피지컬 컴퓨팅을 자신의 작업에 활용하고자 하는 예술가, 디자이너, 그리고 여타의 일반인을 위해 전기에 대한 전문적인 지식이 없어도 사용할 수 있게 설계되었다.

아두이노의 하드웨어와 소프트웨어는 오픈 소스다. 이 오픈 소스 철학은 지식을 서로 너그럽게 공유하는 공동체의 발달을 촉진시킨다. 공동체는 처음 시작하는 초심자들에게 매우 중요하다. 아무리 터무니없는 문제에 봉착한다고 하더라도 다양한 기술적 수준의 사람들로부터 지리적으로 가깝다면 종종 직접 도움을 받을 수 있고, 온라인을 통해서라면 거의 항상 도움을 받을 수도 있기 때문이다. 뿐만 아니라 수많은 연습용 프로젝트들을 접할 수 있다. 프로젝트들은 완성된 결과물의 사진만 제공하는 것이 아니라 충분한 설명도 함께 제공하는 경우가 많기 때문에 직접 따라해 볼 수 있는 참고서로 활용할 수도 있고 파생 프로젝트나 관련 프로젝트의 토대로 사용할 수도 있다.

아두이노 소프트웨어, 일명 통합 개발 환경(Integrated Development Environment, IDE)은 무료다. www.arduino.cc를 방문하면 다운로드할 수 있으며, 프로세싱 언어[1]를 기반으로 만들어졌다. 프로세싱은 예술가들이 전문적인 소프트웨어 지식이 없이도 컴퓨터 작품을 제작할 수 있도록 개발된 언어다. 아두이노 IDE는 윈도우, 매킨토시, 그리고 리눅스에서 사용할 수 있다.

아두이노 보드는 값이 싸고(약 30달러) 초보자들이 흔히 범하는 실수 때문에 망가지는 일도 드물다. 설령 아두이노 우노의 주요 부품을 망가뜨렸다 하더라도 약 4달러면 부품을 교체할 수 있다.

아두이노 프로젝트는 교육적 환경에서 잉태되었으며 현재 매우 인기 있는 교육용 도구다. 아두이노의 오픈 소스 철학은 정보, 문제 해결법, 그리고 프로젝트 내용을 너그럽게 공유하는 공동체를 만들어 냈을 뿐만 아니라 교육 방법, 교과 과정, 그리고 다른 유용한 정보들을 공유하는 장을 만들어 냈다. 아두이노의 특별한 메일링 리스트[2]는 아두이노에 대해 궁금한 점이 있거나 교육에 관심이 있는 사람들이 모여 의견을 나눌 수 있는 환경을 제공하고 있다.

아두이노 하드웨어와 소프트웨어는 오픈 소스이기 때문에 누구든 아두이노 하드웨어 설계도를 다운로드해서 자신만의 보드를 만들 수 있고, 자신의 프로젝트에 아두이노 디자인을 활용하거나 또는 통합하는 것도 가능하다. 그리고 아두이노의 작동 방식을 보다 자세하게 이해하기 위해 설계도를 꼼꼼히 살펴볼 수도 있다.

---

1   http://www.processing.org/
2   https://groups.google.com/a/arduino.cc/forum/?fromgroups#!forum/teachers

대상 독자

이 책은 아두이노의 '원(original)' 사용자들, 즉 디자이너와 예술가들을 주요 목표 독자층으로 삼고 있다. 그에 따라 일부 기술자들의 눈에는 이 책의 설명 방식이 매우 기이해 보일 수도 있다. 사실 어떤 기술자 한 명은 이 책의 초벌 원고 도입부를 '시시하다'고 말했다. 바로 그것이 중요한 점이다. 솔직히 말해 보자. 대부분의 기술자들은 자신이 하는 일을 다른 기술자들에게 잘 설명하지 못한다. 나아가 일반인들에게 설명하지 못하는 것은 말할 것도 없다. 이제 그 시시한 것을 깊이 파헤쳐 보자.

이 책은 전자 또는 프로그래밍 과목의 교과서는 아니다. 하지만 이 책을 읽으며 전자 또는 프로그래밍에 대해 배울 수는 있을 것이다.

아두이노가 인기를 얻기 시작할 즈음 나는 온갖 분야의 실험자들, 취미 공학자들, 그리고 해커들이 아름답고 매력적인 사물을 만들기 위해 아두이노를 사용하는 것을 보게 되었다. 나는 여러분 각자가 나름대로 예술가이자 디자이너라는 사실을 알기에 이 책 또한 여러분을 위한 서적이라고 말할 수 있다.

— 마시모

> 🖉 아두이노는 에르난도 바라간(Hernando Barragan)이 IDII(Interaction Design Institute Ivrea)에서 진행했던 논문 작업인 와이어링(Wiring) 플랫폼을 기반으로 하고 있다. 케이시 리아스(Casey Reas)와 나(마시모)는 당시 그의 논문 작업을 지도했다.

인터랙션 디자인이란 무엇인가?

아두이노는 인터랙션 디자인을 가르치기 위해 개발되었다. 인터랙션 디자인은 프로토타이핑을 주요 방법론으로 사용하는 분야이다. 인터랙션 디자인에 대한 정의는 다양한데, 필자가 선호하는 정의는 다음과 같다.

인터랙션 디자인은 인터랙티브 경험에 대한 디자인이다.

오늘날 인터랙션 디자인은 우리들(인간)과 사물들 사이에 의미 있는 경험을 만드는 것과 관련이 있다. 인터랙션 디자인은 인간과 기술 사이의 아름다운(그리고 어쩌면 논란의 여지가 있는) 경험 창출에 대해 탐구하기 좋은 방법이며, 지속적으로 프로토타입의 충실도를 높여가는 반복적인 과정을 통해 디자인을 개선한다. 이러한 접근 방식은(그리고 전통적인 디자인 방법론의 일부를 포함하는 방식은) 기술적인 프로토타입 제작, 특히 전자 부품을 활용한 프로토타이핑으로 확장될 수 있다.

아두이노와 관련이 깊은 이 특정한 인터랙션 디자인 영역을 사람들은 종종 피지컬 컴퓨팅(또는 피지컬 인터랙션 디자인)이라고 부른다.

피지컬 컴퓨팅이란 무엇인가?

피지컬 컴퓨팅은 전자 부품을 사용해서 디자이너와 예술가들을 위해 새로운 사물의 프로토타입을 만드는 분야이다. 여기에는 사람들과 상호작용하는 인터랙티브 사물에 대한 디자인도 포함된다. 인터랙티브 사물은 센서들과 작동기들을 마이크로컨트롤러(단일 칩 기반의 컴퓨터)에서 실행되는 소프트웨어로 제어하는 덕분에 사람과 소통할 수 있다.

과거에 전자 부품을 사용한다는 것은 늘 기술자들을 상대해야 한다는 의미였고, 작은 부품을 하나하나 모아가며 회로를 만들어야 한다는 의미였다. 이러한 문제들은 창의적인 사람들이 창작물에 직접 전자 부품을 사용하기 어렵게 만드는 큰 장벽이었다. 대부분의 도구들은 기술자들을 위한 것이었으며 상당한 지식을 요구했었다.

그러나 최근에는 마이크로컨트롤러들이 더욱 저렴해지고 사용하기도 훨씬 쉬워졌고, 동시에 컴퓨터도 더욱 빠르고 강력해져서 보다 좋은(그리고 사용하기 쉬운) 개발 도구들을 만들 수 있게 되었다.

아두이노 덕분에 이러한 도구들을 한층 더 초심자의 눈높이에 맞춰 제공할 수 있게 되었고, 2~3일 정도의 교육 과정만 거치면 초심자들도 무엇인가 만들어 내는 일을 시작할 수 있게 되었다. 아두이노를 사용하면 디자이너나 예술가들도 전자 부품들과 센서들에 대한 기본적인 지식을 매우 빠르게 습득할 수 있으며 매우 적은 투자만으로도 프로토타입을 제작할 수 있다.

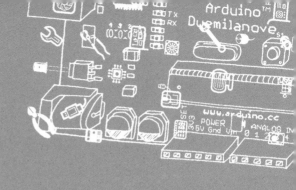

2

아두이노 방식

아두이노는 말보다 실천을 중시하는 철학을 갖고 있다. 이는 보다 나은 프로토타입을 만들 수 있는 더욱 빠르고 강력한 방법에 대한 끊임없는 모색을 의미한다. 우리는 수많은 프로토타이핑 기법을 탐구했을 뿐만 아니라 손으로 생각하는 방법들을 개발했다.

전통적인 공학 기술은 A라는 출발점에서 B라는 목표 지점에 도달하기 위해 가장 효율적인 길을 선택하는 경향이 있다. 하지만 아두이노 방식은 다르다. 중간에 길을 잃고 새로운 C를 찾는 것에 중요한 가치가 있다고 간주한다.

이것이 바로 우리가 매우 좋아하는 팅커링(tinkering) 과정, 즉 특별한 목표 지점을 정하지 않은 상태에서 재료와 도구를 만지작거리다가 뜻밖의 발견을 하는 과정이다. 보다 나은 프로토타입을 만드는 방법을 모색하던 중 우리는 소프트웨어 및 하드웨어 도구를 지속적으로 다루는 데 유용한 몇 가지 소프트웨어 꾸러미도 선택하게 되었다.

앞으로는 아두이노 방식에 영감을 준 철학, 사건, 그리고 인물 들에 대해 살펴볼 것이다.

프로토타이핑

프로토타이핑은 아두이노 방식의 진수이다. 사람은 물건을 만든다. 그리고 다른 사물, 인간, 그리고 네트워크와 상호작용하는 사물도 만든다. 뿐만 아니라 사람들은 보다 간단하고 빠르게 프로토타입을 만드는 가장 경제적인 방법을 찾기 위해 노력한다.

전자 부품을 처음 접하는 대다수의 초심자들은 만드는 방법을 밑바닥부터 새로 배워야 한다고 생각하곤 한다. 하지만 그렇게 한다면 정력을 낭비하게 될 뿐이다. 사람들이 진짜로 원하는 것은 무엇인가를 빠르게 만들고 작동시키는 것이다. 이를 통해 스스로 동기를 부여하고 다음 단계로 나아갈 수도 있고, 다른 사람의 흥미를 유발해서 여러분을 지원하도록 할 수도 있다.

이것이 바로 우리가 우발적 프로토타이핑(opportunistic prototyping)이라고 부르는 방식을 개발한 이유이다. 큰 회사들과 실력있는 기술자들이 이미 공들여 개발한 훌륭한 부품과 도구를 쉽게 구입해서 자신의 용도에 맞게 응용하거나 변용할 수 있다면, 굳이 시간과 노력을 쏟아 부으며 밑바닥부터 하나하나 만들 필요가 있을까? 전문적인 기술적 지식을 갖추는 데만 해도 엄청난 시간을 들어야 하는데도?

그런 의미에서 제임스 다이슨(James Dyson)[1]은 본받을 만하다. 그는 스스로 만족할 만큼 제대로 된 진공 청소기를 만들기 위해 5,127개의 프로토타입을 만들었다.

---

1 http://www.dyson.co.uk/

팅커링(Tinkering)

우리는 기술과 놀면서 하드웨어와 소프트웨어의 다양한 가능성을 탐구하는 것이 중요하다고 생각한다. 특히, 이럴 때는 명확한 목적의식이 없는 경우가 더 좋을 수 있다.

기존의 기술을 재활용하는 것은 팅커링의 가장 좋은 방법 중 하나이다. 저렴한 장난감이나 낡아서 버려진 장치로 무엇인가 새로운 것을 만들어 내기 위해 해킹하다 보면 뜻밖의 대단한 결과물을 산출할 수도 있다.

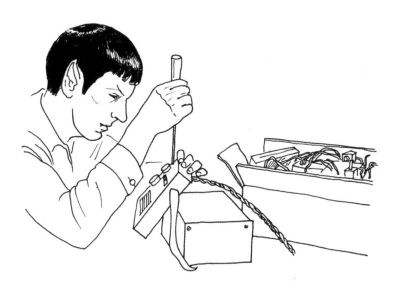

패칭(Patching)

나는 간단한 장치들을 서로 연결해서 복잡한 시스템을 구축하는 모듈 방식의 가능성에 늘 매료되어 있었다. 로버트 무그(Robert Moog)와 그의 아날로그 신시사이저는 이러한 방식의 좋은 사례일 것이다. 전자 음악가들은 소리를 만들어내기 위해 케이블로 서로 다른 모듈들을 무수히 많은 조합으로 연결하며 실험하는 수고를 마다하지 않았다. 이러한 접근 방식 덕분에 신시사이저는 마치 옛날 전화기처럼 수많은 조절 손잡이가 달려있는 모습을 하게 되었지만, 덕분에 소리를 팅커링 할 수 있는 훌륭한 플랫폼이 될 수 있었고 음악에 혁신을 일으킬 수 있었다. 무그는 패칭에 대해 "목격하기와 발견하기" 사이의 과정이라고 말했다. 나는 대부분의 음악가들이 처음에는 수백 개의 조절 손잡이를 어떻게 사용해야 하는지 모를 것이라고 확신한다. 하지만 계속 실험하고 시도하는 과정을 통해 자신만의 방식을 만들어 내며 마침내 유려하게 사용할 수 있는 경지에 도달하는 것이라고 본다.

― 마시모

유려하다는 것, 흐름이 끊어지지 않는다는 것은 창의성에 있어서 매우 중요한 요소이다. (작업 과정이 매끄러울수록 더욱 많은 팅커링이 일어날 수 있다.)

이러한 기법은 소프트웨어계에도 영향을 미쳤고, 그 덕분에 맥스(Max), 퓨어 데이터(Pure Data), 그리고 브이포(VVVV) 같은 시각적 프로그래밍 환경이 등장하게 되었다. 이 도구들은 특정한 기능을 가진 상자 모양의 아이콘을 제공하며 사용자는 이 상자들을 서로 선으로 연결해서 이어 붙인다. 시각적 프로그래밍 환경은 텍스트 기반 프로그래밍 과정에서 끊임없이 발생하는 흐름의 끊김, 즉 "프로그램을 작성한다, 컴파일한다, 이런, 에러가 났네, 에러를 고치고, 컴파일하고, 실행한다"와 같은 방해 요소 없이 사용자가 프로그래밍 실험을 할 수 있게 해준다. 만약 독자가 보다 시각적인 사고 방식을 갖고 있다면 이와 같은 시각적인 도구들을 사용해 보는 것도 좋다.

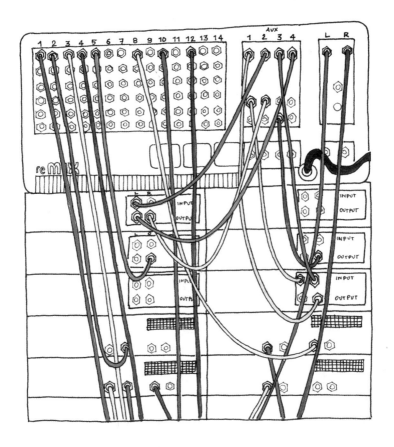

서킷 벤딩(Circuit Bending)

서킷 벤딩(circuit bending)은 가장 흥미로운 팅커링 형태 중 하나이다.
서킷 벤딩이란 새로운 악기나 소리 발생기를 만들기 위해 저전압의 건
전지로 작동하는 기존의 전자 오디오 장치들, 가령 전기 기타의 이펙
터 페달, 어린이들의 장난감, 그리고 작은 신시사이저 등의 회로에 창
의적으로 합선을 일으키는 것이다. 이러한 과정의 핵심은 바로 "우연

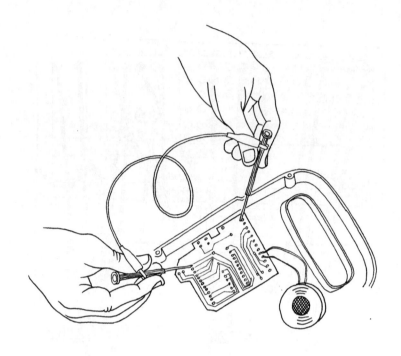

의 예술"에 있다. 서킷 벤딩은 1966년 리드 가잘라(Reed Ghazala)에 의해 시작되었다. 어느 날 책상 서랍 안에 있던 장난감 앰프가 우연히 다른 금속 물체와 부딪히며 합선을 일으켰는데, 이때 무엇인가 특이한 소리가 났던 것이다. 서킷 벤딩을 하는 사람들은 소리나 음악 또는 전기 등과 관련된 이론적인 면은 잘 모르더라도 팅커링 기술을 통해 터무니없지만 근사한 장치를 만드는 데는 탁월한 재주를 발휘하고 있다.

서킷 벤딩은 오른쪽 그림에 보이는 스니핀 글루(Sniffin' Glue)라는 펑크 팬 잡지의 내용과 통하는 점이 있다. 펑크 시절에는 기타 코드 세 개만 잡을 줄 알면 밴드를 만들 수 있었다. 설령 그 어떤 전문가가 여러분을 저평가하더라도 기죽을 필요는 없다. 그들이 하는 말은 무시하고 언젠가 그들을 놀라게 하면 그만이다.

SNIFFIN' GLUE..
+ OTHER ROCK 'N' ROLL HABITS FOR PUNKS! ①

NO.1 OF MANY,WE HOPE!

THIS THING IS NOT MEANT TO BE READ...IT'S FOR SOAKING IN GLUE AND SNIFFIN'.

PLAY'IN IN THE BAND...FIRST AND LAST IN A SERIES.........

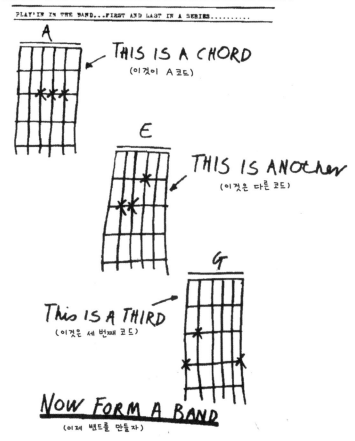

THIS IS A CHORD
(이것이 A 코드)

THIS IS ANOTHER
(이것은 다른 코드)

This IS A THIRD
(이것은 세 번째 코드)

NOW FORM A BAND
(이제 밴드를 만들자)

키보드 해킹

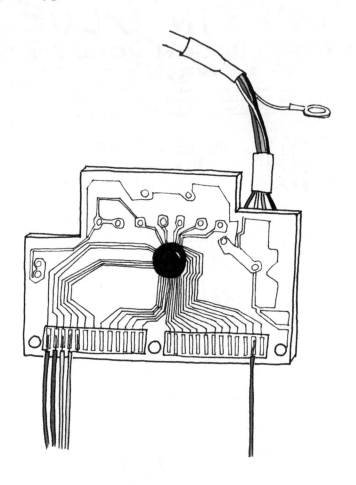

60여 년이 넘는 시간 동안 컴퓨터와의 가장 주된 상호작용 장치는 여전히 키보드였다. MIT 미디어 랩의 교수인 알렉스 펜트랜드(Alex Pentland)는 다음과 같이 말하기도 했다. "이런 말을 해서 미안합니다만, 남자 소변기가 컴퓨터보다 더 스마트합니다. 컴퓨터는 주변 환경

으로부터 고립되어 있으니까요."[2]

틴커링을 즐기는 사람이라면 키보드 대신 환경을 감지하는 센서를 사용해서 소프트웨어와 상호작용하는 새로운 방식을 구현할 수 있을 것이다. 컴퓨터 키보드를 분해해보면 매우 간단하면서 저렴한 장치가 모습을 드러낸다. 키보드의 가장 중요한 부분이 바로 이 간단한 보드다. 이 보드는 보통 녹색이나 갈색으로 된 회로판인데, 여기에는 두 장의 플라스틱 막이 연결되어 있다. 플라스틱 막은 서로 포개져 있고, 서로 마주하는 면에는 각 키의 위치마다 접촉을 일으킬 수 있는 단자가 짝을 이루어 배치되어 있다. 만약 회로만 빼내고 전선으로 접점을 연결하면 컴퓨터 화면에 글자가 찍히는 것을 볼 수 있을 것이다. 또한 동작 인식 센서를 사서 키보드 회로에 연결하면 누군가 센서 앞을 지나갈 때 키가 입력되는 것을 확인할 수도 있을 것이다. 적절한 방식으로 입력을 받아 소프트웨어에 연결하면 컴퓨터를 소변기만큼은 똑똑하게 만들 수 있다. 키보드 해킹에 대한 공부는 프로토타이핑과 피지컬 컴퓨팅을 이해하는 주요 과정이기도 하다.

우리는 쓰레기를 좋아한다!

요즘 사람들은 수많은 장치들을 버린다. 여기에는 낡은 프린터, 컴퓨터, 온갖 사무기기들, 기술적 장비들, 그리고 심지어는 군용 장비들도 포함된다. 이러한 잉여 장치들은 나름의 거대한 시장을 형성한다. 젊고 가난한 해커들과 초보자들은 이 시장을 애용하는 단골이다. 우리가 아두이노를 개발한 이브레아에서도 이러한 시장이 형성되어 있었

---

2 사라 리스 헤드버그(Sara Reese Hedberg)가 "지각 가능한 컴퓨터를 향한 MIT 미디어 랩의 여정 ("MIT Media Lab's quest for perceptive computers," Intelligent Systems and Their Applications, IEEE, Jul/Aug 1998)"에 인용함

다. 그 도시는 올리베티라는 회사의 본부가 있는 곳이었다. 올리베티
는 1960년대부터 컴퓨터를 만들었다. 하지만 1990년대 중반에 이 회
사는 모든 것을 지역 폐품 처리장에 내놓았다. 덕분에 폐품 처리장에
는 각종 컴퓨터 부품들, 전자 부품들, 그리고 온갖 기이한 장치들이 헤
아릴 수도 없을 만큼 잔뜩 쌓이게 되었다. 우리는 폐품 처리장에서 많
은 시간을 보내며 다양한 종류의 기이한 장치들을 아주 싼 값에 사들
여서 해킹하고 프로토타입을 만들었다. 누구라도 아주 헐값에 수천 개
의 고출력 스피커를 살 수 있다면 언젠가는 그와 관련된 어떤 아이디
어가 떠오르기 마련이다. 가능하다면 아무런 사전 지식도 없이 무엇인
가를 시작하기 전에 폐품이나 중고품을 활용하여 충분히 연구해 두도
록 하자.

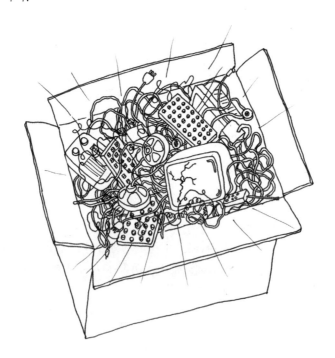

장난감 해킹하기

앞서 언급했던 서킷 벤딩의 사례를 통해 알 수 있듯이 장난감은 저비용 기술을 해킹하거나 재사용하기에 더없이 좋은 환상적인 자원이다. 특히 요즘처럼 값싸면서 첨단 기술이 장착된 중국산 장난감들이 홍수를 이루고 있는 상황에서는 몇 개의 장난감 고양이와 광선검만 갖고도 빠르게 아이디어를 구현할 수 있다.

나는 기술이 두렵거나 접근하기 어려운 것이 아니라는 것을 학생들에게 이해시키기 위해 몇 년 동안 노력하고 있다. 내 수업에서는 우스먼 해크(Usman Haque)와 아담 솜라이-피셰(Adam Somlai-Fischer)가 쓴 "저차원적 기술의 센서와 작동기들"이라는 책자를 즐겨 사용한다. 저자들은 책을 통해 이 기법을 완벽하게 설명하고 있으며 나 또한 그들의 방식을 오래 전부터 사용해 오고 있다.

— 마시모

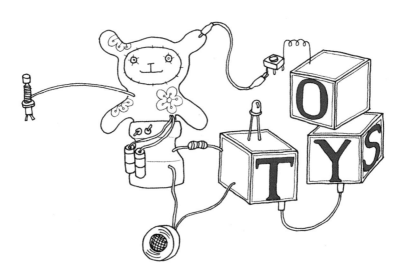

협업

사용자들 사이의 협업은 아두이노 세계의 주요 원칙 중 하나이다. 전 세계의 수많은 사람들은 www.arduino.cc에 있는 포럼을 통해 서로 도와가며 아두이노 플랫폼을 공부하고 있다. 또한 아두이노 팀은 가까운 지역의 사람들끼리 서로 긴밀하게 협업하도록 장려하고 있으며 방문하는 도시마다 사용자 모임을 구성할 수 있도록 돕고 있다. 한편 아두이노 홈페이지에는 놀이터라는 의미의 wiki인 "Playground[3]"도 운영되고 있다. 이곳에는 사용자들의 연구 결과가 문서화되고 있다. 사용자들이 다른 사용자들을 위해서 웹에 지식을 쏟아내는 것을 보면 놀랍기 그지없다.

서로 공유하고 돕는 문화는 내가 아두이노와 관련해서 가장 자랑스럽게 생각하는 것 중 하나이다.

— 마시모

---

3 http://www.arduino.cc/playground

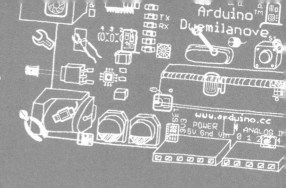

3

아두이노 플랫폼

아두이노라는 말은 보통 두 가지를 의미한다. 하나는 프로젝트를 진행할 때 부품들을 연결하여 사용하는 하드웨어인 아두이노 보드, 다른 하나는 컴퓨터에서 실행하는 아두이노 통합 개발 환경(Integrated Development Environment) 또는 IDE라고 하는 소프트웨어다. IDE로는 스케치(작은 컴퓨터 프로그램)를 작성해서 아두이노 보드에 업로드할 수 있다. 스케치는 보드가 수행해야 할 일들을 지시한다.

예전에는 하드웨어 작업을 한다는 것이 저항, 커패시터, 인덕터, 트랜지스터 등등 기이한 명칭을 가진 수백 개의 서로 다른 부품들을 처음부터 하나하나 연결해서 회로를 만들어 간다는 것을 의미했다. 모든 회로는 특정한 기능을 수행하기 위해 배선을 해야 했고, 회로의 기능을 수정하기 위해서는 전선을 끊고 다시 납땜을 하는 작업을 수행해야 했다.

그러나 디지털 기술과 마이크로프로세서의 등장으로 인해 배선을 해야만 구현할 수 있었던 기능들을 소프트웨어가 대신 할 수 있게 되었다. 소프트웨어는 하드웨어보다 수정하기가 훨씬 쉽다. 과거에 저항을 두어 개 납땜했을 시간에 이제는 키보드를 몇 번만 두드리는 것만으로도 장치의 논리 구조를 근본적으로 바꿀 수도 있고 두 세 개의 프로그램 버전을 시험해 볼 수도 있게 되었다.

아두이노 하드웨어

아두이노 보드는 작은 마이크로컨트롤러 보드의 일종이다. 이 보드는 컴퓨터의 기능을 수행하는 작은 칩(마이크로컨트롤러 칩)과 관련 회로로 이루어져 있다.

이 아두이노 컴퓨터의 처리 능력은 이 책을 집필하며 사용하고 있는 맥북보다 적어도 천 배는 떨어진다. 하지만 매우 저렴할 뿐만 아니라 흥미로운 장치들을 만드는 데 더없이 유용하다.

— 마시모

아두이노 우노 보드를 살펴보자. 검은색 직사각형 모양에 다리 28개가 달린 플라스틱 부품(SMD 모델이라면 작고 납작한 사각형 모양의 플라스틱)이 보일 것이다. 이 부품이 바로 보드의 핵심 부품인 아트메가 328 칩이다.

> 🖉 아두이노 보드의 종류는 매우 다양하다. 하지만 앞에서 언급한 아두이노 우노
> 를 일반적으로 가장 많이 사용하고 있다. 6장에서는 다른 종류의 아두이노 보
> 드를 소개할 것이다.

우리(아두이노 팀)는 마이크로컨트롤러가 정상적으로 작동하고 컴퓨터와 통신하는 데 필요한 모든 부품들을 이 보드 안에 장착했다. 아두이노 보드는 다양한 종류가 출시되어 있지만 이 책에서는 아두이노 우노

를 기준으로 삼고 있다. 아두이노 우노는 사용하기 간단할 뿐만 아니라 배우기에도 가장 좋기 때문이다. 하지만 이 책에서 다루는 내용은 최근에 출시된 보드든 과거에 출시된 보드든 상관없이 거의 모든 아두이노 보드에 적용 가능하다. 그림 3-1은 아두이노 우노의 모습이다.

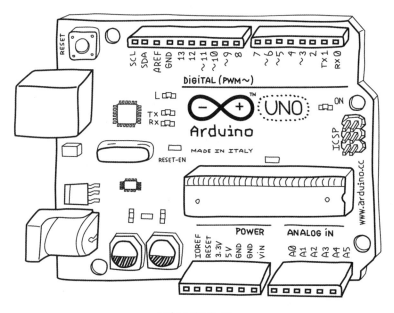

그림 3-1 아두이노 우노

그림 3-1을 보면 아두이노의 위쪽과 아래쪽에 각각 한 줄의 길쭉한 부품이 있고 구멍마다 이름이 표기되어 있는 것이 보일 것이다. 이 길쭉한 부품은 센서나 작동기를 연결할 때 사용하는 커넥터이다. (작동기는 센서와 반대되는 개념의 부품이다. 센서가 물리적인 세계의 무엇인가를 감지해서 컴퓨터가 이해할 수 있는 신호로 변환하는 장치인데 비해 작동기는 컴퓨터의 신호를 물리적인 세계의 작동으로 변환하는 장

치이다. 앞으로 이 책을 통해 센서와 작동기에 대해 더욱 자세하게 살펴보게 될 것이다.)

처음에는 이 커넥터들이 다소 낯설어 보일 수도 있다. 이 책을 통해 사용법을 익히게 될 입력 핀과 출력 핀에 대한 설명은 다음과 같다. 설명을 읽고도 잘 이해가 안 될 수 있지만 그렇다고 너무 걱정할 필요는 없다. 이 책에서는 새로운 개념들을 여럿 소개할 예정이며 이 개념들에 익숙해지려면 다소 시간이 필요할 수도 있다. 하지만 반복적으로, 그리고 다양한 관점에서 설명을 계속할 것이며 직접 회로를 만들고 결과를 확인하는 실습을 거치다 보면 명확하게 이해할 수 있을 것이다.

디지털 입출력 핀 14개(디지털 핀 0번부터 13번까지)

이 핀들은 입력이나 출력 용도로 사용할 수 있다. 입력이란 센서의 정보를 읽는다는 뜻이며 출력이란 작동기를 제어한다는 뜻이다. IDE로 작성하는 스케치를 통해 핀의 방향(입력 또는 출력)을 특정할 수 있다. 디지털 입력은 두 개의 값(HIGH 또는 LOW) 중 하나로 읽을 수 있으며, 디지털 출력은 두 개의 값 중 하나로 출력할 수 있다.

아날로그 입력 핀 6개(디지털 핀 0번부터 5번까지)

아날로그 입력 핀들은 아날로그 센서로부터 측정한 전압의 값을 읽을 때 사용한다. 디지털 입력이 전압의 값을 HIGH나 LOW라는 두 개의 상태로만 읽을 수 있는 것과는 대조적으로 아날로그 입력은 전압의 값을 1,024 단계로 구분하여 읽을 수 있다.

아날로그 출력 핀 6개(디지털 핀 3, 5, 6, 9, 10, 11)

이 핀들은 사실 디지털 핀들 중에서 제3의 기능, 즉 아날로그 출력을 수행할 수 있는 여섯 개의 핀이다. 다른 디지털 입출력 핀들과 마찬가지로 스케치에서 핀의 기능을 특정할 수 있다.

한편 보드의 전원은 컴퓨터의 USB 포트, 대부분의 USB 충전기, 또는 AC 어댑터(9V 출력을 권장하며 내경 2.1mm 규격에 중앙이 양극이어야 한다)를 통해 공급할 수 있다. 전원 단자에 플러그를 꽂으면 아두이노는 우선적으로 해당 전원을 사용하고 그렇지 않은 경우에는 USB 소켓의 전원을 사용한다. 전원 단자와 USB 소켓 모두에 전원을 연결하면 보다 안정적인 작업 환경을 확보할 수 있다.

소프트웨어 통합 개발 환경(IDE)

IDE(Integrated Development Environment)는 컴퓨터에서 실행되는 특수한 프로그램으로, 아두이노 보드용 스케치를 작성할 때 사용한다. 스케치의 언어는 프로세싱 언어[1]에 기반하여 만들어졌다. 스케치를 작성한 다음 보드에 스케치를 업로드하는 버튼을 누르면 마법 같은 일이 일어난다. 사용자가 작성한 코드는 C 언어(C는 초급자가 사용하기에는 일반적으로 조금 어려운 언어이다)로 변환되어 avr-gcc 컴파일러로 넘겨진다. avr-gcc 컴파일러는 작성한 코드를 마이크로컨트롤러가 이해할 수 있는 형식으로 최종 변환하는 중요한 오픈 소스 소프트웨어이다. 이 마지막 단계가 사실 아두이노의 매우 중요한 부분이다. 아두이노는 마이크로컨트롤러 프로그래밍에 수반되는 복잡한 단계의 대부분을 사용자가 신경 쓰지 않아도 되도록 감춰두었기 때문이다.

---

1 http://www.processing.org/

아두이노를 프로그래밍하는 과정은 기본적으로 다음과 같다.

1. 보드를 컴퓨터의 USB 포트에 연결한다.
2. 보드에 생명을 불어넣을 스케치를 작성한다.
3. USB를 통해 스케치를 보드에 업로드하고 보드가 재시작할 때까지 잠깐 기다린다.
4. 사용자가 작성한 스케치에 따라 보드가 작동한다.

컴퓨터에 아두이노 설치하기

아두이노 보드를 프로그래밍하려면 먼저 아두이노 홈페이지[2]에 접속해서 적절한 IDE를 다운로드하여 설치해야 한다. 자신이 사용 중인 컴퓨터의 운영체제 맞는 IDE를 선택해서 다운로드하고 다음 절에서 안내하는 바와 같이 설치하도록 한다.

> ✎ 리눅스 사용자들은 아두이노 홈페이지의 "Learning Linux" 페이지[3]를 참고하여 IDE를 설치하도록 한다.

IDE 설치하기(매킨토시)

파일을 다운로드한 다음 더블 클릭하면 아두이노 응용 프로그램이 포함된 디스크 이미지가 열린다.

아두이노 응용 프로그램을 "응용 프로그램" 폴더로 드래그 앤 드롭하여 설치를 마친다.

---

2 http://www.arduino.cc/en/Main/Software
3 http://playground.arduino.cc/Learning/Linux

드라이버 설정하기(매킨토시)

아두이노 우노는 매킨토시의 운영체제가 제공하는 드라이버를 사용하므로 추가적인 설치가 필요 없다.

IDE를 설치했다면 아두이노 우노를 매킨토시에 USB 케이블로 연결한다.

그러면 보드에 PWR이라고 표시된 녹색 LED의 불이 켜지고 L이라고 표시된 노란 LED가 깜빡이기 시작할 것이다.

> 어쩌면 네트워크 인터페이스를 감지했다는 알림 창이 뜰 수도 있다.
>
> 만약 이 창이 뜨면 네트워크 설정을 클릭한 다음 적용 버튼을 클릭한다. 아두이노 우노가 설정되지 않은 상태로 표시될 수도 있지만 정상적으로 작동하는 상태이니 걱정하지 말고 시스템 환경설정을 종료한다.

지금까지 소프트웨어 설정을 살펴보았다. 이제 컴퓨터가 아두이노 우노와 통신을 할 수 있도록 적절한 포트를 선택해야 한다.

포트 설정(매킨토시)

응용 프로그램 폴더나 Spotlight를 통해 아두이노 IDE를 실행한다.

아두이노 IDE의 도구 메뉴에서 시리얼 포트를 선택하고, /dev/cu.usbmodem나 /dev/tty.usbmodem으로 시작하는 포트를 선택한다. 이 포트는 둘 다 아두이노 보드를 지칭하며 둘 중 어떤 것을 선택하든지 상관없다.

그림 3-2는 포트의 목록을 보여준다.

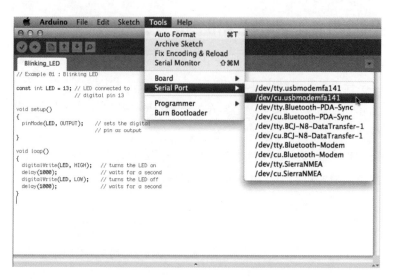

그림 3-2 매킨토시용 아두이노 IDE에서 시리얼 포트의 목록을 열어본 화면

이제 거의 다 마쳤다. 마지막으로 해야 할 일은 사용하고자 하는 실제 보드에 맞게 IDE의 보드를 설정하는 일이다.

아두이노 IDE의 도구 메뉴에서 보드를 클릭한 다음 아두이노 우노를 선택한다. 우노 이외의 다른 보드를 사용하고 있다면 자신이 사용하고 있는 보드를 선택한다. 보드의 이름은 아두이노 옆에 표기되어 있다.

축하한다! 아두이노 소프트웨어의 설치와 설정을 모두 마쳤고 이제 사용할 준비가 됐다. 4장으로 넘어가도록 하자.

> 📝 앞의 설정 단계에서 문제가 발생했다면 9장 '문제 해결하기'를 참고하도록
> 한다.

IDE 설치하기(윈도우)

파일을 다운로드한 다음 더블 클릭하면 설치 프로그램이 실행된다.

실행 직후에는 사용권 동의(License Agreement) 화면이 나타날 것이다. 사용권을 잘 읽고 동의한다면 "I Agree" 버튼을 클릭한다.

설치할 구성 요소를 선택하는 "Install Option" 화면이 나타나면, 기본적으로는 모든 항목이 선택되어 있을 것이다. 모두 선택된 채로 "Next" 버튼을 클릭한다.

IDE를 설치할 폴더를 물어보는 화면이 나타나고, 기본으로 설정된 폴더의 위치에 설치할 것을 제안할 것이다. 별다른 이유가 없다면 기본 위치를 선택하고 "Install" 버튼을 클릭한다.

설치 프로그램이 파일의 압축을 풀고 설치하는 동안 진행 상태가 표시될 것이다.

파일 설치가 끝나면 드라이버 설치에 대해서 물어볼 것이다. "Install"을 클릭한다.

모든 설치가 끝나면 "Close"를 클릭하고 설치 과정을 마친다.

드라이버 설정하기(윈도우)

이제 IDE의 설치는 마쳤다. 아두이노 우노를 컴퓨터에 USB 케이블로 연결하자.

보드에 PWR이라고 표시된 녹색 LED의 불이 켜지고 L이라고 표시된 노란 LED가 깜빡이기 시작할 것이다.

윈도우의 새로운 장치 검색 마법사가 실행되고 윈도우가 자동으로 적절한 드라이버를 선택할 것이다.

> 📝 앞의 설치 단계에서 문제가 발생했다면 233쪽 '윈도우 운영체제에 드라이버를 설치할 수 없는 경우'를 참고하도록 한다.

이제 드라이버 설정도 마쳤으니 컴퓨터가 아두이노 우노와 통신을 할 수 있도록 적절한 포트를 선택해야 한다.

포트 설정(윈도우)

바탕화면의 바로 가기 또는 시작 메뉴를 통해 아두이노 IDE를 실행한다.

아두이노 IDE의 툴 메뉴에서 시리얼 포트를 선택한다. 하나 또는 그 이상의 COM 포트가 각각 다른 번호를 갖고 있는 것이 보일 것이다. 어떤 번호들이 보이는지 기록해 두자.

이제 아두이노 보드를 컴퓨터에서 분리하고 다시 IDE에서 포트 목록을 확인한다. 그리고 어떤 COM 번호가 사라졌는지 확인한다. 포트 정보가 갱신되려면 약간 시간이 걸릴 수도 있고, IDE의 툴 메뉴를 닫았다가 다시 열어야 갱신된 포트 정보가 보일 수도 있다.

> 📝 아두이노 우노가 연결된 COM 포트를 설정하는데 문제가 있다면 235쪽 '윈도우 운영체제에서 아두이노의 COM 포트 확인하기'를 참고한다.

아두이노가 연결된 COM 포트의 번호를 알아냈다면 아두이노 IDE의 툴→시리얼 포트 메뉴에서 해당 포트 번호를 선택한다.

이제 거의 마무리되었다. 마지막으로 해야 할 것은 사용하고자 하는 실제 보드에 맞게 IDE의 보드를 설정하는 일이다.

아두이노 IDE의 도구 메뉴에서 보드를 클릭한 다음, 아두이노 우노를 선택한다. 우노 이외의 다른 보드를 사용하고 있다면 자신이 사용하고 있는 보드를 선택하면 된다. 보드의 이름은 아두이노 심벌 옆에 표기되어 있다.

축하한다! 아두이노 소프트웨어의 설치와 설정을 모두 마쳤고 이제 사용할 준비가 됐다. 4장으로 넘어가도록 하자.

4

정말로 아두이노 시작하기

이제부터 인터랙티브 장치를 만들고 프로그래밍하는 방법을 배워 보자.

인터랙티브 장치의 구조

아두이노로 만들게 될 모든 사물은 인터랙티브 장치라고 부르는 매우
기본적인 원형을 따르게 된다. 인터랙티브 장치란 센서(실제 세계에
대한 척도를 전기적 신호로 정량화하는 전자 부품)로 주변 환경을 감
지할 수 있는 일종의 전자 회로를 의미한다. 이 장치는 센서를 통해 얻
은 정보를 소프트웨어에 기술된 작동 사항과 함께 처리한다. 그리고
처리 결과를 바탕으로 인터랙티브 장치는 다시 전기 신호를 물리적 작
동으로 변환하는 작동기나 전자 부품을 통해 세계와 상호작용할 수 있
게 된다.

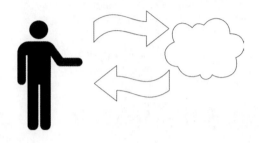

센서와 작동기

센서와 작동기(actuator)는 전자 장치가 물리적 세계와 상호작용할 수 있도록 만들어 주는 전자 부품이다.

마이크로컨트롤러는 매우 간단한 컴퓨터이기에 전기 신호(인간의 뇌 신경 사이를 오가는 전기 펄스와 다소 유사한)만 처리할 수 있다. 그래서 마이크로컨트롤러가 빛, 온도, 또는 여타의 물리적인 현상을 감지하기 위해서는 그러한 현상을 전기로 변환해주는 장치가 별도로 필요하다. 인간의 몸, 가령 눈의 경우 외부의 빛을 감지하면 신호로 변환하여 신경을 통해 뇌로 전달한다. 눈에 해당하는 기능은 전자 부품의 경우 빛에 반응하는 저항인 LDR(light-dependent resistor), 즉 포토 레지스터가 수행할 수 있다. LDR은 소자에 비춰지는 빛의 양을 측정해서 마이크로컨트롤러가 이해할 수 있는 신호로 알려준다.

상호작용하는 장치는 센서가 알려주는 값을 읽음으로써 어떤 반응을 해야 하는지 결정하는 데 필요한 정보를 얻는다. 의사 결정(decision-making) 과정은 마이크로컨트롤러가 담당하며, 반응은 작동기가 수행한다. 우리의 몸, 가령 근육은 뇌에서 전기 신호를 받아 움직임으로 변환한다. 전자 부품의 경우에는 이러한 작동을 빛을 내는 LED나 전기 모터가 수행하게 된다.

이어지는 절에서는 다양한 유형의 센서를 읽는 방법과 다양한 작동기를 제어하는 방법에 대해 살펴볼 것이다.

LED 깜빡이기

LED를 깜빡이는 스케치는 아두이노 보드가 망가지지는 않았는지, 그리고 제대로 설정되었는지 확인할 때 가장 먼저 실행해 봐야 할 프로그램이다. 또한 이 스케치는 마이크로컨트롤러 프로그래밍을 배우는 사람들이 일반적으로 가장 처음 작성하는 연습 프로그램이기도 하다. LED(light-emitting diode)는 작은 전자 부품으로, 전등과 비슷하지만 훨씬 더 효율적이며 작동하는 데 필요한 전압은 매우 낮다.

아두이노 보드에는 LED가 이미 장착되어 있다. 보드에 L이라고 표시된 부분이 바로 LED가 장착된 위치이다. 이 LED는 13번 핀과 연결되어 있다. 이 번호는 나중에 다시 사용해야 하니 기억해 두자. 새로운 LED도 추가할 수 있다. 그림 4-1과 같이 LED를 보드에 연결해보자. LED를 13이라고 표기된 커넥터에 꽂는다는 점을 주목하자.

> 🖉 LED를 장시간 사용하려면 69쪽의 'PWM 방식으로 빛의 밝기 조절하기'에서 설명하고 있는 바와 같이 저항을 사용해야 한다.

그림의 K는 캐소드(음극) 또는 LED의 짧은 금속심을 의미하고, A는 애노드(양극) 또는 LED의 긴 금속심을 의미한다.

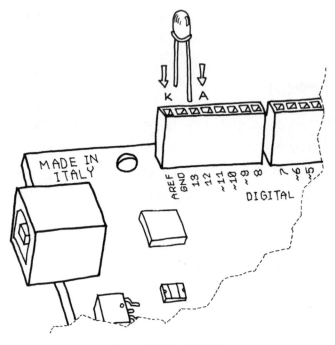

그림 4-1 아두이노에 LED 연결하기

LED를 연결했다면 이제 아두이노에게 무엇인가를 하도록 지시해야 한다. 이러한 지시는 코드를 통해 이루어진다. 코드란 사용자가 원하는 작동을 마이크로컨트롤러가 수행할 수 있도록 작성한 일련의 지시문들이다. (코드, 프로그램, 그리고 스케치는 모두 이러한 지시문을 의미한다.)

먼저 컴퓨터에서 아두이노 IDE를 실행(맥에서는 응용 프로그램 폴더에 실행 아이콘이 있고, 윈도우에는 바탕화면이나 시작 메뉴에 바로가기가 있을 것이다)한다. IDE에서 "파일→새 파일"을 선택하면 스케치 폴더를 선택하라고 나올 것이다.[1] 폴더 이름은 "Bllinking_LED"로 입력하고 "OK"를 클릭한다. 그리고 다음의 스케치(예제 4-1)를 아두이노 스케치 편집기(아두이노 IDE의 하얀 부분)에 입력한다. 예제 코드는 이 책의 홈페이지[2]에서 다운로드할 수도 있다.[3]

이 스케치는 IDE의 "파일→예제→01.Basics→Blink"를 클릭해서 열어도 된다. 하지만 직접 입력하는 편이 공부에 더 많은 도움이 된다.

코드 화면은 그림 4-2와 같다.

예제 4-1 LED 깜빡이기

```
// LED 깜빡이기

const int LED = 13; // LED는 디지털 13번 핀에
                    // 연결되어 있다

void setup()
{
  pinMode(LED, OUTPUT);    // 디지털 핀의 모드를
                           // 출력으로 설정한다
}

void loop()
{
  digitalWrite(LED, HIGH); // LED를 켠다
  delay(1000);             // 1초 동안 기다린다
  digitalWrite(LED, LOW);  // LED를 끈다
  delay(1000);             // 1초 동안 기다린다
}
```

IDE에서 코드 작성하기를 끝냈으니 잘못된 부분이 없는지 확인해야 한다. 확인 버튼(그림 4-2에 버튼의 위치가 표시되어 있다)을 누르자. 만약 작성한 코드에 잘못된 부분이 없다면 "컴파일 완료"라는 메시지가 아두이노 IDE의 아랫부분에 나타난다. 이 메시지는 아두이노 IDE

1 (옮긴이) 이 폴더가 바로 아두이노 스케치를 저장할 위치이다.
2 http://shop.oreilly.com/product/0636920029267.do
3 (옮긴이) 아두이노 IDE의 버전에 따라 스케치를 저장하는 과정 없이 진행될 수도 있다.

확인

아두이노에 업로드하기

여기에 스케치를 작성한다

그림 4-2 첫 스케치를 모두 작성한 아두이노 IDE의 화면

가 사용자의 스케치를 보드에서 돌아갈 수 있는, 즉 윈도우의 .exe 파일이나 맥의 .app 파일과 같이 실행 가능한 프로그램으로 변환하는 데 성공했다는 의미이다.

만약 컴파일 오류 메시지가 뜬다면 대부분의 경우 코드를 입력하는 도중에 오탈자가 생겼을 가능성이 크다. 코드의 각 줄을 주의 깊게 살피고 모든 글자를 확인하자. 특히 괄호, 중괄호, 세미콜론, 그리고 쉼표와 같은 기호들을 꼼꼼히 확인한다. 대문자와 소문자도 맞게 입력했는지 확인하고, 알파벳 O와 숫자 0을 혼동하지는 않았는지도 확인한다.

코드가 정상적으로 컴파일되었다면, 업로드 버튼(그림 4-2 참고)을 눌러 보드에 코드를 업로드할 수 있다. IDE가 코드를 아두이노에 업로드하는 과정은 다음과 같다. 버튼이 눌리면 아두이노 보드를 리셋시켜서 현재 수행하고 있는 동작을 멈추고, USB 포트를 통해 전달되는 지시 사항에 귀 기울이게 만든다. 그 다음 아두이노 IDE가 스케치를 아두이노 보드로 전송하고, 아두이노는 이 스케치를 받아 영구적으로 저장되는 메모리에 기록한다. IDE가 스케치를 모두 전송한 다음에는 아두이노 보드가 스케치를 실행하기 시작한다.

스케치를 업로드하는 과정은 상당히 짧은 시간 동안 진행된다. 업로드가 진행되는 동안 아두이노 IDE의 아래쪽에 있는 콘솔(검은색) 영역을 보면 몇 가지 메시지가 출력되는 것을 볼 수 있다. 그리고 그 위에 있는 메시지(녹색) 영역을 보면 "스케치를 컴파일 중..."이라는 메시지와 "업로딩..."이라는 메시지가 차례로 나타나며 진행 과정이 정상적으로 이루어지고 있음을 알려준다.

아두이노 보드에는 RX와 TX라고 표기된 LED 두 개가 있다. 이 LED들은 보드가 하나의 바이트(byte)를 송신하거나 수신할 때마다 깜빡인다. 스케치를 업로드하는 과정에서는 이 LED들이 빠르게 깜빡이는 모습을 볼 수 있다. 이는 매우 짧은 시간 동안 일어나므로 적절한 시점에 아두이노 보드를 보고 있지 않으면 못 보고 지나칠 수도 있다.

LED들이 깜빡이지 않거나 "업로드 완료" 메시지 대신 오류 메시지가 나타나면 컴퓨터와 아두이노 사이에 통신 문제가 있다고 봐야 한다. 이때는 IDE의 "툴→시리얼 포트" 메뉴를 열고 포트를 제대로 선택했는지 다시 한번 확인한다(3장 참고). 그리고 "툴→보드" 메뉴도 열어서 아두이노 모델을 제대로 선택했는지 확인한다.

그래도 문제가 해결되지 않는다면 9장을 참고하도록 한다.

일단 아두이노 보드에 업로드된 코드는 다른 스케치를 업로드할 때까지 보드에 저장된다. 보드를 리셋하거나 보드의 전원을 차단하더라도 스케치는 지워지지 않는다. 이는 마치 컴퓨터의 전원을 끄더라도 하드 드라이브에 사용자의 데이터가 저장되어 있는 것과 유사하다.

스케치가 정상적으로 업로드되었다면 L이라고 표시된 LED가 1초 동안 켜졌다가 1초 동안 꺼지는 모습을 볼 수 있을 것이다. 만약 그림 4-1과 같이 새로운 LED를 추가로 꽂아 두었다면 해당 LED도 역시 시간에 맞춰 깜빡일 것이다. 지금 작성해서 실행한 코드는 컴퓨터 프로그램, 또는 아두이노 방식으로 말하자면 스케치다. 앞서 말한 것과 같이 아두이노는 작은 컴퓨터이다. 그리고 사용자는 원하는 방식으로 아두이노가 동작하도록 프로그래밍할 수 있다. 이 동작은 아두이노 IDE에서 일련의 지시 사항들을 프로그래밍 언어로 작성하고, 사용자가 작성한 코드가 IDE를 통해 아두이노 보드가 실행할 수 있는 언어로 변환됨으로써 이루어진다.

다음에는 앞서 작성한 스케치에 대해 설명할 것이다. 아두이노는 코드를 윗줄부터 아랫줄까지 차례로 실행한다. 따라서 아두이노는 스케치의 맨 위에 있는 첫 번째 줄을 먼저 읽고 이어서 그 아랫줄을 읽는다. 마치 퀵타임 플레이어나 윈도우 미디어 플레이어 같은 비디오 재생기들의 재생 헤드가 현재 재생 위치를 보여주며 왼쪽에서 오른쪽으로 이동하는 모습과 비슷하다.

파마산 치즈 좀 주세요

중괄호(⟨⟩)는 여러 줄의 코드를 한데 묶을 때 사용한다. 이는 여러 지시 사항들을 하나로 묶어 이름을 붙여 사용할 때 특히 유용하다. 가령, 저녁에 여럿이 함께 둘러앉아 식사를 하고 있다고 가정해 보자. 그리고 "파마산 치즈 좀 주세요."라고 누군가에게 말했다고 하자. 이 짧은 표현에는 일련의 행동들을 유발하는 의미들을 담고 있다. 우리는 인간이기 때문에 이 표현이 자연스럽게 이해가 된다. 하지만 아두이노는 사람처럼 생각할 수 없으므로 이 요청을 수행하기 위해 필요한 각각의 개별적인 행동들을 일일이 지시 사항으로 작성해야 한다. 이러한 일련의 지시 사항들을 묶음, 즉 코드 블록으로 만들려면 묶음이 시작되는 곳에는 {를 기입하고 묶음이 끝나는 곳에는 }를 기입한다.

35쪽 예제에서 두 개의 코드 블록이 정의되어 있는 것을 볼 수 있는데, 코드 볼록 앞에 이상한 문장이 쓰여 있다.

```
void setup()
```

이 표현은 코드 블록에 이름을 부여하는 역할을 한다. 파마산 치즈를 넘겨주는 일이 무엇인지 아두이노가 알 수 있도록 일련의 지시 사항들을 작성하고 있다면 블록의 맨 앞에 void passTheParmesan()이라고 이름 붙이면 될 것이다. 일단 블록에 이름을 붙이고 정의한 뒤에는 아두이노 코드 어디에서든지 이 지시 사항들을 호출할 수 있다. 이 블록을 함수라고 한다. 코드 블록으로 함수를 만든 다음에는 스케치의 어디서든지 함수의 이름, 즉 passTheParmesan()이라고 쓰면 아두이노는 passTheParmesan() 함수로 건너뛰어서 지시 사항들을 수행한 후에 다시 이전 지점으로 돌아온다.

이는 아두이노 프로그램의 중요한 특징 하나를 보여준다. 아두이노는 한 번에 하나의 일, 하나의 지시 사항만 수행할 수 있다. 아두이노는 사용자의 프로그램을 한 줄씩 실행하며, 한 번에 특정한 줄만 실행할 수 있다. 함수로 건너뛰면 그 함수의 지시 사항들 역시 한 줄씩 실행한 다음 건너뛰었던 곳으로 돌아온다. 아두이노는 동시에 두 개 이상의 지시 사항을 수행할 수 없다.

아두이노는 멈추지 않는다

사용자는 아두이노 스케치에 반드시 두 개의 함수를 포함시켜야 한다.

바로 setup() 함수와 loop() 함수다.

setup() 함수는 프로그램이 시작될 때 한 번 실행해야 할 코드들을 기입하는 곳이고, loop() 함수는 끊임없이 반복적으로 실행해야 할 핵심적인 사항들을 기입하는 곳이다. 이렇게 하는 이유는 아두이노가 일반적인 컴퓨터와는 다르기 때문이다. 앞서 말했듯이 아두이노는 동시에 두 개 이상의 프로그램을 실행할 수 없다. 그리고 프로그램이 종료되지도 않는다. 보드에 전원을 넣으면 코드가 실행되고, 작동을 멈추려면 보드의 전원을 꺼야 한다.

참된 팅커러들은 주석을 작성한다

아두이노는 //로 시작하는 줄은 무조건 무시한다. 이렇게 무시되는 줄을 주석이라고 하며, 프로그램에 메모를 남겨 놓는 역할을 한다. 주석을 남겨 두면 훗날 코드에 대한 자신의 기억을 환기시키는 데 큰 도움이 된다. 또는 다른 사람이 자신의 코드를 이해하는 데 도움을 줄 수도 있다.

어렵게 코드를 작성해서 보드에 업로드한 다음 "됐어. 이제 이 지겨운 스케치는 꼴도 보기 싫어!"하며 치워뒀는데, 반 년쯤 지나 코드를 업데이트해야 하거나 버그를 수정해야 하는 일을 흔히 겪곤 한다. 이럴 때 꼼꼼하게 주석을 달아 두지 않았다면, 시간이 지난 후 프로그램을 다시 열었을 때 "아아, 정말 난잡한 코드군. 무엇부터 손을 대야 하지?"라고 생각하게 될 것이다. 따라서 앞으로 이 책을 통해서는 프로그램을 조금 더 읽기 쉽고 관리하기 편하게 작성하는 요령에 대해서도 알아보게 될 것이다.

LED를 깜빡이는 코드 이해하기

처음에는 이런 설명이 불필요하다고 생각할 수 있다. 나도 학교에 다닐 때 단테의 신곡을 배우며(모든 이탈리아 학생들은 단테의 「신곡」을 배워야 했다. 뿐만 아니라 만초니의 소설 「약혼자」도 배워야 했다. 당시에는 정말 끔찍했었다) 비슷한 생각을 했다. 시의 각 행마다 달려 있는 수백 개의 주석에 질려버릴 정도였다! 하지만 여기에서 설명하는 내용은 앞으로 자신의 프로그램을 작성할 때 실용적인 도움을 줄 것이다.

— 마시모

```
// LED 깜빡이기
```

주석은 메모를 작성할 수 있는 유용한 방식이다. 앞의 주석은 예제 4-1 코드의 제목을 메모한 것으로, 이 스케치가 LED를 깜빡이는 프로그램이라는 것을 알려준다.

```
const int LED = 13; // LED는 디지털 13번 핀에
                    // 연결되어 있다
```

const int는 LED라는 변수의 유형이 정수(integer)이며 값을 바꿀 수 없는 상수(constant)이고, 값은 13으로 설정되었다는 의미다. 스케치에서 변수를 보면 일종의 찾기-바꾸기의 요령으로 이해하면 된다. 이 코드는 스케치에 LED라는 용어가 있는 곳에 13이라는 숫자를 사용하라고 아두이노에게 알려준다.

13이라는 숫자가 필요한 이유는 앞에서 언급했듯이 보드에 장착된 LED가 아두이노 13번 핀과 연결되어 있기 때문이다. 한편, 상수의 이름은 보통 대문자로 표기한다(LED).

```
void setup()
```

이 줄은 이어지는 코드의 블록을 setup()이라는 함수 이름으로 부를 것이라고 아두이노에게 알려준다.

```
{
```

여는 중괄호는 코드 블록이 시작하는 지점을 알려준다.

```
pinMode(LED, OUTPUT); // 디지털 핀의 모드를
                      // 출력으로 설정한다
```

드디어 매우 흥미로운 지시 사항이 보인다. pinMode()는 특정한 핀의 환경을 설정하는 함수이다. 아두이노의 디지털 핀들은 설정에 따라 입력이나 출력으로 사용할 수 있지만, 그렇게 사용하기 전에 먼저 아두이노가 핀을 특정한 상태로 설정할 수 있도록 지시를 해야 한다.

이번 예제와 같이 LED를 제어하려면 핀을 출력으로 설정해야 한다.

pinMode()는 함수이며, 괄호 안에 쓰는 문자(또는 숫자)는 인자라고 한다. 인자란 함수가 특정한 작동을 하는 데 필요한 제반 정보를 지칭하는 용어이다.

pinMode() 함수는 두 개의 인자를 받는다. 첫 번째 인자는 설정해야 할 핀이고 두 번째 인자는 해당 핀을 입력으로 설정할지 아니면 출력으로 설정할지에 대한 값이다. INPUT과 OUTPUT은 입력이나 출력을 설정하는 상수로, 아두이노에 사전 정의되어 있다.

스케치의 LED라는 단어는 상수의 이름이며 13이라는 숫자로 설정되어 있다. 13은 물리적인 LED가 연결되어 있는 핀의 번호이다. 따라서 첫 번째 인자로는 LED, 즉 상수의 이름을 사용한다.

두 번째 인자는 OUTPUT이다. 아두이노가 작동기 즉, LED를 작동하도록 하려면 정보를 내보내야(OUTPUT) 하기 때문이다.

```
}
```

닫는 중괄호는 setup() 함수의 마지막 지점을 표시한다.

```
void loop()
{
```

loop()는 인터랙티브 장치의 주요 작동 사항들을 기술하는 곳이다. 보
드에서 전원을 제거하기 전에는 이곳에 작성한 사항들이 무한 반복되
며 실행된다.

```
digitalWrite(LED, HIGH); // LED를 켠다
```

주석에도 있지만, digitalWrite()는 출력 상태로 설정된 핀을 켜거나
끌 수 있다. pinMode() 함수에서 봤듯이, digitalWrite()에도 두 개의
인자가 사용되고, 역시 pinMode() 함수에서 봤듯이 첫 번째 인자는 작
동시키고자 하는 핀을 가리킨다. 그리고 pinMode() 함수에서도 그랬던
것처럼 LED 상수를 이용하여 LED가 장착된 핀 번호 13번을 지정한다.

그러나 두 번째 인자는 다르다. 두 번째 인자는 digitalWrite() 함수
가 특정한 핀의 전압을 0V(LOW)나 5V(HIGH)로 설정하도록 한다.

모든 출력 핀은 일종의 작은 전원 소켓이다. 가정집의 벽에 있는 바
로 그 전원 소켓이라고 생각하면 된다. 유럽의 경우는 230V, 미국은
110V, 그리고 아두이노는 훨씬 낮은 5V를 공급할 수 있다. 아두이노가
가정집의 전원 콘센트와 다른 점은 소프트웨어를 통해 하드웨어를 제
어할 수 있다는 점이다. digitalWrite(LED, HIGH)라고 작성하면 출력
핀의 전압을 5V로 바꾸고 여기에 LED를 연결하면 불이 들어오게 된
다. 즉, 코드의 바로 이 지점에서 소프트웨어의 지시 사항이 핀으로 흐
르는 전기를 제어하여 물리적인 세계에 변화를 유발하게 된다. 핀을

켜거나 끄는 작동은 LED라는 작동기를 통해 인간이 인식할 수 있는 형식으로 번역된다.

아두이노에서 HIGH란 핀의 전압을 5V로 높인다는 의미이고, LOW는 핀의 전압을 0V로 낮춘다는 의미이다.

왜 ON과 OFF 대신 HIGH와 LOW를 사용하는지 의아할 수도 있다. 일반적으로 HIGH 또는 LOW가 무엇인가를 켜거나 끈다는 의미와 각각 상통하는 경우가 많은 것이 사실이다. 하지만 이는 핀을 어떻게 사용하느냐에 따라 달라질 수 있다. 가령, 5V와 핀 사이에 LED를 연결하면 핀의 상태를 LOW로 설정했을 때 LED가 켜지고 HIGH로 설정하면 LED가 꺼진다. 하지만 대부분의 경우에는 HIGH를 켠다는 의미로, 그리고 LOW를 끈다는 의미로 생각해도 무방하다.

```
delay(1000); // 1초 동안 기다린다
```

아두이노는 노트북에 비하면 훨씬 느리지만 그래도 상당히 빠르게 작동하는 장치이다. 만약 아두이노의 LED를 켜자마자 바로 끈다면 인간의 눈은 LED를 켰다가 끄는 과정을 감지할 수 없다. LED가 켜졌다는 것을 인간이 지각하려면 켠 상태를 잠시 유지할 필요가 있고, 이렇게 하려면 아두이노가 다음 단계를 실행하기 전에 잠시 기다리도록 해야 한다. delay() 함수는 인자의 값만큼 마이크로컨트롤러가 잠시 멈추어 기다리며 추가적인 작동을 하지 않도록 한다. 인자의 값은 밀리초, 즉 1,000분의 1초로 환산된다. 그러므로 1,000밀리초는 1초에 해당한다. 따라서 LED는 1초 동안 현재의 상태를 유지하게 된다.

```
digitalWrite(LED, LOW); // LED를 끈다
```

이 지시는 앞에서 켰던 LED를 끄라는 의미이다.

```
delay(1000); // 1초 동안 기다린다
```

다시 1초 동안 기다린다. LED는 1초 동안 꺼진 상태를 유지하게 된다.

```
}
```

닫는 중괄호는 loop() 함수가 끝나는 지점을 나타낸다. 아두이노가 여기에 도달하면 loop()의 맨 처음부터 다시 작동을 반복하게 된다.

정리하자면 이 프로그램은 다음의 기능을 수행한다.

- 13번 핀을 출력으로 설정한다(프로그램을 시작할 때 한번만 설정)
- loop에 진입한다
- 13번 핀에 연결된 LED를 켠다
- 1초 동안 기다린다
- 13번 핀에 연결된 LED를 끈다
- 1초 동안 기다린다
- loop가 시작하는 지점으로 되돌아간다

코드 설명이 너무 어렵지 않았기를 바란다. 이해하지 못한 부분이 있더라도 낙담할 필요는 없다. 앞에서도 말했지만 이러한 개념을 처음 접한다면 이해하는 데 조금 시간이 걸릴 수 있다. 이어지는 예제들을 더 연습하다 보면 프로그래밍에 대해 훨씬 더 많은 것을 알게 될 것이다.

다음 절을 살펴보기 전에 앞의 코드를 충분히 갖고 놀기 바란다. 가령, delay의 값도 줄여보고, 켜고 끄는 시간의 길이도 바꿔보며 LED가 깜빡이는 양상에 다양한 변화를 만들어 보도록 하자. 특히 delay의 값이 작아질수록 어떠한 현상이 일어나는지 주의 깊게 관찰할 필요가 있다. 단, 켠 상태를 유지하는 delay와 끈 상태를 유지하는 delay의 인자는 서로 다르게 설정해 보는 게 좋다. 어쩌면 어느 순간 매우 이상한 현상을 경험하게 될 수도 있기 때문이다. 이 "이상한" 현상은 69쪽 "PWM 방식으로 빛의 밝기 조절하기"에서 언급하는 펄스 폭 변조 방식을 이해하는 데 많은 도움이 될 것이다.

앞으로 만들어 볼 것들

나는 오래전부터 기술을 이용해서 빛과 다양한 광원을 제어하는 것에 매료되어 있었다. 다행스럽게도 빛을 제어해서 사람들과 상호작용하게 만드는 프로젝트에 참여하고 작업할 수 있었다. 아두이노는 이러한 프로젝트에 매우 유용하게 활용할 수 있는 도구이다.

— 마시모

4장과 5장 그리고 7장에서는 아두이노를 사용해서 인터랙티브 전등을 디자인하는 작업을 진행할 것이다. 이 작업은 인터랙티브 장치들을 만드는 방법을 공부하는 좋은 기회가 될 것이다. 하지만 기억해야 할 것이 있다. 아두이노는 사실 출력 핀에 무엇을 연결하는지 이해하지도 관심도 갖지 않는다는 점이다. 아두이노는 단지 핀의 전압을 HIGH 또는 LOW로 변환하기만 할 뿐이다. 정말 중요한 것은 사용자다. 아두이노는 사용자가 무엇을 어떻게 연결하느냐에 따라 빛, 전기 모터, 또는 자동차 엔진을 제어할 수 있게 되는 것이다.

다음 절에서는 전기에 대한 기초적인 사항들을 설명할 것이다. 이 내용이 기술자들에게는 다소 지루하게 느껴질 수도 있지만, 아두이노 초급자에게는 부담되지 않게 이해할 수 있는 내용일 것이다.

전기란 무엇인가?

집에서 배관을 수리해 본 경험이 있다면 전기를 이해하는 것은 그다지 어려운 일이 아닐 수 있다. 전기와 전자 회로가 어떻게 작동하는지 이해하는 가장 좋은 방법 중 하나가 바로 물에 비유하는 것이기 때문이다. 일단 간단한 장치 하나를 예로 들어 보자. 그림 4-3과 같이 건전지로 작동하는 휴대용 선풍기 정도면 적당할 것이다.

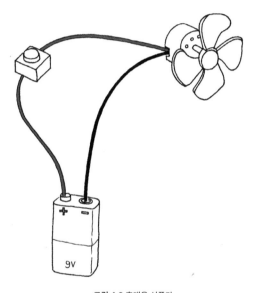

그림 4-3 휴대용 선풍기

소형 휴대용 선풍기를 분해하면 건전지, 전선 몇 가닥, 그리고 전기 모터를 볼 수 있고, 모터와 연결된 전선 하나는 스위치를 경유할 것이다. 스위치를 누르면 모터가 돌기 시작하고, 더위를 가시게 해 줄 공기의 흐름을 만들어 낸다.

모터는 어떻게 돌아갈까? 펌프와 저수 용기가 하나로 합쳐진 것이 건전지라고 생각해 보자. 스위치는 수도 꼭지라고 생각하고, 모터는 물레방앗간의 물레바퀴라고 가정하자. 수도 꼭지를 열면 펌프에서 흘러나온 물이 물레바퀴를 돌리게 된다.

그림 4-4에서 확인할 수 있는 이 간단한 수력 장치의 물레바퀴는 중요한 두 가지 요소의 영향을 받는다. 하나는 물의 압력(이는 펌프 성능에 영향을 받는다)이고 다른 하나는 파이프에 흐르는 물의 양(이는 파이프의 직경과 물의 흐름에 저항하는 물레바퀴의 영향을 받는다)이다.

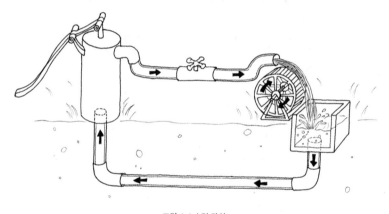

그림 4-4 수력 장치

만약 물레바퀴를 조금 더 빠르게 돌리려면 파이프의 직경을 키우고(물론 여기에는 한계가 있다) 펌프의 수압을 높여야 된다는 점을 금방 알아차릴 수 있을 것이다. 파이프의 직경을 키우면 흐르는 물의 양이 늘어나게 된다. 즉, 직경을 키운다는 것은 물의 흐름을 방해하는 파이프의 저항 요인을 그만큼 줄인다는 의미다. 이러한 접근 방법은 어느 정도까지는 효과를 볼 수 있다. 하지만 어느 선에 이르면 물레바퀴가 돌아가는 속도는 더 이상 빨라지지 않는다. 왜냐하면 물의 압력이 충분하지 않기 때문이다. 이 지점에 도달하면 그때부터는 보다 강력한 펌프가 필요해진다. 한편, 파이프의 직경을 키워서 저항을 줄이고 펌프의 성능을 높여 수압을 높이는 방식으로 물레바퀴의 속도를 계속 높이다 보면 어느 순간 물레바퀴가 물의 흐름을 감당하지 못하고 부서지게 된다. 또 하나 주목할 점은 물레바퀴가 돌아갈 때 바퀴의 축은 열을 발산한다. 아무리 바퀴 축을 잘 만들었더라도 축과 구멍 사이의 마찰 때문에 열이 발생하기 때문이다. 이와 같은 시스템에서는 펌프로 시스템에 공급하는 에너지가 모두 운동으로 변환되지는 않는다는 점을 이해할 필요가 있다. 시스템에 공급하는 에너지의 일부는 시스템의 도처에 있는 비효율적인 요인 때문에 없어지게 되며 일반적으로 열의 형태로 바뀌어 사라지게 된다.

그렇다면 이 시스템의 중요한 구성 요소는 무엇인가? 한 가지 요소는 펌프로 만들어 내는 수압일 것이다. 또한 물의 흐름을 방해하는 파이프와 물레바퀴의 저항도 하나의 요소다. 마지막으로 물의 흐름 자체(물의 흐름은 초당 흘러가는 물을 리터 단위로 측정한다고 가정해 보자)가 또 다른 요소이다.

전기는 물과 비슷한 성질을 가졌다. 파이프(파이프는 전선을 비유한 것이라고 생각하자)를 통해 전하(전하는 전기의 "물방울" 같은 것이라고 생각하면 된다)를 흘려 보내는 일종의 펌프(건전지나 벽의 소켓 같은 전원 장치) 같은 것이라고 생각할 수 있다. 전기 장치들은 전기 물방울을 이용해서 열(전기 담요 등), 빛(침실의 전등), 소리(스피커), 움직임(선풍기), 그리고 그 외의 다양한 현상들을 만들어 낸다.

어떤 건전지의 전압이 9V라면 그 의미는 건전지라는 작은 "펌프"가 만들어 낼 수 있는 물의 압력이 9V에 해당한다는 뜻이다. 전압(volt-age)의 측정 단위는 볼트(V)이며 이는 전지를 처음 발명한 알레산드로 볼타(Alessandro Volta)라는 학자의 이름에서 유래했다.

물의 압력이 전기의 압력(전압)에 상응하듯이, 물의 흐름은 전기의 흐름에 상응한다. 전기의 흐름은 전류(current)라고 부르며 측정 단위는 암페어(전자기 연구의 선구자인 앙드레마리 앙페르(André-Marie Ampère)의 이름에서 왔다)이다. 전압과 전류와의 관계는 앞의 물레바퀴 그림을 통해 설명될 수 있다. 전압(압력)이 높아질수록 바퀴는 빠르게 돈다. 전류(흐름)가 커지면 보다 큰 바퀴도 돌릴 수 있다.

마지막으로 전기의 흐름을 방해하는 모든 것은 저항(resistance)이라고 부른다. 저항의 측정 단위는 옴(독일의 물리학자인 게오르크 옴(Georg Ohm)의 이름에서 왔다)이다.

게오르크 옴은 전기 분야에 있어서 가장 중요한 법칙 중 하나를 정의했다. 그리고 이 공식은 이 책에서 기억해야 할 유일한 공식이기도 하다. 그는 회로에서 전압, 전류, 그리고 저항이 모두 상관 관계에 있다는 사실을 증명했으며 만약 전압이 일정하다면 저항에 의해 전류의 양이 결정된다는 점도 밝혀 냈다.

사실 생각해 보면 이는 매우 직관적인 법칙이다. 어떤 회로에 9V 건전지가 연결되어 있다고 해보자. 저항을 조금씩 늘리면 회로를 흐르는 전류의 양은 점점 더 줄어들 것이다. 파이프를 흐르는 물에 전기를 비유했던 그림을 떠올려 보자. 특정한 펌프를 사용하고 있는 상황이라면 수도 꼭지(전기의 가변 저항 같은 역할)를 점점 더 잠글수록(물의 흐름에 대한 저항을 높일수록) 파이프를 흐르는 물의 양은 점차 줄어들 것이다. 옴은 자신의 법칙을 다음과 같은 공식으로 정리했다.

R (저항) = V (전압) / I (전류)

V = R * I

I = V / R

이 공식은 직관적으로 이해할 필요가 있으며 나는 마지막 형태(I = V / R)를 선호한다. 왜냐하면 보통 전압(수압)이 주어진 상황에서 특정 회로의 저항이 전류에 미치는 영향을 계산하는 경우가 많이 때문이다. 전압은 전기의 사용 여부와 관계 없이 늘 잠재한다. 그리고 저항은 전기가 흐르건 흐르지 않건 항상 회로에 존재한다. 하지만 전류는 이 모든 요소들이 함께 합쳐졌을 때 비로소 생기게 된다.

푸시 버튼으로 LED 제어하기

LED를 깜빡이는 일은 쉽다. 그런데 만약 책을 읽으려고 하는데 책상 위의 전등이 책을 읽을 수 없을 정도로 계속 깜빡인다면 불편할 것이다. 그러므로 LED를 제어하는 방법을 배울 필요가 있다. 앞의 예제에서는 LED가 작동기였고 아두이노가 LED를 제어했었다. 하지만 여기에는 센서가 없었다.

이번 프로젝트에서는 가장 단순한 센서 중 하나인 푸시 버튼 스위치를 사용할 것이다.

푸시 버튼을 분해해 보면 매우 단순한 장치라는 것을 알 수 있을 것이다. 금속 조각 두 개가 서로 분리되어 스프링으로 고정되어 있고 플라스틱 덮개가 그 위를 덮고 있다. 이 덮개를 누르면 금속 조각 두 개가 서로 닿게 된다. 금속 조각이 서로 떨어져 있으면 푸시 버튼을 통한 전류의 순환이 이루어지지 않고(마치 수도 꼭지를 잠근 것과 같다), 푸시 버튼을 누르면 금속 조각이 서로 닿으면서 전류가 흐르기 시작한다.

모든 스위치는 기본적으로 이와 같이 작동한다. 두 개(또는 그 이상)의 금속 조각이 서로 닿으면 한쪽 금속 조각에서 다른 쪽으로 전기의 흐름이 생기고 서로 닿지 않으면 전기의 흐름이 차단된다.

스위치의 통전 상태를 확인하려면 digitalRead() 함수라는 아두이노 명령 하나를 새로 배워야 한다.

digitalRead()는 괄호 안에 기입한 값에 해당하는 특정한 핀의 전압을 확인한 후 HIGH나 LOW 값을 반환한다. 앞서 사용했던 함수들은 지시된 내용을 수행하기만 했을 뿐, 아무런 정보도 반환하지 않았다. 아무런 정보도 반환하지 않는 함수들은 시스템의 상호작용성을 다소 제한한다. 이 함수들은 외부로부터 아무런 값도 읽어 들이지 않으므로 일련의 예측 가능한 작동들만 변화없이 수행하기 때문이다. digitalRead()를 사용하면 아두이노가 "질문"을 해서 답을 얻을 수 있게 만들 수 있고, 그 답을 메모리의 어딘가에 저장한 다음 당장 또는 나중에 의사 결정을 하는 데 사용할 수 있다.

오른쪽 그림 4-5의 회로를 만들어보자. 이 회로를 만들려면 몇 가지 부품을 준비해야 한다(이 부품들은 다른 프로젝트를 진행할 때도 유용하게 사용할 수 있다).

브레드보드

메이커 셰드 부품 번호 MKKN3을 준비하거나 아두이노 스토어[4]를 통해 준비한다. 부록 A에서 브레드보드 사용법에 대해 다루고 있으니 참고하도록 한다.

---

4 http://arduino.cc/breadboard

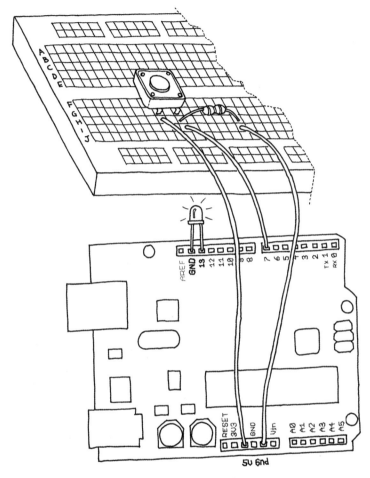

그림 4-5 푸시 버튼 연결하기

점퍼선 키트

메이커 셰드의 부품 번호 MKSEEED3을 준비하거나 아두이노 스토어를
통해 준비한다(앞의 아두이노 브레드보드에는 점퍼선이 포함되어 있다).

10 K 옴 저항 * 1

아두이노 스토어[5]를 통해 준비한다. 10개 묶음으로 판매하고 있다.

푸시 버튼 스위치

아두이노 스토어[6]를 통해 준비한다. 10개 묶음으로 판매하고 있다.

> 길이별로 다듬어진 점퍼선을 구매하는 대신 22AWG(지름 약 0.6mm) 규격의
> 단심 전선을 작은 롤 단위(가령, 메이커 셰드 부품 번호 MKEE3)로 구입해서
> 니퍼와 스트리퍼로 적당한 길이로 자르고 피복을 벗겨 사용해도 무방하다.

> 아두이노 보드의 GND라는 표시는 그라운드(접지)를 의미한다. 이 단어에는 역
> 사적 배경이 있지만 이 책에서는 단순하게 전원의 음극을 의미하는 용어로 사
> 용할 것이다. 또한 GND와 그라운드는 별다른 구분 없이 혼용할 것이다. 그림
> 4-4를 통해 표현했던 물의 비유에서 지하에 묻힌 파이프 정도로 이해하면 된다.
>   대부분의 회로에는 GND 또는 그라운드를 자주 사용하기 때문에 아두이노
> 보드에도 GND 핀이 세 개나 있다. 이 핀들은 서로 전기적으로 연결되어 있으
> 므로 어떤 핀을 사용해도 상관 없다.
>   5V라고 표시된 핀은 전원의 양극을 나타내며 그라운드보다 항상 5V만큼 높
> 은 전압을 유지한다.

예제 4-2는 LED를 푸시 버튼으로 제어하는 코드다.

---

5 http://arduino.cc/resistor10k
6 http://arduino.cc/pushButton

```
// 푸시 버튼을 누르고 있는 동안 LED 켜기

const int LED = 13;     // LED가 연결된 핀의 번호
const int BUTTON = 7;  // 푸시 버튼이 연결된
                        // 입력 핀의 번호
int val = 0;            // val은 입력 핀의 상태를
                        // 저장하는 데 사용됨

void setup() {
  pinMode(LED, OUTPUT);    // LED 핀을 출력으로 설정
  pinMode(BUTTON, INPUT);  // BUTTON 핀을 입력으로 설정
}

void loop() {
  val = digitalRead(BUTTON); // 입력 값을 읽고 저장함

  // 입력 값이 HIGH인지(버튼을 눌렀는지) 확인
  if (val == HIGH) {
    digitalWrite(LED, HIGH); // LED를 켬
  } else {
    digitalWrite(LED, LOW);
  }
}
```

아두이노에서 "파일→새 파일"을 클릭한다. 만약 다른 스케치가 열려
있다면 새 파일을 열기 전에 먼저 저장하자. 새로운 스케치 폴더의 이
름을 선택하라는 창이 뜨면 PushButtonControl이라고 입력하고, 예제
4-2 코드를 아두이노에 입력한다(또는 이 책의 홈페이지[7]에서 코드를
다운로드 하고 아두이노 IDE에 붙여 넣는다). 별다른 문제가 없다면
버튼을 눌렀을 때 LED가 켜질 것이다.

---

7 http://bit.ly/start_arduino_3e

작동 원리

이번 예제 프로그램을 통해 두 가지 새로운 개념을 배울 수 있었다. 하나는 작동 결과를 반환하는 함수에 대한 것이고 다른 하나는 if 구문이다.

if 구문은 아마도 프로그래밍 언어에서 가장 중요한 표현일 것이다. 왜냐하면 컴퓨터(아두이노 또한 작은 컴퓨터이다)는 if 구문 덕분에 무엇인가를 결정할 수 있기 때문이다. if 다음에 오는 괄호 안에는 "질문"을 작성해야 한다. 만약 질문에 대한 "답변", 또는 결과가 참이라면 if 코드 블록이 실행된다. 그렇지 않으면 else 코드 블록이 실행된다.

== 기호는 = 기호와 매우 다른 의미로 사용된다. 전자는 두 개의 항목을 비교할 때 사용하며, 비교 결과를 true나 false로 반환한다. 그에 비해 후자는 상수나 저항에 값을 할당할 때 사용한다. 이 기호들을 혼동하기 쉽기 때문에 주의해서 제대로 사용해야 한다. 만약 ==를 사용해야 하는 곳에 =를 사용하면 프로그램은 제대로 작동하지 않게 된다. 나 역시 오랫동안 프로그래밍을 해왔지만 여전히 실수를 할 때가 있으니 독자들도 주의하기 바란다.

그리고 예제에서 스위치를 LED에 직접 연결하지 않았다는 점에 유의하자. 대신 아두이노 스케치가 스위치를 확인하고 LED를 켜야 하는지 아니면 꺼야 하는지 판단한다. 스케치를 통해 스위치와 LED 사이의 연결이 이루어지고 있는 것이다.

한편 불빛을 밝히기 위해 계속 스위치를 누르고 있어야 한다면 매우 불편할 것이다. 물론 불을 켜두고 자리를 비운다면 소중한 에너지를 낭비하는 것이라 생각할지도 모르겠지만, 그래도 버튼이 특정한 상태를 "유지"할 수 있는 방법을 고안할 필요는 있다.

하나의 회로, 수천 가지의 프로그램

프로그래밍이 가능한 디지털 전자 장치는 고전적인 전자 장치에 비해 월등하게 유리한 점이 있다. 바로 동일한 회로에서 다양한 작동 방식을 이끌어 낼 수 있다는 점이다. 이제 앞의 절에서 구성했던 회로에 소프트웨어만 바꿔서 다른 방식으로 "작동"하게 만들어 보자.

앞에서도 언급했지만, 불이 켜진 상태를 유지하기 위해 계속 버튼을 누르고 있어야 한다면 실용적이지 않을 것이다. 따라서 소프트웨어적인 방법으로 모종의 "기억"을 구현하여 버튼을 누르면 그 상태를 기억해서 버튼에서 손을 떼더라도 불이 꺼지지 않도록 만들 필요가 있다.

이 작업을 하기 위해 변수라는 것을 사용할 것이다. (이미 앞에서 변수를 사용했지만 그에 대한 자세한 설명은 하지 않았다.) 변수란, 아두이노의 메모리 공간 속에 있는 한 장소로, 데이터를 저장할 수 있는 곳이다. 변수는 사무실이나 가정에서 자주 사용하는 접착식 메모지와 비슷하다고 생각하면 된다. 가령, 우리는 종종 접착식 메모지에 "홍길동 02-1234-5678"이라고 전화번호를 받아 적고 컴퓨터 모니터나 냉장고에 붙여 두곤 한다. 아두이노 언어에서도 이처럼 매우 간단하게 변수를 사용할 수 있다. 먼저 저장할 데이터의 유형을 정하고(숫자 또는 문자) 그다음 변수 이름을 정한다. 그러면 필요할 때 변수를 사용해서 데이터를 저장하거나 꺼내 쓸 수 있다. 예를 들어 보자.

```
int val = 0;
```

int는 변수의 데이터 유형이 정수라는 의미이며, val은 변수의 이름이다. 그리고 = 0은 변수에 0이라는 값을 할당한다는 의미이다.

변수라는 용어가 암시하듯이 변수의 값은 코드의 어디에서든 바꿀 수 있다. 따라서 나중에 프로그램의 어디에선가 다음과 같이 코드를 작성할 수 있다.

```
val = 112;
```

이 표현은 변수에 새로운 값인 112를 재할당한다는 의미이다.

> 🖉 아두이노에서는 모든 지시 사항은 세미콜론(;)으로 마친다는 것을 이미 알아챘을 것이다. 이는 컴파일러(스케치를 마이크로컨트롤러가 실행할 수 있는 프로그램으로 변환하는 아두이노의 한 부분)에게 하나의 구문이 끝나고 새로운 구문을 시작한다는 것을 알려주기 위한 표현이다. 세미콜론을 있어야 할 곳에 적절하게 표시하지 않으면 컴파일러가 스케치의 내용을 제대로 이해하지 못하게 된다.

이어지는 프로그램에서는 변수 val에 digitalRead()의 결과를 저장한다. 아두이노가 입력 핀을 통해 읽은 값은 이 변수에 저장되며 다른 코드로 변수의 값을 바꿀 때까지 값이 사라지지 않는다. 변수는 RAM이라고 하는 메모리를 이용한다. RAM은 상당히 빠르게 작동하지만 보드의 전원을 끄면 RAM에 저장된 모든 데이터는 사라진다(보드에 다시 전원을 연결하면 모든 변수의 값은 초깃값으로 되돌아간다). 한편 사용자가 업로드한 프로그램은 플래시 메모리에 저장된다. 플래시 메모리는 휴대 전화에서 전화번호를 저장할 때 사용하는 메모리와 같은 종류로, 전원을 차단해도 정보가 사라지지 않는다.

이제 버튼에서 손을 뗀 이후에도 LED가 켜진 상태를 유지해야 하는지 아니면 꺼진 상태를 유지해야 하는지 기억할 수 있도록 새로운 변수를 하나 더 추가하도록 한다. 예제 4-3은 이러한 기능을 갖추기 위한 첫 번째 단계이다.

예제 4-3 버튼을 누르면 LED를 켜고 손을 떼도 상태를 유지하도록 하기

```
const int LED = 13;    // LED가 연결된 핀의 번호
const int BUTTON = 7; // 푸시 버튼이 연결된
                       // 입력 핀의 번호
int val = 0;    // val은 입력 핀의 상태를
                // 저장하는 데 사용됨
int state = 0; // 0 = LED 끄기, 1 = LED 켜기

void setup() {
  pinMode(LED, OUTPUT);    // LED 핀을 출력으로 설정
  pinMode(BUTTON, INPUT); // BUTTON 핀을 입력으로 설정
}

void loop() {
  val = digitalRead(BUTTON); // 입력 값을 읽고 저장함

  // 입력 값이 HIGH인지(버튼을 눌렀는지) 확인해서
  // state의 값을 바꿈
  if (val == HIGH) {
    state = 1 - state;
  }

  if (state == 1) {
    digitalWrite(LED, HIGH); // LED를 켬
  } else {
    digitalWrite(LED, LOW);
  }
}
```

코드를 업로드하고 버튼을 눌러 시험해 보자. 작동하는 것처럼 보일 때도 있고 그렇지 않을 때도 있을 것이다. 빛이 너무 빠르게 꺼졌다 켜 졌다를 반복하기 때문에 버튼을 눌러서 원하는 대로 설정하기 어렵다 는 것을 알 수 있을 것이다.

이 코드에는 흥미로운 부분이 있다. state는 LED가 켜지거나 꺼진 상황을 기억하는 데 0이나 1을 저장하는 변수다. 이 변수의 초깃값은 0(LED 꺼짐)이다.

그다음에는 버튼의 상태를 읽는 코드가 나온다. 만약 버튼을 누르 면(val == HIGH) state가 0에서 1로, 또는 1에서 0으로 바뀐다. state의 값은 0 또는 1의 값으로만 설정되어야 하므로 약간의 요령이 필요하

다. 즉, 수학적으로 1-0은 1이고 1-1은 0이 된다는 점을 활용하여 구문을 작성한다.

```
state = 1 - state;
```

이 식은 수학적으로는 말이 되지 않는 표현이지만, 프로그래밍에서는 자연스러운 표현이다. = 기호는 "우변에서 연산한 결과를 좌변에 할당한다"라는 의미이다. 즉, 기존의 state 값에서 1을 뺀 결과(우변의 결과)가 state의 새로운 값(좌변)에 할당된다.

이후에는 state 변수를 통해 LED를 켜야 하는지 아니면 꺼야 하는지 결정하는 부분이 나온다. 그리고 이 때문에 앞에서 이미 말한 대로 기대와는 다른, 다소 이상한 결과를 확인하게 된다.

기대와 다른 결과가 생기는 이유는 버튼의 상태를 읽는 방식 때문이다. 아두이노는 매우 빠르게 작동한다. 초당 1천 6백만이라는 속도로 명령을 처리할 수 있으며 덕분에 업로드된 코드를 초당 수백만 줄씩 처리할 수 있다. 버튼을 잠깐 동안만 누르더라도 아두이노 입장에서는 버튼의 상태를 적어도 몇천 번은 읽게 된다는 의미이며, state의 값 또한 그만큼 바뀌게 된다는 의미다. 따라서 결과는 예측할 수 없는 상태가 된다. LED를 켜고자 했지만 그렇지 않은 결과를 얻게 될 수도 있고 그 반대의 상황도 얼마든지 발생할 수 있다. 마치 망가진 시계라도 하루에 두 번은 시간이 맞는 것처럼 이 프로그램도 때때로 원하는 결과를 산출할 수는 있겠지만, 대부분의 경우에는 예상할 수 없는 결과를 산출하게 된다.

어떻게 하면 이 문제를 해결할 수 있을까? 버튼을 눌러서 전압이 변하는 순간을 감지할 수 있다면 해결할 수 있다. 그리고 그 순간에만 state의 값을 바꾸면 더 이상 기이한 결과가 발생하지 않을 것이다. 이를 구현하려면 val 변수의 값을 새로 갱신하기 전에 다른 곳에 추가로 저장해야 한다. 그래야 버튼의 현재 값과 이전의 값을 비교할 수 있고, 버튼의 값이 LOW에서 HIGH로 바뀌는 순간에만 state 값을 바꿀 수 있다.

예제 4-4는 새로 수정한 코드를 보여준다.

예제 4-4 새롭게 개선한 버튼 감지 코드

```
const int LED = 13;   // LED가 연결된 핀의 번호
const int BUTTON = 7; // 푸시 버튼이 연결된
                      // 입력 핀의 번호
int val = 0;          // val은 입력 핀의 상태를
                      // 저장하는 데 사용됨
int old_val = 0;  // 이 변수는 "val"의 이전 값을
                  // 저장하는 데 사용함
int state = 0; // 0 = LED 끄기. 1 = LED 켜기

void setup() {
  pinMode(LED, OUTPUT);    // LED 핀을 출력으로 설정
  pinMode(BUTTON, INPUT); // BUTTON 핀을 입력으로 설정
}

void loop() {
  val = digitalRead(BUTTON); // 입력 값을 읽고 저장함
                             // val에 새로운 값이 저장됨

  // 버튼의 상태가 바뀌었는지 확인
  if ((val == HIGH) && (old_val == LOW)) {
    state = 1 - state;
  }

  old_val = val; // 현재 loop에서의 val 값을 저장해 둔다

  if (state == 1) {
    digitalWrite(LED, HIGH); // LED를 켬
  } else {
    digitalWrite(LED, LOW);
  }
}
```

스케치를 업로드하고 결과를 확인해 보자. 이제 거의 다 완성했다.

버튼을 눌러보면 이 방법으로도 문제가 완전히 해결되지 않았다는 것을 알 수 있다. 스위치의 기계적인 문제 때문에 여전히 문제가 발생한다.

앞서 설명했듯이 푸시 버튼은 단지 스프링으로 서로 떨어져 있는 상태를 유지하는 두 개의 금속 조각일 뿐이며 버튼을 누르면 금속 조각은 서로 맞닿게 된다. 단순하게 생각하면 버튼을 눌렀을 때 스위치가 확실하게 켜져야 한다. 하지만 실제로는 버튼을 누르면 마치 공이 땅에서 튕기듯 두 금속 조각 사이에서 서로 튕겨내는 현상이 발생한다.

비록 튕겨내는 거리가 매우 작고 튕기는 시간 또한 매우 짧지만 이 현상 때문에 튕김 현상이 멈출 때까지 스위치는 최소한 몇 번이나 켜졌다가 꺼지는 작동을 반복하게 된다. 그리고 아두이노는 스위치의 이러한 모든 변화를 놓치지 않고 읽게 된다.

푸시 버튼이 튕기는 동안 아두이노는 매우 빠르게 여러 번 발생하는 켜짐 신호와 꺼짐 신호를 놓치지 않고 감지하게 된다. 이러한 튕김 현상에 대한 기술적인 대비책은 많이 있다. 하지만 이번 예제에서는 스위치의 변화를 감지한 직후 약 10~50밀리초 동안 아두이노의 작동을 일시적으로 멈추는 방법으로 튕김 현상에 대처할 것이다. 즉, 튕김 현상이 멈출 때까지 잠시 기다리는 것이다.

예제 4-5는 최종 코드다.

예제 4-5 간단한 튕김 방지(debouncing) 기능이 포함된 버튼 감지 코드

```
const int LED = 13;     // LED가 연결된 핀의 번호
const int BUTTON = 7;   // 푸시 버튼이 연결된
                        // 입력 핀의 번호
int val = 0;            // val은 입력 핀의 상태를
                        // 저장하는 데 사용됨
int old_val = 0;        // 이 변수는 "val"의 이전 값을
                        // 저장하는 데 사용함
int state = 0;          // 0 = LED 끄기. 1 = LED 켜기

void setup() {
  pinMode(LED, OUTPUT);   // LED 핀을 출력으로 설정
  pinMode(BUTTON, INPUT); // BUTTON 핀을 입력으로 설정
}
```

```
void loop() {
  val = digitalRead(BUTTON); // 입력 값을 읽고 저장함
                             // val에 새로운 값이 저장됨

  // 버튼의 상태가 바뀌었는지 확인
  if ((val == HIGH) && (old_val == LOW)) {
    state = 1 - state;
    delay(10);
  }

  old_val = val; // val은 이제 새로운 값이 아니므로 저장해 둔다

  if (state == 1) {
    digitalWrite(LED, HIGH); // LED를 켬
  } else {
    digitalWrite(LED, LOW);
  }
}
```

이 책의 독자인 타미 (마사키) 타카미야는 튕기는 현상을 방지할 수 있는 또 다른 추가적인 코드에 대해 아래와 같이 알려주었다.

```
if ((val == LOW) && (old_val == HIGH)) {
  delay(10);
}
```

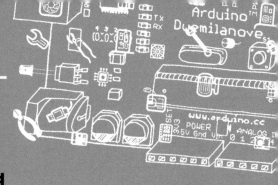

5

고급 입력 및 출력

4장에서는 아두이노의 매우 기초적인 작동, 즉 디지털 출력을 제어하고 디지털 입력 값을 확인하는 방법을 알아보았다. 만약 아두이노(Arduino)를 인간의 언어에 비유한다면, 디지털 출력과 입력은 알파벳 두 글자 정도에 해당하고, 이 알파벳이 다섯 개의 글자로 이루어져 있다는 점을 고려하면, 아두이노로 시를 한 편 쓰기 위해서는 얼마나 더 많은 공부를 해야 하는지 짐작할 수 있을 것이다.

또 다른 온/오프 센서들

푸시 버튼을 사용하는 방법을 알아보았으니 같은 원리로 작동하는 기본적인 센서들은 어떤 것이 있는지 살펴 보도록 하자.

토글 스위치

앞에서 사용했던 푸시 버튼 스위치는 순간(momentary) 스위치의 한 종류이다. 순간 스위치는 손을 떼면 원래의 상태로 돌아가는 스위치를 의미한다. 초인종이 대표적인 순간 스위치라고 할 수 있다.

그에 비해 토글(toggle) 스위치는 마지막으로 조작한 상태를 계속 유지한다. 토글 스위치의 대표적인 사례로는 전등 스위치를 꼽을 수 있다. 한편, 스위치들은 기술적으로 올바르게 정의된 명칭들을 갖고 있지만 이 책에서는 보다 통상적인 이름으로 스위치를 표기할 것이다. 앞으로 순간 스위치 종류는 푸시 버튼이라고 할 것이며 토글 스위치 종류는 그냥 스위치라고 부를 것이다.

스위치는 센서가 아니라고 생각할 수 있지만, 사실 센서로 보는 것이 맞다. 푸시 버튼(순간 스위치)은 사용자가 누르는 행위를 감지하고 (토글) 스위치는 사용자가 마지막으로 조작한 상태를 감지하고 기억하기 때문이다.

온도 조절 스위치(thermostat)
온도가 특정한 조건에 이르면 상태가 바뀌는 스위치를 의미한다. 물이 끓으면 자동으로 꺼지는 전기 주전자의 센서가 여기에 해당한다.

자석 스위치(또는 리드 스위치)
자석을 가까이 대면 떨어져 있던 접점이 붙는 장치이다. 문이나 창문의 열림을 감지하는 도난 경보기 같은 데서 볼 수 있다.

카펫 스위치
평평한 깔개 모양의 스위치로 실내의 카펫이나 현관문의 신발 바닥 닦개 밑에 깔아두면 사람(또는 애완 동물)이 밟고 지나가는 것을 감지할 수 있다.

기울기 스위치(또는 기울기 센서)
아주 단순하지만 기발한 센서로, 두 개(또는 그 이상)의 접점과 작은 금속 구슬(구슬 대신 수은을 사용하는 경우도 있는데 가급적이면 수은을 사용하는 장치는 피하도록 한다)을 이용해서 기울기를 감지한다.

그림 5-1은 기울기 스위치의 내부 구조이다.

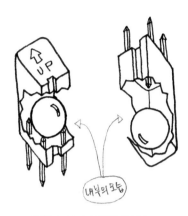

그림 5-1 기울기 스위치의 내부 구조

센서가 똑바로 서 있을 경우에는 금속 구슬이 두 개 이상의 접점에 닿아서 마치 푸시 버튼을 누른 것과 같은 효과를 낸다. 하지만 센서를 기울이면 구슬이 접점에서 굴러 나가고 접점 사이에는 전기가 통하지 않게 되어 마치 푸시 버튼에서 손을 뗀 것과 같은 효과를 낸다. 이 간단한 장치를 이용하면 사물을 움직이거나 흔들었을 때 작동을 다르게 할 수 있는 몸짓(gesture) 인터페이스를 만들 수 있다.

도난 경보기로 많이 사용하는 또 다른 유용한 센서는 그림 5-2에 보이는 것과 같은 인체감지센서(PIR, Passive Infrared Sensor)이다. 이 장치는 감지가 가능한 거리 내에 있는 사람의 움직임을 탐지할 수 있다. 한편 인체는 감지하지만 동물은 감지하지 않도록 설계된 모델도 있으므로 애완 동물의 움직임에 도난 경보기가 오작동하는 상황을 최소화할 수 있다.

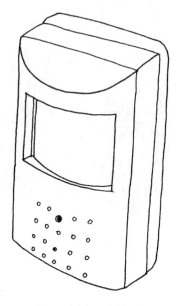

그림 5-2 일반적인 PIR 센서의 모습

인체를 감지하는 기술은 상당히 복잡한 편이기 때문에 PIR 센서의 내부도 매우 복잡하다. 하지만 다행스럽게도 일반 사용자가 센서의 내부까지 알아야 할 필요는 없다. 단지 이 센서가 사람의 존재 여부를 디지털 신호로 알려준다는 정도만 알고 있으면 된다. 이러한 점 덕분에 PIR을 디지털 센서로 분류할 수 있다.

DIY 스위치

집에 금속 구슬과 못 그리고 전선 몇 가닥만 있다면 직접 기울기 스위치를 만들 수 있다. 간단하게 금속 구슬이 어느 한 방향으로 굴러가서 두 개의 못에 닿으면 못과 연결된 전선들 사이에 전기가 흐르도록 작업만 하면 된다.

그리고 빨래집게로는 순간 스위치를 만들 수 있다. 빨래집게의 각 손잡이에 전선을 연결하면 된다. 집게를 쥐면 스위치가 켜지도록 손잡이 부분에 전선을 감으면 된다.

한편, 빨래집게의 손잡이 대신 집게 부분을 스위치로 활용할 수도 있다. 먼저 집게를 벌리고 피복을 벗긴 전선을 각각 감고 나서 집게 사이에 골판지 조각을 물린다. 그다음 이 골판지에 끈을 묶고 끈의 다른 편은 문고리에 묶는다. 문이 열리면 끈이 당겨지고, 집게 사이의 골판지가 빠져나와 전선이 닿으면서 스위치가 켜진다.

이 모든 센서들은 디지털 센서들이며 4장에서 사용했던 푸시 버튼 대신 사용할 수 있다. 물론 스케치의 코드도 전혀 수정할 필요가 없다.

가령, 51쪽 "푸시 버튼으로 LED 제어하기"에서 푸시 버튼 대신 PIR 센서를 장착하면 나머지 회로도와 스케치를 그대로 사용해서 사람이 있을 때만 램프에 불이 들어오도록 만들 수 있을 것이다. 또는 기울기 스위치를 장착하면 램프를 기울여서 불이 꺼지도록 만들 수도 있을 것이다.

PWM 방식으로 빛의 밝기 조절하기

앞에서 살펴보았지만 인터랙티브 램프는 불이 켜지거나 꺼지기만 할 뿐, 밝기는 조절할 수 없어서 결과가 다소 심심한 편이다. 밝기까지 조절할 수 있다면 조금 더 근사한 램프로 변신할 수 있을 것이다. 이 기능을 추가하려면 TV나 영화관에서도 폭넓게 활용되는 POV (Persistence of Vision)라는 기법, 즉 잔상 효과를 사용하면 된다.

앞의 4장에서 LED를 깜빡이는 첫 번째 예제를 실습할 때 잠시 언급했는데, 깜빡이는 시간을 조절하는 delay 함수의 매개변수 값을 줄이면 LED는 더 이상 깜빡이는 것으로 보이지 않고 다소 어두워진 것으로 보이게 된다. 이 실험을 조금 더 확장해서 LED를 켜 두는 delay와 LED를 꺼 두는 delay의 매개변수 값을 서로 다르게 설정해 보자. 켜 두는 delay의 값이 더 커지면 LED는 밝아지고, 반대로 꺼 두는 delay의 값이 더 커지면 LED는 어두워진다. 이는 펄스의 폭을 변조(또는 변경)하여 LED의 밝기를 조절하는 기법으로, PWM(pulse-width modulation) 즉 펄스 폭 변조 방식이라고 부른다.

PWM 기법은 LED의 밝기를 조정하는 용도 외에도 다양하게 활용될 수 있다. 가령, 모터의 속도를 조절할 수 있다. 이 경우에는 인간의 눈에서 잔상 효과가 나타나는 것이 아니라 모터의 속도가 바뀌는 것으로 효과가 나타난다. 모터는 즉각적으로 돌거나 멈출 수 없고 속도를 높이거나 줄이기 위해서는 다소의 시간이 필요하다. 모터가 응답하는 속도보다 더 빠른 속도로 (digitalWrite() 함수를 사용하여) 출력을 바꾸면 모터는 켜 두는 시간과 꺼 두는 시간 사이의 중간에 해당하는 속도로 회전하게 된다.

이 기법은 매우 유용한 반면, 코드에서 delay 함수를 조작하여 LED의 밝기를 조절하는 일은 여러 가지 불편한 상황을 만들어 낼 수 있다. 특히 센서의 값을 읽거나, 시리얼 포트로 데이터를 전송하거나, 또는 기타 다른 작업을 병행하는 경우에는 아두이노가 LED의 밝기를 조절하는 코드 외에 다른 코드들도 실행하며 시간을 사용한다. 결국 LED를 켜거나 끄는 시간에 영향을 미치기 때문에 LED의 밝기를 의도한 대로 유지하기 어렵다.

다행스럽게도 아두이노에 장착된 마이크로컨트롤러에는 스케치가 다른 작업을 병행하는 동안에도 매우 효과적으로 LED를 깜빡일 수 있는 작은 하드웨어가 내장되어 있다. 우노는 3, 5, 6, 9, 10 그리고 11번 핀이 이 하드웨어와 연결되어 있으며, 레오나르도는 3, 5, 6, 9, 10, 11 그리고 13번 핀이 이 하드웨어와 연결되어 있다. 그리고 내장된 하드웨어는 analogWrite() 명령으로 제어할 수 있다.

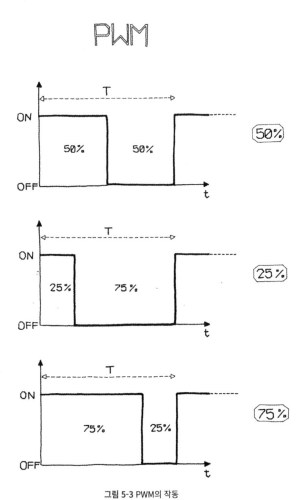

그림 5-3 PWM의 작동

가령, analogWrite(9,50)이라는 명령은 9번 핀에 연결된 LED를 매우 어둡게 만들고, analogWrite(9,200)이라는 명령은 9번 핀에 연결된 LED를 매우 밝게 만든다. analogWrite() 함수의 두 번째 매개변수는 0부터 255까지의 값을 받을 수 있다. 255는 가장 높은 출력을 의미하고 0은 해당 핀의 전원이 꺼진다는 의미이다.

> 🖉 여러 개의 PWM 핀이 있으면 여러모로 도움이 된다. 가령, 빨강, 초록 그리고 파랑 LED를 각각 갖고 있다면 세 가지 LED 빛을 섞어서 어떤 색이든 표현할 수 있다.

직접 실험해 보도록 하자. 우선 그림 5-4를 참고하여 회로를 구성한다. LED(색깔은 상관 없다) 한 개와 220옴 저항이 하나 필요하다(저항은 아두이노 스토어에서 구입할 수 있다[1]).

LED에는 극성이 있다. 이는 전류가 흐르는 방향에 주의해야 한다는 의미이다. LED의 긴 금속심은 애노드(anode) 또는 양극을 의미하며 그림에 보이는 LED의 오른쪽 금속심에 해당한다. 짧은 금속심은 캐소드(cathode) 또는 음극을 의미하며 그림에 보이는 LED의 왼쪽 금속심에 해당하고 현재 저항과 연결되어 있다.

대부분의 LED는 렌즈의 한쪽 테두리 부분(음극 금속심 방향)이 약간 납작하게 처리되어 있다. 마치 마이너스 표시처럼 생긴 이 납작한 부분은 음극 금속심의 위치를 알려주는 또 다른 지표이다.

33쪽 "LED 깜박이기"에서도 언급했지만 LED는 항상 저항과 함께 사용해서 타지 않게 보호해야 한다. 이때 220옴 저항(빨강-빨강-갈색

---

1 http://arduino.cc/resistor220Ohm

띠)을 사용하면 적당하다.

이제 아두이노에서 새로운 스케치를 만들고 예제 5-1의 코드를 작성한다. 코드는 책의 홈페이지[2]에서 다운로드해서 사용할 수 있다.

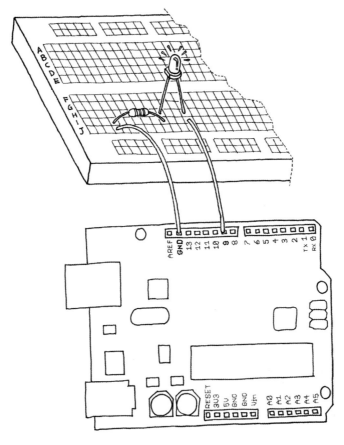

그림 5-4 PWM 핀에 LED를 연결한 모습

2 http://shop.oreilly.com/product/0636920029267.do

예제 5-1 잠자기 모드의 애플 컴퓨터처럼 LED를 서서히 밝혔다가 서서히 어둡게 하기

```
const int LED = 9;  // LED가 연결된 핀
int i = 0;          // 이 변수는 밝기를 지정하는 데 사용한다
void setup() {
  pinMode(LED, OUTPUT);  // LED 핀을 출력용으로 설정한다
}

void loop() {

  for (i = 0; i < 255; i++) {  // 0부터 254까지 반복한다(페이드인)
    analogWrite(LED, i);       // LED 밝기를 설정한다
    delay(10);  // analogWrite 함수는 매우 빠르게 작동하므로
                // 10ms씩 지연시키지 않으면
                // 변화를 육안으로 확인하기 힘들다
  }

  for (i = 255; i > 0; i--) {  // 255부터 1까지 반복한다(페이드아웃)

    analogWrite(LED, i);  // LED 밝기를 설정한다
    delay(10);            // 10ms 동안 기다린다
  }

}
```

스케치를 업로드하면 LED가 천천히 밝아졌다가 천천히 어두워지는 과정을 반복할 것이다. 축하한다! 여러분은 노트북의 근사한 기능 하나를 지금 막 성공적으로 재현해 냈다.

이런 간단한 기능을 구현하기 위해 아두이노를 사용하는 것은 낭비라고 생각할 수도 있지만, 이번 예제를 통해 매우 많은 것을 배울 수 있었다.

먼저, analogWrite()로 LED의 밝기를 바꿀 수 있다는 사실을 알게 되었다. 또한 for 반복문에 대해서도 알게 되었다. for 반복문은 analogWrite()와 delay()를 반복적으로 실행하며 매번 변수 i에 대해 다른 값을 적용한다.

for 반복문이 실행되면 변수 i의 초깃값이 0으로 설정된다. 그 다음 반복을 거듭할수록 변수 i의 값은 255까지 차근차근 증가하게 되

며 LED도 점차 밝아지게 된다. 두 번째 for 반복문에서는 변수 i의 초 깃값이 255로 설정되었고, 반복을 거듭할수록 0으로 감소한다. 따라서 LED도 점차 어두워지며 결국에는 꺼지게 된다.

두 번째 반복문이 끝나면 아두이노는 loop() 함수를 다시 실행한다.

delay() 함수는 반복문의 작동 속도를 떨어뜨려 사용자가 육안으로 밝기의 변화를 관찰할 수 있도록 만드는 역할을 한다. 이렇게 지연시키지 않으면 너무 빨리 작동해서 밝기의 변화를 관찰할 수 없다.

이제 배운 내용을 토대로 램프를 개선해 보도록 하자.

버튼의 상태를 읽는 데 사용했던 회로(4장)대로 브레드보드를 구성한다. 다음 절의 내용을 참고하지 않고 혼자서 회로를 구성할 수 있는지 시도해 보도록 하자. 앞으로 익히게 될 각각의 기초 회로들은 마치 장난감 집짓기 블록처럼 보다 큰 프로젝트를 구성하는 기본 단위로 활용할 수 있어야 한다. 그렇다고 너무 부담스러워 하거나 또는 지금 당장 회로를 구성할 수 없다고 절망할 필요는 없다. 중요한 것은 시간을 조금 내서, 어떻게 회로를 구성해야 할지 직접 생각해 보는 기회를 가지는 것이다.

이 회로를 구성하려면 조금 전에 만든 회로(그림 5-4)와 푸시 버튼 회로(그림 4-5)를 결합해야 한다. 곧장 결합하기 어렵다면, 브레드보드에 아직 충분한 여유 공간이 있으므로 두 회로를 서로 다른 영역에 구성하는 방법을 취해도 무방하다.

브레드보드의 사용법은 부록 A에서 보다 자세하게 설명하고 있으니 필요하다면 참고하도록 한다.

혼자 회로를 구성할 수 없더라도 걱정할 필요는 없다. 그냥 그림 4-5의 회로를 먼저 구성한 다음에 그림 5-4의 회로를 추가하면 된다.

다음 단계로 진행하기 전에 생각해 볼 문제가 있다. 만약 푸시 버튼을 한 개만 사용할 수 있다면 램프의 밝기를 어떻게 조절해야 할까? 이 문제에 답하기 위해 또 다른 인터랙션 디자인 기법을 알아보자. 바로 버튼을 누르고 있는 시간을 측정하는 기법이다. 이를 구현하기 위해서는 4장의 예제 4-5를 업그레이드해서 밝기를 조절할 수 있도록 수정해야 한다. 요점은 버튼을 눌렀다 놓는 행위로는 불을 켜거나 끄고, 버튼을 누르고 있는 행위로는 밝기를 조절하는 것이다.

예제 5-2의 스케치를 살펴보자. 버튼을 누르면 LED가 켜지고 손을 떼도 LED는 켜진 상태를 유지한다. 버튼을 계속 누르고 있으면 밝기가 변한다.

예제 5-2 버튼을 누르고 있을 때 밝기가 변하는 스케치

```
const int LED = 9;      // LED가 연결된 핀의 번호
const int BUTTON = 7;   // 푸시 버튼이 연결된 입력 핀의 번호

int val = 0;            // 입력 핀의 상태를 저장하는 변수

int old_val = 0;        // "val" 변수의 이전 값을 저장하는 변수
int state = 0;          // 0 = LED 끄기. 1 = LED 켜기
int brightness = 128;   // 밝기 값을 저장하는 변수
unsigned long startTime = 0; // 버튼을 누르기 시작한 시간을 저장하는 변수

void setup() {
  pinMode(LED, OUTPUT);    // LED 핀을 출력으로 설정
  pinMode(BUTTON, INPUT);  // BUTTON 핀을 입력으로 설정
}

void loop() {

  val = digitalRead(BUTTON); // 입력 값을 읽고 저장함
                             // val에 새로운 값이 저장됨

  // 버튼의 상태가 바뀌었는지 확인
  if ((val == HIGH) && (old_val == LOW)) {

    state = 1 - state; // state를 1에서 0으로 바꾸거나
                       // 0에서 1로 바꿈
```

```
        startTime = millis(); // millis()는 아두이노에 내장된 시계다.
                              // 보드가 리셋된 이후
                              // 경과된 시간을
                              // 밀리초 단위로 반환한다.

        // 이 줄 덕분에 마지막으로 버튼을 누른 시간을 알 수 있다
        delay(10);
    }

    // 버튼을 계속 누르고 있는지 확인한다.
    if ((val == HIGH) && (old_val == HIGH)) {

        // 만약 버튼을 500 ms 이상 누르고 있다면
        if (state == 1 && (millis() - startTime) > 500) {

            brightness++; // brightness의 값을 1만큼 증가시킨다.
            delay(10);    // brightness가 너무 빨리 증가하지 않도록
                          // 실행을 지연시킨다.

            if (brightness > 255) { // 255는 brightness의 최댓값이다.

                brightness = 0; // 255보다 값이 커지면
                                // 0으로 값을 되돌린다.
            }
        }
    }

    old_val = val; // val은 이제 새로운 값이 아니니 저장해 둔다.

    if (state == 1) {
        analogWrite(LED, brightness); // LED를 현재의 brightness 값에 맞춰 켠다.

    } else {
        analogWrite(LED, 0); // LED를 끈다.
    }
}
```

결과를 확인해보자. 이제 조금씩 인터랙션 모델이 자리를 잡아가고 있
다. 버튼을 누르고 바로 손을 떼면 램프를 켜거나 끄는 작동을 이끌어
낼 수 있다. 그리고 버튼을 꾹 누르고 있으면 밝기가 변하고, 램프가
원하는 만큼 밝아졌을 때 손을 떼면 그 상태가 유지된다.

앞에서 회로에 대해 스스로 생각하는 시간을 잠깐 가졌던 것처럼
이번 프로그램을 이해하는 시간을 잠깐 가져보도록 하자.

아마도 가장 이해하기 까다로운 부분은 아래의 코드일 것이다.

```
if (state == 1 && (millis() - startTime) > 500) {
```

이 코드는 millis() 함수를 이용해서 버튼을 500ms 이상 누르고 있는
지 확인한다. millis() 함수는 단지 스케치가 실행된 이후 경과된 시간
을 밀리초 단위로 산출하는 기능을 수행할 뿐이다. 버튼을 누른 시간
(startTime 변수에 저장된 값)을 기억함으로써 현재 시간과 시작 시간
(버튼을 눌렀을 때의 시간)을 비교할 수 있고, 덕분에 시작 시간 이후
얼마만큼 시간이 지났는지 알 수 있다.

물론, 이는 버튼을 누르고 있는 상태에서만 의미가 있으므로 코드
의 앞 부분에 state의 값이 1인지 확인하는 내용이 포함되어 있다.

예제를 통해 알 수 있듯이 비록 스위치는 매우 단순한 장치이지만
매우 강력한 센서이기도 하다. 이제 다른 센서를 사용하는 방법도 알
아보도록 하자.

푸시 버튼 대신 빛 센서 사용하기

이제 빛 센서를 사용해서 조금 흥미로운 실험을 하나 해보자. 빛 센서
는 그림 5-5와 같이 생겼고, 라디오셰크 같은 전자 부품 업체를 통해
구입하거나 메이커 셰드에서 판매하는 아두이노 시작하기 키트[3]에 포
함되어 있는 것을 사용해도 된다. 물론 아두이노 매장[4]에서 구입해도
된다.

3　http://www.makershed.com/products/make-getting-started-kit-arduino-uno-r3
4　https://store.arduino.cc/product/C000025

그림 5-5 광 의존적 저항(Light-dependent resistor)

이름을 통해서 짐작할 수 있듯이 LDR(Light-dependent resistor, 광 의존적 저항) 또는 간단히 빛 센서라 불리는 이 저항은 빛에 따라 값이 변한다. 어두운 곳에서는 LDR의 저항값이 상당히 높아지지만 밝은 곳에서는 저항값이 낮아지며 전기가 매우 잘 흐르는 상태로 바뀐다. 덕분에 LDR은 빛에 의해 작동하는 스위치로 사용할 수 있다.

먼저, 그림 4-5(51쪽 "푸시 버튼으로 LED 제어하기" 참고)에 보이는 회로를 만든다. 그리고 예제 4-2의 코드를 아두이노에 업로드하고, 푸시 버튼을 눌러보며 정상적으로 작동하는지 확인한다.

그 다음에는 푸시 버튼을 조심스럽게 떼어내고 그 자리에 LDR를 삽입하도록 한다. LDR을 꽂으면 바로 LED가 켜질 것이다. 이제 LDR을 손으로 덮어 빛이 닿지 않도록 하자. 그러면 LED가 꺼질 것이다.

이로써 진짜 센서로 LED를 제어하는 첫 장치를 만들었다. 이는 중요한 의미를 가진다. 왜냐하면 처음으로 이 책에서 단순한 기계적 전기 부품이 아닌 진짜, 제대로 된 센서를 사용했기 때문이다. 사실 이번 실험은 LDR이 가진 풍부한 가능성의 작은 한 부분을 경험한 것에 불과하다.

아날로그 입력

앞 절의 실험을 통해 살펴보았듯이 아두이노에서 digitalRead() 함수를 사용하면 핀에 걸린 전압을 감지하고 판독할 수 있다. 센서에 대한 반응으로 무엇인가를 켜거나 끄는 작동은 다양 방식으로 응용이 가능하다. 하지만 방금 사용해 본 빛 센서는 단순히 빛의 유무뿐만이 아니라 빛의 양, 즉 밝은 정도까지 감지할 수 있다. 바로 이 점이 ON/OFF 또는 디지털(단순히 무엇이 있는지 아니면 없는지만 알려주는) 센서와는 다른 아날로그 센서의 특징이며, 아날로그 센서는 무엇이 얼마나 많이 있는지도 알려줄 수 있다.

아날로그 센서를 사용할 때는 아두이노의 특정한 핀을 활용해야 한다.

아두이노를 그림 5-6에 보이는 아두이노의 방향과 일치하도록 맞춰놓고 살펴보도록 하자.

보드 윗부분 왼쪽의 Analog In이라고 표시된 곳에 여섯 개의 핀이 보일 것이다. 이 핀들이 바로 앞서 말한 특수한 핀들로, 전압이 걸렸는지의 여부뿐만이 아니라 걸린 전압의 양을 analogRead() 함수로 측정할 수 있는 핀들이다. analogRead() 함수는 측정한 전압의 양을 0부터 1023까지의 숫자로 반환한다. 이때 반환값 0은 0V를 의미하며, 1023은 5V를 의미한다. 가령, 아날로그 0번 핀에 2.5V의 전압을 연결하고 analogRead(0)을 통해 읽으면 512라는 숫자가 반환된다.

그림 5-6과 같이 10K옴 저항을 사용하여 회로를 구성하고 예제 5-3
의 코드를 업로드해서 실행해 보자. 센서가 감지하는 빛의 양에 따라
보드에 장착된 LED의 깜빡이는 속도가 달라지는 현상을 확인할 수 있
을 것이다.

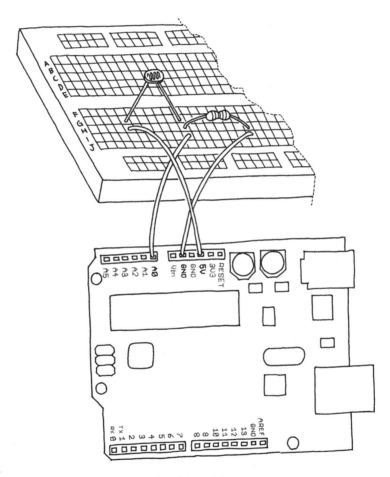

그림 5-6 아날로그 센서의 회로

```
const int LED = 13; // LED가 연결된 핀의 번호

int val = 0; // 센서를 통해 읽은 값을
             // 저장하는 변수
void setup() {
  pinMode(LED, OUTPUT); // LED 핀을 출력으로 설정
                        // 참고: 아날로그 핀들은
                        // 입력 모드로 자동 설정됨
}

void loop() {

  val = analogRead(0); // 센서로부터
                       // 값을 읽음

  digitalWrite(LED, HIGH); // LED를 켬

  delay(val); // 잠시 프로그램을
              // 멈춤

  digitalWrite(LED, LOW); // LED를 끔

  delay(val); // 프로그램을
              // 잠시 멈춤
}
```

앞에서 했던 것과 마찬가지로 이제 그림 5-4를 참고하여 9번 핀에 LED
를 연결한다. 브레드보드에는 이미 LDR 회로가 구성되어 있기 때문에
기존의 회로와 중첩되지 않는 곳을 찾아 LED, 전선, 그리고 저항을 배
치하도록 한다. 상황에 따라서는 기존의 회로에서 몇 가지 부품을 옮
겨야 할 수도 있지만, 오히려 회로와 브레드보드를 더욱 잘 이해하는
기회가 될 수 있으니 걱정 말고 진행하자.

LED를 LDR 회로에 추가하는 작업을 마쳤다면 예제 5-4의 코드를
입력하고 아두이노에 업로드한다.

```
const int LED = 9; // LED가 연결된 핀의 번호

int val = 0; // 센서를 통해 읽은 값을
             // 저장하는 변수

void setup() {

  pinMode(LED, OUTPUT); // LED 핀을 출력으로 설정
                        // 참고: 아날로그 핀들은
                        // 입력 모드로 자동 설정됨
}

void loop() {

  val = analogRead(0); // 센서로부터
                       // 값을 읽음

  analogWrite(LED, val / 4); // 센서의 값을
                             // LED의 밝기에
                             // 반영함

  delay(10); // 프로그램을
             // 잠시 멈춤
}
```

프로그램이 실행되면 손으로 LDR을 덮었다가 여는 행동을 반복해서 LED의 밝기에 어떤 변화가 생기는지 관찰하도록 한다.

앞에서와 마찬가지로, 프로그램을 이해할 수 있도록 시간을 들여 잠시 살펴보자. 이 프로그램은 앞의 두 예제에 비하면 매우 간단한 편이다.

> 🖉 LED의 밝기는 아날로그 값을 4로 나눈 값으로 정하고 있다. 이는 analog
> Read()가 반환하는 값이 최대 1023인데 비해 analogWrite()가 받을 수 있는
> 값은 최대 255, 즉 1/4이기 때문이다.

다른 아날로그 센서 사용해 보기

LDR은 매우 쓸모가 많은 센서지만, 아두이노는 저항 값 자체를 읽을 수는 없다. 그림 5-6에 보이는 회로는 LDR의 저항 값을 아두이노가 읽을 수 있는 전압의 값으로 바꿔준다.

이 회로는 LDR과 같이 저항의 값이 변하는 가변저항류의 센서에 모두 사용할 수 있다. 가변저항류의 센서는 매우 종류가 다양해서 압력, 장력, 휨, 열기 등을 측정하는 센서들도 상당 부분 가변저항 센서에 속한다. 가령, LDR 대신 서미스터(열에 반응하는 저항)를 연결해서 온도에 따라 LED의 밝기가 달라지게 만들 수도 있다.

> 🖉 아두이노로 읽은 서미스터의 값은 실제 온도와 직접적인 관계가 없다. 즉, 서미스터의 값이 20이라고 했을 때 실제 온도 또한 20도인 것은 아니라는 의미이다. 따라서 서미스터로 실제 온도를 측정할 수 있는 장치를 만들려면 먼저 서미스터의 값과 실제 온도계의 값을 연관지을 수 있어야 한다. 이를 위해서는 실제 온도계를 하나 준비해서 서미스터의 값과 실제 온도계의 값을 나란히 표에 기록한 다음, 실제 온도와 그에 해당하는 아날로그 값의 관계를 정리해야 한다. 이에 대한 대안으로 TMP36 같은 센서를 사용하는 것도 좋은 방법이 될 수 있다.

지금까지 계속 LED를 출력 장치로 사용해 왔다. 하지만 현재의 온도 같은 경우는 LED의 밝기만으로 정확하게 판단하기 어렵다. 만약 아두이노가 센서를 통해 읽은 값을 사용자도 볼 수 있다면 훨씬 더 정확한 정보를 얻을 수 있을 것이다. 이를 위해서는 LED가 숫자를 표현하는 모스 부호에 맞춰 깜박이도록 하는 방법을 생각해 볼 수 있을 것이다. 하지만 더욱 쉽고 명확하게 사용자가 정보를 확인하는 방법이 있다. 별다른 장비가 필요한 것도 아니다. 아두이노에 스케치를 업로드할 때 사용하는 바로 그 USB 선을 통해 PC에서 정보를 읽을 수 있다.

시리얼 통신

아두이노에는 마이크로컨트롤러에 코드를 업로드할 때 IDE가 사용하는 USB 포트가 있다. 이 USB로 접속하는 방식의 장점은 스케치를 업로드한 다음, 아두이노가 작동하는 동안, 이 동일한 접속을 통해 아두이노와 컴퓨터가 서로 메시지를 송수신할 수 있다는 점이다. 시리얼 객체를 스케치에 포함하면 이러한 작동을 구현할 수 있다.

객체란 서로 관련이 있는 다양한 기능들을 한데 모아놓은 코드의 묶음을 지칭하며 시리얼 객체는 USB 연결을 통해 통신을 가능하게 만드는 코드의 묶음이다. 시리얼 객체는 마치 통신망에 접속할 수 있게 해주는 휴대전화와 같다. 또한 시리얼 객체는 마치 휴대전화와 같이 사용자가 편하게 사용할 수 있게 도와주는 다양한 기능들도 내장하고 있다. 사용자는 시리얼 객체가 어떻게 만들어졌는지 고민하지 않아도 되며 단지 사용하는 방법만 익히면 된다.

이번 예제에서는 앞의 빛 센서 또는 포토 레지스터로 만들었던 회로를 이용한다. 단, LED의 밝기를 제어하는 대신 analogRead() 함수로 읽은 값을 컴퓨터로 전송할 것이다. 예제 5-5의 코드를 입력한다. 이 예제는 책의 홈페이지[5]에서 다운로드할 수도 있다.

예제 5-5 아날로그 0번 핀을 통해 읽은 값을 컴퓨터로 전송하기

```
const int SENSOR = 0; // 센서 저항이 연결된
                      // 입력 핀의 번호 지정
```

[5] http://shop.oreilly.com/product/0636920029267.do

```
int val = 0; // 센서의 값을
             // 저장하는 변수

void setup() {

  Serial.begin(9600); // 초당 9600비트의 속도로
                      // 컴퓨터에 데이터를 전송하는
                      // 포트를 엶
}

void loop() {

  val = analogRead(SENSOR); // 센서의 값을 읽어서
                            // val에 할당함

  Serial.println(val); // 시리얼 포트에
                       // 값을 출력

  delay(100); // 다시 전송하기 전까지
              // 100ms를 기다림
}
```

아두이노에 코드를 업로드한 후에도 별다르게 작동하는 모습은 보이지 않을 것이다. 하지만 사실 아두이노는 정상적으로 작동하고 있다. 티는 나지 않지만, 아두이노는 열심히 빛 센서의 값을 읽어서 컴퓨터로 정보를 전송하고 있는 중이다. 다만 아두이노가 전송하는 정보를 받는 컴퓨터 측에서 그 정보를 표시하고 있지 않을 뿐이다.

지금 필요한 것은 시리얼 모니터다. 그리고 시리얼 모니터는 아두이노 IDE에 내장되어 있다.

시리얼 모니터 버튼은 아두이노 IDE의 위쪽 오른편에 있다. 버튼은 마치 아두이노와 컴퓨터의 통신 내용을 들여다보기라도 하는 것처럼 돋보기 모양을 하고 있다.

시리얼 모니터 버튼을 클릭해서 모니터를 연다. 그러면 숫자들이 화면 아래까지 주르륵 출력되며 지나갈 것이다. 포토 레지스터를 손으로 가려 어둡게 만들고 숫자가 어떻게 변하는지 관찰해 보자. 값은 줄어들지만 0 이하로 떨어지지는 않을 것이다. 또한 아무리 밝아도 1,023보다

큰 숫자가 출력되지도 않을 것이다. 이것이 analogRead() 함수가 측정할 수 있는 최솟값과 최댓값의 범위이기 때문이다.

아두이노와 컴퓨터 사이의 시리얼 통신 채널은 전혀 새로운 가능성을 제시하고도 남는다. 많은 컴퓨터 프로그래밍 언어는 시리얼 포트의 값을 읽는 프로그램을 만들 수 있는 기능들을 제공하고 있다. 덕분에 이러한 프로그램들은 시리얼 포트를 통해 아두이노와 정보를 교환할 수 있다.

아두이노와 특히 궁합이 잘 맞는 프로그래밍 언어는 바로 프로세싱[6]이다. 프로세싱은 아두이노와 언어도 비슷하고 IDE도 매우 흡사하다. 프로세싱에 대해서는 114쪽 "코딩"에서 더 자세하게 다루게 된다. 아두이노 IDE에는 시리얼 통신 관련 예제들도 포함되어 있다. '파일→예제→04.Communication→Dimmer' 예제나 아니면 '파일→예제→04. Communication→Graph'를 살펴 보도록 하자. 이 외에도 인터넷을 검색하면 풍부한 사례를 확인할 수 있다.

부하가 큰 장치 사용하기(모터, 램프 등)

아두이노 보드의 각 핀들은 LED와 같이 매우 적은 전류로 작동할 수 있는 장치들만 구동할 수 있다. 만약 모터나 백열등과 같이 큰 부하가 걸리는 장치를 구동하기 위해 아두이노에 직접 연결하면 핀은 작동을 멈추기 십상이고, 심지어는 아두이노의 핵심 부품인 마이크로컨트롤러가 망가질 수도 있다.

 아두이노를 안전하게 사용하려면 보드의 I/O 핀을 통해 흐르는 전류의 양을 20 밀리 암페어 이하로 제한하는 것이 좋다.

6 http://www.processing.org/

그렇다고 해결책이 없는 것은 아니다. 간단한 기법으로 부하가 큰 장치를 제어하는 방법들은 다양하게 있다. 아두이노로 부하가 큰 장치를 제어하는 요령은 바로 작은 힘으로 무거운 물건을 움직이는 지렛대의 원리와 비슷하다. 무거운 바위 밑에 긴 지렛대를 넣고 적절한 위치에 지렛목을 놓으면 작은 힘으로 지렛대를 눌러도 바위 밑에는 커다란 힘을 전달할 수 있다. 작은 힘을 가하는 것만으로도 바위에 큰 힘을 가할 수 있는 것이다.

전자장치에서는 MOSFET이라는 부품이 바로 전기적 지렛대의 역할을 한다. MOSFET은 적은 전류로 큰 전류를 제어할 수 있는 일종의 전자 스위치이다. MOSFET에는 세 개의 핀이 달려 있다. 즉 MOSFET은 두 개의 핀(드레인(drain)과 소스(source)) 사이의 전기적 흐름을 세 번째 핀(게이트(gate))로 제어하는 스위치라고 볼 수 있다. 전등 스위치에 비유하자면 게이트는 전등을 켜거나 끌 때 손으로 누르는 부분에 해당한다고 할 수 있다. 하지만 전등 스위치는 기계 스위치이고 손가락으로 눌러서 조작해야 하지만 MOSFET은 전자 부품이므로 아두이노의 핀으로 조작할 수 있다.

> 🖊 MOSFET은 "금속 산화막 반도체 전계효과 트랜지스터(metal-oxide-semi-conductor fieldeffect transistor)"라는 뜻을 갖고 있다. 즉, 일종의 특수한 트랜지스터로 전계효과 원리에 의해 작동한다. 이는 게이트 핀에 전압을 가하면 반도체 물질(드레인과 소스 핀 사이에 있는 작은 조각) 사이에 전기의 흐름이 생긴다는 의미이다. 게이트는 금속 산화막 층에 싸여 있고, 다른 부분과는 절연 처리가 되어 있으므로 아두이노에서 MOSFET으로 전류가 흐르지는 않으며 간단하게 작동시킬 수 있다. MOSFET은 빠른 속도로 부하가 큰 장치를 제어할 때 사용할 수 있는 이상적인 부품이다.

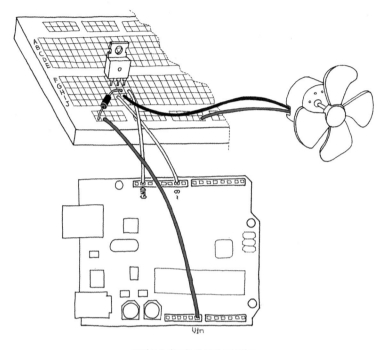

그림 5-7 아두이노용 모터 구동 회로

그림 5-7은 MOSFET의 한 종류인 IRF520으로 선풍기 날개가 장착된 모터를 구동하는 회로를 보여준다. 이 회로에서 모터는 아두이노 보드의 VIN 핀을 통해 전원을 공급 받고 있다. VIN 핀은 7V에서 12V 사이의 전압을 허용한다. 바로 이 점이 MOSFET을 통해 얻을 수 있는 또 하나의 이점이다. MOSFET은 아두이노가 작동하는 5V와는 다른 전압으로 작동하는 장치들도 제어할 수 있게 한다.

흰색 띠가 있는 검은색의 부품은 다이오드라고 하며, 이 회로에서는 MOSFET을 보호하는 용도로 사용하고 있다.

편리하게도 MOSFET은 매우 빠르게 켰다가 끄는 동작을 할 수 있다. 덕분에 MOSFET을 통해 PWM을 사용하여 전등이나 모터를 제어할 수 있다. 그림 5-7을 보면 MOSFET이 아날로그 출력을 할 수 있는 9번 핀에 연결되어 있다. 그러므로 analogWrite() 함수로 PWM을 통해 모터의 속도를 제어할 수 있다.

그림의 회로를 구성하려면 IRF520 MOSFET[7]과 1N4007 다이오드[8]가 필요하다. 만약 업로드 중에 모터가 임의로 작동하는 현상이 발생한다면 9번 핀과 GND 핀 사이에 10K옴 저항을 연결하도록 한다.

8장에서는 릴레이라는 부품에 대해 배우게 될 것이다. 릴레이는 부하가 큰 장치를 제어하는 데 사용하는 또 다른 부품이다.

복잡한 센서들

이 책에서 복잡한 센서란 digitalRead() 또는 analogRead() 함수만으로는 적절한 값을 파악할 수 없는 방식으로 정보를 제공하는 센서들을 의미한다. 이러한 센서들은 보통 내부에 자체적인 회로를 포함하고 있는 경우가 많으며 때로는 마이크로컨트롤러를 포함하고 있는 경우도 있다. 일부 디지털 온도 센서, 초음파 거리 센서, 적외선 거리 센서, 그리고 가속도 센서 등이 이러한 복잡한 센서에 속한다. 이 센서들은 보다 많은 정보를 제공하거나 높은 정밀도를 확보하기 위해 복잡한 구조로 만들어졌다. 가령, 일부 온도 센서는 고유한 주소를 갖고 있어서 같은 신호선에 여러 개의 센서가 동시에 연결되어 있더라도 특정한 장치만 호출해서 정보를 읽을 수도 있다.

다행히도 아두이노는 이러한 복잡한 센서들을 읽을 수 있는 다양한

---

7 https://store.arduino.cc/product/C000021
8 https://store.arduino.cc/product/C000018

방법을 제공한다. 132쪽 "실시간 시계(RTC) 시험하기"와 157쪽의 "온도 및 습도 센서 시험하기"에서는 각각 실시간 시계와 온습도 센서를 사용하는 방법을 실습하며 복잡한 센서의 값을 읽는 방법에 대해 알아보게 될 것이다.

아두이노 홈페이지의 자습 메뉴[9]를 방문하면 더 많은 예제들을 볼 수 있다.

톰 아이고가 집필한 『Making Things Talk』(O'reilly)[10]는 복잡한 센서들을 폭넓게 다루고 있는 책이니 참고하자.

---

9 https://www.arduino.cc/en/Tutorial/HomePage
10 (옮긴이) 국내에는 『재잘재잘 피지컬 컴퓨팅 DIY』(황주선·김현규 옮김, 인사이트)라는 제목의 번역서로 출간되었다.

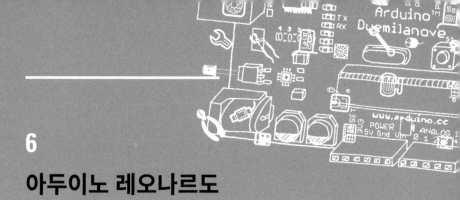

6

아두이노 레오나르도

지금까지는 아두이노 우노 보드 위주로 설명했다. 그런데 아두이노 홈페이지의 "Products(제품들)" 메뉴[1]를 방문해 아두이노 보드의 종류가 매우 다양하다는 것을 알 수 있다.

이번 장에서는 다른 보드들과는 구별되는 독특한 특징이 있는 아두이노 레오나르도(Leonardo) 보드에 대해 알아보도록 한다.

레오나르도 보드와 다른 아두이노 보드들의 차이점

앞서 3장에서 살펴 보았듯이 아두이노 우노의 핵심 부품은 ATmega328이라는 마이크로컨트롤러다. 그리고 3장에서는 설명하지 않고 넘어갔지만 아두이노 우노에는 ATmega16U2라는 또 다른 마이크로컨트롤러도 장착되어 있다. 이 컨트롤러는 USB 인터페이스 처리를 전담하는 칩이며 USB 커넥터 옆에 위치한다. 이 칩을 3장에서 언급하지 않은 이유는 초급자들이 다루기에는 다소 까다롭고, 사용자가 USB 접

---

1 https://www.arduino.cc/en/Main/Products

속에 주의를 기울이지 않도록 뒷편에서 접속을 처리하는 일이 이 칩의 역할이기 때문이다.

아두이노 우노에 두 개의 마이크로컨트롤러가 장착된 이유는 바로 ATmega328 컨트롤러만으로는 USB 접속을 처리할 수 없고, ATmega 16U2만으로는 아두이노의 다양한 기능들을 충분히 수행할 수 없기 때문이다.

다행스럽게도 몇몇 마이크로컨트롤러 디자이너들이 노력한 덕분에 아두이노의 기능을 수행하는 ATmega328과 USB 접속 기능을 수행하는 ATmega16U2의 기능이 결합된 ATmega32U4 칩이 개발되었다.

아두이노 레오나르도에는 바로 이 ATmega32U4 칩을 도입함으로써 USB 기능과 아두이노 보드의 기능을 하나의 칩으로 처리할 수 있게 되었다. 이는 USB 기능을 처리하는 코드가 스케치의 한 부분으로 포함될 수 있다는 의미이며, 다시 말하면 아두이노용 마우스와 키보드 라이브러리로 아두이노의 USB 기능을 확장할 수 있다는 의미이다. 이 특수한 라이브러리들을 사용하면 컴퓨터가 아두이노를 마우스나 키보드라고 인식하게 만들 수 있다. 이러한 특징 덕분에 아두이노로 구현할 수 있는 기능의 범위가 더욱 넓어졌다.

> 레오나르도 보드 외에도 ATmega32U4 칩을 장착한 아두이노들이 있다. 아두이노 윤(Yun), 아두이노 마이크로(Micro), 아두이노 에스플로라(Esplora), 그리고 아두이노 로봇(robot) 보드에는 ATmega32U4가 장착되어 있다. 이 보드들도 레오나르도와 같은 특징들을 지니고 있다.

레오나르도와 우노의 또 다른 차이점

아두이노 레오나르도로 구현할 수 있는 새로운 기능들을 소개하기 전에 아두이노 우노와 아두이노 레오나르도의 차이를 조금 더 알아보도록 하자.

사용자가 알아 두어야 할 주요 차이점은 다음과 같다.

- 69쪽 "PWM 방식으로 빛의 밝기 조절하기"에서는 analogWrite() 함수로 LED의 밝기를 조정하는 방법을 살펴 보았다. 그리고 이 기능을 사용할 수 있는 아두이노 핀은 제한적이라는 사실도 알게 되었다. 우노의 경우, analogWrite() 함수는 3, 5, 6, 9, 10, 그리고 11번 핀만 정상적으로 제어할 수 있다. 하지만 아두이노 레오나르도는 앞의 핀들은 물론 13번 핀도 analogWrite() 함수로 제어할 수 있다. (즉, 아두이노에 기본 장착된 13번 핀의 LED도 밝기를 제어할 수 있다는 의미이다!)

- 아두이노 우노를 컴퓨터에 연결하면 USB 시리얼 접속이 하드웨어로 인해 이루어지고, 이 접속은 컴퓨터에서 아누이노를 분리하지 않는 한 지속된다. 심지어 아두이노 우노의 리셋 버튼을 누르더라도 접속은 끊어지지 않는다. 하지만 아두이노 레오나르도는 USB 포트 연결이 스케치로 인해 이루어지기 때문에 보드의 리셋 버튼을 누르면 컴퓨터와의 USB 시리얼 접속은 일시적으로 끊어졌다가 스케치가 구동되면 다시 연결된다. 이러한 특징은 아두이노로 작업할 때 모종의 영향을 줄 수 있다. 가령, 윈도우 컴퓨터의 경우 레오나르도를 리셋시킬 때 수차례 경고음이 발생할 수 있다.

- 아두이노 우노에는 6개의 아날로그 입력 핀이 있다. 핀의 이름은 A0부터 A5까지이며 한군데 모여 있다. 레오나르도에는 12개의 아

날로그 입력 핀이 있으며, 핀의 이름은 A0부터 A11까지이다. A0부터 A5까지는 우노와 같은 곳에 핀이 있지만, A6부터 A11까지는 각각 디지털 4, 6, 8, 9, 10, 그리고 12번 핀에 배치되어 있다. 레오나르도 보드 뒷면을 보면 추가된 아날로그 핀들의 이름이 표기되어 있는 것을 확인할 수 있다.

- 레오나르도 보드는 마이크로 B 타입의 USB 케이블을 사용한다.
- 레오나르도를 처음 맥 컴퓨터에 연결하면 키보드 설정 도우미가 실행된다. 레오나르도와 관련해서는 특별하게 설정할 것이 없으므로 창의 왼쪽 위에 있는 빨간 버튼을 눌러 이 대화창을 닫도록 한다.

> 일부 디지털 핀을 아날로그 입력 핀으로 사용할 수 있다는 점이 다소 이상하게 여겨질 수도 있다. 사실 모든 아날로그 핀은 디지털 핀으로 사용될 수 있다. 이는 아두이노 우노 역시 마찬가지이다. 아날로그 핀을 디지털 핀으로 사용할 때는 핀의 아날로그 "이름"을 지칭한다. 가령,
>
> ```
> pinMode(A4, OUTPUT);
> ```
>
> 또는 다음과 같이 하면 된다.
>
> ```
> button = digitalRead(A3);
> ```
>
> 마이크로컨트롤러의 입출력 핀들은 종종 하나 이상의 용도로 사용되곤 한다. 물론 하나의 핀을 동시에 두 개 이상의 용도로 사용하는 것은 가능하지 않다.

이제 우노와 레오나르도의 차이를 알았으니, 컴퓨터가 레오나르도를 키보드라고 인식하도록 사용해 보자.

💣 아두이노 IDE를 자신이 사용하고 있는 보드에 맞게 설정해야 한다는 점을 잊지 말자! IDE의 "도구" 메뉴를 열고 "보드" 항목을 클릭한 뒤, "Arduino Leonardo"를 선택한다.

레오나르도 키보드 메시지 예제

이 예제에서는 레오나르도에 연결된 버튼을 누르면 텍스트 문자열이 컴퓨터로 전송된다. 컴퓨터 입장에서는 마치 키보드로 글자를 입력하는 것과 같다. 컴퓨터에게 전송되는 문자열의 내용은 버튼을 누른 횟수로 정한다.

먼저 회로를 구성한다. 푸시 버튼이 하나 필요하다. 이 버튼은 그림 4-5에 보이는 것과 같이 구성한다. 단, 그림과 달리 아두이노의 7번 핀 대신 4번 핀에 연결한다.

이제 아두이노 IDE에서 새 파일을 연다. 새로운 파일의 이름은 KeyboardMessage로 저장한다. 그 다음 예제 6-1의 코드를 스케치에 입력한다. 직접 코드를 입력하는 대신 이 책의 홈페이지[2]에 있는 예제 코드 링크를 통해 다운로드해도 되고, IDE에서 "파일→예제→09. USB→Keyboard→KeyboardMessage"를 열어도 된다.

예제 6-1 레오나르도를 키보드로 인식시키고, 버튼을 누르면 텍스트 문자열을 입력하기

```
/*
키보드 버튼 테스트 아두이노 레오나르도 및 마이크로용 스케치.
버튼을 누르면 텍스트 문자열을 전송함.

회로:
* 푸시 버튼이 4번 핀과 +5V에 연결됨
* 10k 옴 저항이 4번 핀과 그라운드 사이에 연결됨
```

2 http://shop.oreilly.com/product/0636920029267.do

작성일: 2011년 10월 24일
수정일: 2012년 03월 27일
작성자: 톰 아이고

이 예제 코드에는 별도의 저작권이 없음.

http://www.arduino.cc/en/Tutorial/KeyboardButton
*/

```
const int buttonPin = 4;          // 푸시 버튼에 연결되는 입력 핀
int previousButtonState = HIGH;   // 푸시 버튼의 상태를 확인하기 위한 변수
int counter = 0;                  // 버튼을 누른 횟수를 저장하는 변수

void setup() {
  // 푸시 버튼에 연결된 핀을 입력 모드로 설정한다.
  pinMode(buttonPin, INPUT);
  // 키보드 제어를 시작한다.
  Keyboard.begin();
}

void loop() {
  // 푸시 버튼을 읽는다.
  int buttonState = digitalRead(buttonPin);
  // 만약 버튼의 상태가 바뀌었다면,
  if ((buttonState != previousButtonState)
    // 그리고 현재 버튼을 누르고 있는 상태라면,
    && (buttonState == HIGH)) {
    // 버튼을 누른 횟수를 증가시킨다
    counter++;
    // 메시지를 전송한다
    Keyboard.print("You pressed the button ");
    Keyboard.print(counter);
    Keyboard.println(" times.");
  }
  // 다음에도 버튼의 상태를 비교할 수 있도록 현재 버튼 상태를 기억해둔다.
  previousButtonState = buttonState;
}
```

스케치를 업로드한 다음 컴퓨터에서 메모장이나 워드 프로세서와 같은 텍스트 편집기를 실행한다. 그 다음 레오나르도에 연결한 버튼을 누르면 편집기에 아래와 같은 텍스트가 입력되는 것을 볼 수 있을 것이다.[3]

```
You pressed the button 1 times.
```

3 (옮긴이) 한글은 정상적으로 입력되지 않을 수 있다.

어쩌면 이 기능이 그다지 인상적으로 보이지 않을 수도 있다. 독자에 따라서는 예제 5-5에서와 같이 Serial.println() 명령으로 시리얼 모니터에 문자열을 전송하는 기능과 별반 달라 보이지 않을 수도 있기 때문이다. 하지만 사실 여기에는 매우 큰 차이가 있다.

Serial.println() 명령으로 시리얼 모니터에 문자열을 전송하는 경우, 아두이노는 각 글자에 해당하는 특수한 코드(ASCII 코드라고 한다. 255쪽 "변수" 참고)를 컴퓨터에게 전송한다. 컴퓨터 측에서 보자면, 시리얼 포트에 도착하는 ASCII 코드를 읽고 해당 글자로 변환하여 출력하도록 요청하는 일을 시리얼 모니터가 오롯이 해낸다. 이는 시리얼 모니터가 시리얼 포트와 관련된 작업에 개입하여 처리하기 때문에 가능하다.

이와는 대조적으로, 예제 6-1에서 아두이노는 USB 키보드처럼 행세한다. 따라서 시리얼 모니터의 개입이 필요하지 않다. Serial.println() 명령으로는 시리얼 포트에 도착하는 메시지를 텍스트 편집기나 워드프로세서에 타이핑할 수 없다.

이는 매우 중요한 차이이므로 다른 방식으로 한번 더 정리해 보자.

아두이노에서 Serial.println() 명령으로 컴퓨터에게 메시지를 전송하면 시리얼 포트를 읽을 수 있는 컴퓨터 프로그램만 아두이노의 메시지를 처리할 수 있다. 그에 비해 예제 6-1은 USB 키보드를 사용할 수 있는 모든 컴퓨터 프로그램에게 아두이노의 메시지를 전달할 수 있다.

작동 원리

예제의 중요한 부분은 푸시 버튼과 관련된 부분보다는 키보드와 관련된 부분이다. 이 부분을 상세하게 알아보자.

예제의 setup()에는 키보드 객체를 초기화하는 부분이 있다. 85쪽 "시리얼 통신"에서 다루었던 시리얼 객체와 마찬가지로 키보드 객체는 다양한 관련 기능들을 내포하고 있다.

예제의 loop()에서는 버튼을 누를 때 Keyboard.print()와 Keyboard.println() 명령으로 아두이노의 메시지를 타이핑하는 코드가 있다. 컴퓨터는 이를 사용자가 USB 키보드로 메시지를 타이핑하는 것이라고 인식한다.

이는 아두이노가 문자나 숫자 외에 그 어떤 글자라도 전송할 수 있다는 의미이다. 사실 키보드의 글자 외에도 레오나르도는 마우스의 클릭과 움직임도 전송할 수 있다. 이에 대해서는 다음 예제에서 알아보도록 한다.

> Keyboard.print() 명령을 사용하면 아두이노 레오나르도가 컴퓨터의 키보드를 대신하게 된다. 만약 Keyboard(또는 Mouse) 라이브러리를 지속적으로 실행하면 사용자는 그만큼 키보드를 사용할 수 없기 때문에 레오나르도를 프로그래밍하기도 어려워진다.
>
> 따라서 Keyboard.print() 또는 Mouse.move()와 같이 아두이노가 키보드나 마우스 기능을 운용할 때는 사용자가 컴퓨터에 대한 통제력을 잃지 않도록 항상 신뢰할 만한 제어 시스템을 마련해 두어야 한다. 앞의 스케치에서는 푸시 버튼에 키보드 토글 기능을 부여하여 버튼을 누른 순간에만 키보드 기능이 작동하도록 설정해 두었다.

레오나르도에 연결된 버튼으로 마우스를 제어하는 예제

이 예제에서는 버튼을 누르면 아두이노가 마우스 커서의 움직임을 컴퓨터로 전송한다. 그러면 컴퓨터는 사용자가 마우스를 움직였다고 인식하게 된다. 버튼 4개로는 마우스를 위, 아래, 왼쪽, 오른쪽으로 움직이는 신호를 보내고, 다섯 번째 버튼으로는 마우스의 왼쪽 버튼을 클릭하는 신호를 전송한다.

회로를 구성해 보자. 그림 6-1에 보이는 것과 같이 5개의 푸시 버튼이 필요하다.

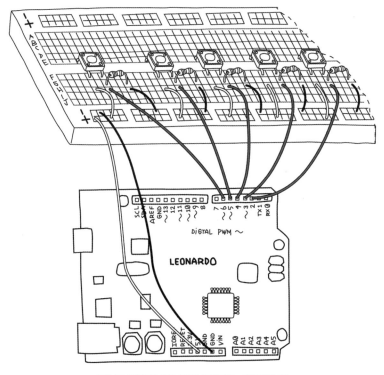

그림 6-1 버튼으로 USB 마우스를 제어하는 예제의 회로도

이번에도 아두이노 IDE에서 새로운 스케치를 연다. 스케치의 이름은 ButtonMouseControl로 정하고 예제 6-2의 코드를 입력한다. 직접 코드를 입력하는 대신 이 책의 홈페이지[4]에 있는 예제 코드 링크를 통해 다운로드해도 되고, IDE에서 "파일→예제→09.USB→Keyboard→ButtonMouseControl"를 열어도 된다.

예제 6-2 컴퓨터가 레오나르도를 마우스로 인식하게 해서 레오나르도의 버튼을 누르면 컴퓨터에게 마우스의 움직임 이벤트나 마우스 왼쪽 버튼 클릭 신호를 전송하기

```
/*
레오나르도의 버튼으로 컴퓨터의 마우스 제어하기.
아두이노 레오나르도나 마이크로에 연결된 5개의 푸시 버튼으로
컴퓨터의 마우스를 제어함.

하드웨어:
* 5개의 푸시 버튼을 D2, D3, D4, D5, D6에 각각 연결

마우스의 움직임은 항상 상대적임. 이 스케치는 4개의 푸시 버튼 값을 읽어서
컴퓨터의 마우스 움직임에 반영함.

경고: Mouse.move() 명령을 사용하면 아두이노가 컴퓨터의 마우스를
대신하게 됨! 따라서 아두이노에 마우스 관련 명령을 사용하기 전에
컴퓨터 마우스에 대한 제어권을 회복할 방안을 마련해 두어야 함.

작성일: 2012년 03월 15일
수정일: 2012년 03월 27일
작성자. 톰 아이고

이 예제 코드에는 별도의 저작권이 없음.

*/

// 5개의 버튼에 연결된 핀들의 번호를 설정한다.
const int upButton = 2;
const int downButton = 3;
const int leftButton = 4;
const int rightButton = 5;
const int mouseButton = 6;

int range = 5;            // X 또는 Y 움직임의 단위. 움직임의 속도에 영향을 줌
int responseDelay = 10; // 마우스의 반응이 지연되는 시간. 단위는 ms
```

---

4 http://shop.oreilly.com/product/0636920029267.do

```
void setup() {
  // 버튼의 입력 모드를 시작한다.
  pinMode(upButton, INPUT);
  pinMode(downButton, INPUT);
  pinMode(leftButton, INPUT);
  pinMode(rightButton, INPUT);
  pinMode(mouseButton, INPUT);
  // 마우스 제어를 시작한다.
  Mouse.begin();
}

void loop() {
  // 버튼의 값을 읽는다.
  int upState = digitalRead(upButton);
  int downState = digitalRead(downButton);
  int rightState = digitalRead(rightButton);
  int leftState = digitalRead(leftButton);
  int clickState = digitalRead(mouseButton);

  // 버튼의 상태에 기반하여 마우스가 움직일 거리를 산출한다.
  int xDistance = (leftState - rightState) * range;
  int yDistance = (upState - downState) * range;

  // 만약 X 또는 Y가 0이 아니라면, 움직인다.
  if ((xDistance != 0) || (yDistance != 0)) {
    Mouse.move(xDistance, yDistance, 0);
  }

  // 만약 마우스 버튼을 눌렀다면,
  if (clickState == HIGH) {
    // 마우스 버튼을 누르지 않은 상태였다면 누름으로 처리한다.
    if (!Mouse.isPressed(MOUSE_LEFT)) {
      Mouse.press(MOUSE_LEFT);
    }
  }
  // 아니면 마우스 버튼을 누르지 않은 것이다.
  else {
    // 마우스 버튼을 누른 상태였다면 놓음으로 처리한다.
    if (Mouse.isPressed(MOUSE_LEFT)) {
      Mouse.release(MOUSE_LEFT);
    }
  }

  // 마우스가 너무 빠르게 움직이지 않도록 지연시킨다.
  delay(responseDelay);
}
```

스케치를 업로드하고 움직임 버튼(아두이노의 2, 3, 4, 또는 5번 핀에 연결된 버튼)을 하나씩 눌러보자. 버튼을 누를 때마다 컴퓨터의 커서가 움직이는 모습이 보일 것이다. 이번에는 커서를 가려진 창이나 비활성화된 창에 위치시키고 마우스 왼쪽 버튼에 해당하는 푸시 버튼(아두이노의 6번 핀에 연결된 버튼)을 누르자. 창이 맨 앞으로 나오며 활성화되는 것을 볼 수 있을 것이다.

작동 원리

이 예제의 주요 함수는 Mouse.move(), Mouse.press() 그리고 Mouse.release()이다.

예제 6-2는 예제 6-1에 비해 훨씬 복잡하다. 버튼의 수가 5개로 늘어난 탓도 있지만, 무엇보다도 마우스가 움직여야 하는 양을 계산하는 코드가 추가되었기 때문이다. 이 스케치에서는 마우스가 한번 움직여야 할 단위를 5로 설정했다. 그 다음 왼쪽이나 오른쪽 움직임에 해당하는 푸시 버튼을 누르면 변수 xDistance에 계산한 값을 더하거나 빼고, 위나 아래 움직임에 해당하는 푸시 버튼을 누르면 변수 yDistance에 계산한 값을 더하거나 뺀다. 마우스가 움직여야 하는 양을 계산한 다음에는 Mouse.move(xDistance, yDistance, 0) 함수로 커서를 움직인다.

다섯 번째 버튼, 즉 마우스의 왼쪽 버튼에 해당하는 푸시 버튼을 누르면 레오나르도는 Mouse.press(MOUSE_LEFT) 함수로 마우스 누름 메시지를 컴퓨터에게 전송한다.

예제를 통해 알 수 있듯이, 레오나르도를 사용하면 컴퓨터에 있는 어떤 프로그램이든지 제어할 수 있다. 가령, 푸시 버튼으로 물리적인 "단축 키"를 만들어서 버튼을 누르면 친구에게 "미안하지만 점심 약속에 조금 늦을 것 같아. 30분 후에 보자."라는 메시지를 자동으로 구성해서 이메일로 발송하게 할 수도 있다. 또는 컴퓨터에서 비행 시뮬레이션 게임을 할 때 다양한 스위치와 조이스틱, 그리고 조절 손잡이를 조합하여 자신만의 비행기 조종석을 만들어 즐길 수도 있다. 나아가, 레오나르도에 커다란 빨간 버튼을 붙인 다음, 버튼을 누를 때마다 컴퓨터의 아두이노 IDE로 레오나르도를 다시 프로그래밍하도록 만들 수도 있다. 레오나르도에 빛 센서를 부착한 다음, 날이 어두워지면 컴퓨터에서 로그아웃하게 만들어서 퇴근을 유도하게 만드는 일도 얼마든지 가능하다. (파일→예제→09.USB→Keyboard→KeyboardLogout)

마지막 두 사례를 보면 이 새로운 기능을 사용할 때는 매우 주의해야 한다는 점을 알 수 있을 것이다. 마우스와 키보드로 할 수 있는 모든 것은 레오나르도 보드로 할 수 있다. 이는 레오나르도가 컴퓨터의 파일을 지우거나 재부팅하고 비밀번호도 바꿀 수 있다는 의미이다. 따라서 모험심을 발휘하기 전에 컴퓨터에 대한 통제권을 잃는 것과 같은 문제가 발생하지 않도록 세심한 주의가 필요하다.

아두이노 홈페이지[5]를 방문하면 레오나르도의 USB 마우스 및 키보드 라이브러리에 대해 보다 많은 내용을 배울 수 있고 풍부한 예제도 확인할 수 있다.

레오나르도와 우노의 또 다른 차이점

레오나르도에는 우노의 다른 점이 몇 가지 더 있다. 비록 초보자의 입장에서는 당장 쓸 만한 정보가 아닐 수도 있지만 참고하고 넘어갈 필요는 있다. 대부분의 차이는 포트가 배치된 핀이 우노와 다르기 때문에 발생한다.

---

5 http://arduino.cc/en/Reference/MouseKeyboard

컴퓨터에 서로 다른 포트들(USB, 비디오, 1394, 병렬 등)이 장착되어 있듯이, 아두이노에도 다양한 포트들이 장착되어 있다. 시리얼 포트가 장착되어 있다는 점은 이미 알고 있을 것이다. 그 외의 포트들은 다음과 같다.

- 포트 중에는 I2C라는 규격이 있다. 이에 대해서는 8장에서 보다 자세하게 살펴볼 것이다. 우노와 레오나르도는 모두 I2C 포트를 장착하고 있다. 하지만 핀의 위치가 서로 다르다. 아두이노 우노의 경우 아날로그 A4와 A5 핀을 I2C 포트로 사용한다. 그에 비해 레오나르도는 디지털 D2와 D3 핀을 I2C 포트로 사용한다.

  혼동을 피하고 통일성을 유지하기 위해기 아두이노 우노 R3, 아두이노 레오나르도, 그리고 새로 출시되는 모든 아두이노 모델은 AREF 핀 옆에도 I2C 핀을 장착하고 있다. 이 새로운 핀들 앞에는 SCL과 SDA라는 라벨이 인쇄되어 있으며, 앞으로는 보드에 장착되는 마이크로컨트롤러가 바뀌더라도 이 위치는 바뀌지 않고 유지될 예정이다.

- 모든 아두이노 보드는 공장 출시 상태의 마이크로컨트롤러(가령, 보드의 마이크로컨트롤러를 새 것으로 교체한 상황)를 프로그래밍할 수 있는 특별한 포트를 장착하고 있다. 이 포트는 ICSP라고 부른다.

  짐작했다시피, 우노와 레오나르도에 장착된 컨트롤러 칩은 서로 다르기 때문에 ICSP 포트와 관련된 핀들도 서로 다르다. 하지만 I2C 포트와는 달리 ICSP 포트는 이미 오래전부터 보드에 독립적인 커넥터로 자리잡고 있었다. ICSP 포트는 3개의 핀이 2열로 나열된 총 6개의 핀들로 이루어진다.

  그러나 레오나르도가 설계되기 이전에 사용되던 일부 오래된 라이브러리와 실드들은 디지털 핀에 부여된 ICSP 포트를 활용하는 사례도 있다. 이러한 라이브러리와 실드들은 레오나르도에서는 정상적으로 사용할 수 없다. 왜냐하면 레오나르도의 ICSP 포트는 디지털 핀과 연결되어 있지 않기 때문이다. (실드는 아두이노의 기능을 확장하기 위해 보드의 핀에 꽂아서 사용하는 보드들을 지칭한다.)

- 85쪽 "시리얼 통신"에서는 아두이노에서 컴퓨터로 센서 정보를 보낼 수 있도록 시리얼 포트를 사용하는 방법에 대해 알아보았다. 그리고 이미 알고 있겠지만 아두이노의 시리얼 포트는 USB 커넥터 뿐만 아니라 디지털 0번과 1번 핀에도 연결되어 있다.

  우노에는 시리얼 포트가 하나 밖에 없지만 레오나르도에는 두 개의 시리얼 포트가 있다. 우노는 디지털 0번과 1번 핀에 연결된 유일한 시리얼 포트를 Serial이라고 부르지만 레오나르도는 디지털 0번과 1번 핀에 연결된 시리얼 포트는 별도로 Serial1이라고 부른다. 모든 아두이노 보드는 USB 커넥터에 연결된 시리얼 포트를 항상 Serial이라고 한다.

포트 이외에도 레오나르도의 차이점은 몇 가지가 더 있다.

- 아날로그 입력 핀을 A0이나 A5라는 이름으로 지칭하면 이 이름들은 내부적으로 번호로 변환된다. 따라서 핀을 이름으로 지칭하든 아니면 번호로 지칭하든 아날로그와 디지털 기능들을 모두 정상적으로 사용할 수 있다. 가령, 우노의 경우 아래와 같은 코드는,

```
pinMode(A0,OUTPUT);
```

아래의 코드와 동일한 의미이다.

```
pinMode(14,OUTPUT);
```

아두이노 우노에서는 아날로그 핀들에 D13번 이후의 번호들이 매겨진다. 따라서 14번은 A0과 같고 15는 A1과 같다.

레오나르도에서는 조금 다른 방식으로 핀의 번호가 매겨진다. 따라서 핀의 이름 대신 번호를 사용하는 라이브러리나 예제는 제대로 작동하지 않을 수 있다. 그에 따라 앞으로는 모든 라이브러리와 예제에서 아날로그 입력 핀은 언제나 이름을 사용해야 한다. 디지털 모드에 이미 익숙해졌더라도 이제는 아래와 같이 사용하도록 한다.

```
digitalWrite(A4, HIGH);
```

• 아두이노 우노는 시리얼 모니터를 열 때마다 항상 리셋된다. 일부 라이브러리와 예제들은 이러한 특징을 십분 활용하곤 한다. 하지만 레오나르도는 시리얼 모니터를 열어도 리셋되지 않기 때문에 일부 라이브러리는 제대로 작동하지 않을 수도 있다.

• 레오나르도와 우노는 아두이노의 고급 기능 중 하나인 외부 인터럽트(external interrupts)가 작동하는 방식이 서로 다르다. 우노에는 외부 인터럽트 핀이 두 개 밖에 없지만 레오나르도에는 다섯 개나 있다. 또한 레오나르도의 인터럽트 핀 두 개는 우노의 핀과 같지만 번호가 다르게 매겨져 있다.

아두이노 홈페이지[6]를 방문하면 아두이노 레오나르도에 대해 보다 자세한 안내를 확인할 수 있다.

---

6   http://arduino.cc/en/Guide/ArduinoLeonardoMicro

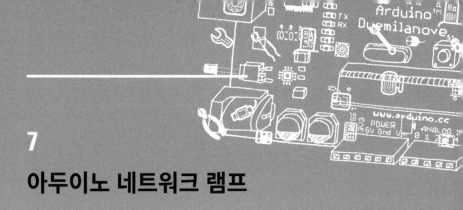

7
아두이노 네트워크 램프

지금까지 여러 장에 걸쳐 아두이노를 사용하는 데 필요한 기초적인 지식과 기본적인 코드들을 살펴보았다. 더 나아가기 전에 앞의 "아두이노 입문 과정"에서 다루었던 내용들을 다시 정리하도록 하자.

디지털 출력

LED를 제어할 때 사용한 방법이지만, 적절한 회로만 구성할 수 있다면 모터를 제어하거나 소리를 만드는 기능은 물론 매우 다양한 용도로 사용할 수 있다.

아날로그 출력

단지 LED를 켜고 끄는 것뿐만 아니라 밝기를 조절할 때도 사용한 방법이다. 이 방법을 활용하면 모터의 속도도 제어할 수 있다.

디지털 입력

푸시 버튼이나 기울기 스위치와 같이 참 또는 거짓이라는 센서의 상태를 읽을 때 사용하는 방법이다.

아날로그 입력

퍼텐쇼미터(potentiometer)와 같이 어느 정도 돌렸는지를 알려주거나 또는 조도 센서와 같이 감지되는 빛의 양을 알려주는 등, 단지 참이나 거짓을 판별하는 기능 외에 보다 많은 정보를 알려주는 센서를 사용할 때 활용한 방법이다.

시리얼 통신

컴퓨터와 통신해서 데이터를 교환하거나 또는 아두이노에서 작동하고 있는 스케치의 진행 상태를 확인할 때 유용했던 방법이다.

이번 장에서는 앞서 익혔던 부분적인 기능들을 종합하여 보다 크고 복잡한 응용 프로젝트를 구현하는 방법에 대해 살펴볼 것이다. 이 장에서 다루는 하나하나의 작은 예제들은 더 큰 프로젝트를 구성하는 단위가 된다.

> 이제 내 안에 있는 디자이너로서의 열망과 동경을 표출할 때가 되었다. 우리는 21세기형 클래식 램프를 만들 것이다. 이 램프는 내가 가장 좋아하는 이탈리아 디자이너인 조 콜롬보(Joe Colombo)가 1964년에 디자인 한 아톤(Aton)이라는 램프에서 영감을 받았다.
>
> — 마시모

아톤 램프는 그림 7-1에 보이는 것과 같이 기본적으로는 둥그런 구멍이 뚫린 구체 모양이며 책상 위를 굴러다니지 않도록 받침대 위에 놓여 있다. 이 기발한 디자인 덕분에 사용자는 원하는 방향으로 램프가 향하도록 쉽게 기울일 수 있다.

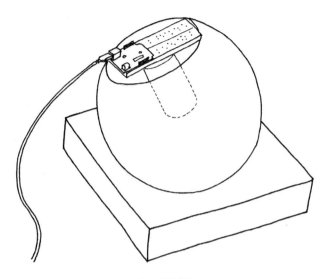

그림 7-1 완성된 램프

램프는 인터넷에 연결되도록 만들 것이다. 그래서 램프가 Make 블로그에 접속해서 최근 게시물들의 목록을 읽어 오고, "peace", "love", 그리고 "Arduino"라는 단어가 몇 번이나 언급되었는지 셀 수 있도록 할 것이다. 램프의 색깔은 단어들의 수를 토대로 결정되고 그에 해당하는 색으로 빛난다. 램프를 켜거나 끌 수 있는 버튼도 장착할 것이다. 또한 빛 센서도 장착하여 자동으로 작동하는 기능도 추가할 것이다.

계획하기

이제 구현하고자 하는 것이 무엇인지, 그리고 구현하기 위해서는 무엇이 필요한지 살펴보도록 하자. 우선, 아두이노가 인터넷에 접속할 수 있어야 한다. 아두이노 보드에는 USB 포트만 있기 때문에 인터넷 랜선을 바로 연결할 수 없다. 따라서 아두이노와 인터넷을 연결할 수 있는 방안을 모색해야 한다. 이런 경우에는 컴퓨터에서 실행되는 응용 프로그램을 작성해서 문제를 해결하는 것이 좋다. 이 응용 프로그램은 인터넷에 접속해서 데이터를 처리한 다음 간단한 정보만 추출해서 아두이노에게 전송하면 된다.

아두이노는 매우 간단한 컴퓨터이며 메모리의 양도 적어서 큰 파일은 쉽게 처리하지 못한다. RSS 피드에 접속하게 되면 장황한 XML 파일을 받게 되는데, 이 파일을 처리하려면 상당한 양의 RAM이 필요하며 이러한 작업은 아두이노가 수행하기에는 적합하지 않다. 그에 비해 랩톱이나 데스크톱은 훨씬 더 많은 RAM을 장착하고 있으며 덕분에 XML과 같은 큰 파일을 무리 없이 처리할 수 있다. 그러므로 우리는 프로세싱 언어로 XML을 처리하는 프락시를 구현해서 컴퓨터에서 실행할 것이다.

프로세싱

아두이노는 프로세싱에서 태어났다. 프로세싱은 매우 사랑스러운 언어이며, 처음 프로그래밍을 시작하는 사람들을 위한 교육용 언어로도 자주 사용된다. 뿐만 아니라 아름다운 코드를 작성할 때도 매우 유용하게 사용된다. 프로세싱과 아두이노는 매우 환상적인 조합을 만들어 낼 수 있다. 프로세싱의 또 다른 장점은 바로 오픈 소스라는 점이다. 그리고 대부분의 주요 운영체제(맥, 리눅스, 그리고 윈도우)에서 사용할 수 있다. 프로세싱으로 작성한 코드는 독립 실행형 응용 프로그램으로 만들어서 사용할 수도 있다. 더욱 근사한 점은 프로세싱 커뮤니티가 매우 활성화되어 있어서 적지 않은 도움을 받을 수 있다는 것이며 수많은 예제 프로그램도 활용할 수 있다.

먼저 프로세싱을 https://processing.org/download에서 다운로드한다.

프로세싱은 다음과 같은 작업을 수행한다. 우선 http://makezine.com에서 RSS 피드를 다운로드하고 파일의 XML 구조에서 모든 단어를 추출한다. 그 다음 텍스트의 단어 하나하나를 검사하며 "peace", "love" 그리고 "Arduino"라는 단어가 몇 번이나 등장하는지 확인한다. 세 개의 단어의 수를 각각 확인한 후에는 이 값을 처리하여 램프의 색상으로 지정한 뒤 아두이노에게 전송한다. 그러면 아두이노 코드가 센서로 측정한 빛의 양을 컴퓨터로 전송하고 프로세싱 코드가 아두이노의 데이터를 받아서 화면에 출력한다.

하드웨어는 푸시 버튼 예제, 빛 센서 예제, PWM LED 제어 예제(LED의 밝기를 제어하는 코드는 3배로 늘어난다), 그리고 시리얼 통신 예제가 조합을 이루어 구성될 것이다. 120쪽 "회로 조립하기"를 다룰 때 각각의 하드웨어 구성을 구별할 수 있는지 확인해 보자. 대부분의 프로젝트는 이러한 방식으로 진행된다.

아두이노는 간단한 장치이기 때문에 색을 표현하는 방법도 간단한 방식으로 코드화할 필요가 있다. 이 프로젝트에서는 HTML에서 색깔을 표현하는 방식을 사용하기로 한다. 즉, 기호 #과 6개의 16진수 숫자로 이루어진 표현법을 사용한다.

16진수는 8비트의 수(가령, 0부터 255까지의 수)를 두 개의 글자로 표현할 수 때문에 사용하기가 매우 편리하다. 10진수로 8비트 수를 표현할 때는 글자의 수가 한 개일 때도 있고 세 개일 때도 있어서 글자의 수가 변하는 폭이 크다. 예측 가능성은 코드를 간략하게 만들어 주는 중요한 요소다. 16진수를 사용하면 버퍼(데이터를 임시로 저장해 두는 공간으로 활용되는 변수)에서 # 기호를 발견했을 때 바로 다음에 나오는 6개의 글자를 읽으면 된다. 그 이후 두 개의 글자씩 묶어서 바이트로 변환하여 세 LED의 밝기를 표현하도록 처리한다.

코딩

이 프로젝트에서는 프로세싱 스케치와 아두이노 스케치를 모두 작성하고 실행해야 한다. 예제 7-1은 프로세싱 스케치로 사용할 코드이다. 스케치는 이 책의 홈페이지[1]에서 다운로드해서 사용해도 된다. 코드의 일부분은 토드 E. 커트가 블로그(http://todbot.com)에 게시한 내용을 참고하였다.

예제 7-1 아두이노 네트워크 램프(프로세싱 스케치)

```
import processing.serial.*;
import java.net.*;
import java.io.*;
import java.util.*;

String feed = "http://makezine.com/feed/";[2]
int interval = 5 * 60 * 1000; // 5분마다 피드를 받아온다.
int lastTime; // 마지막으로 내용을 가져왔을 때의 시간

int love = 0;
int peace = 0;
int arduino = 0;

int light = 0; // 램프에서 측정한 빛의 양

Serial port;
color c;
String cs;

String buffer = ""; // 아두이노로부터 수신하여 누적된 글자들

PFont font;

void setup() {
  size(640, 480);
  frameRate(10); //업데이트를 그다지 빠르게 진행할 필요는 없다

  font = createFont("Helvetica", 24);
  fill(255);
  textFont(font, 32);
```

1 http://shop.oreilly.com/product/0636920029267.do
2 (옮긴이) 이 주소는 403 에러 즉, 접근 거부 에러를 일으킬 수 있다.

```
  // 주의:
  // Serial.list() 명령으로 검색한 첫 번째 시리얼 포트가
  // 아두이노와 연결된 포트이다. 그렇지 않은 경우에는
  // 주석의 맨 아래에 있는 행의 //를 지우고 스케치를 재실행해서
  // 시리얼 포트의 목록을 출력해 본다. 그다음 Serial.list()[0]
  // 함수의 대괄호 사이에 있는 0을 아두이노가 연결된
  // 시리얼 포트의 번호로 수정한다.
  //println(Serial.list());
  String arduinoPort = Serial.list()[0];

  port = new Serial(this, arduinoPort, 9600); // 아두이노에 연결한다

  lastTime = millis();
  fetchData();
}

void draw() {
  background( c );
  int n = (lastTime + interval - millis())/1000;

  // 3개의 값을 토대로 색깔을 지정한다
  c = color(peace, love, arduino);
  cs = "#" + hex(c, 6); // 아두이노로 전송할 문자열을 준비한다

  text("Arduino Networked Lamp", 10, 40);
  text("Reading feed:", 10, 100);
  text(feed, 10, 140);

  text("Next update in "+ n + " seconds", 10, 450);
  text("peace", 10, 200);
  text(" " + peace, 130, 200);
  rect(200, 172, peace, 28);

  text("love ", 10, 240);
  text(" " + love, 130, 240);
  rect(200, 212, love, 28);

  text("arduino ", 10, 280);
  text(" " + arduino, 130, 280);
  rect(200, 252, arduino, 28);

  // 색깔의 지정하는 문자열을 화면에 출력한다
  text("sending", 10, 340);
  text(cs, 200, 340);

  text("light level", 10, 380);
  rect(200, 352, light/10.23, 28); // 1023을 100으로 만든다

  if (n <= 0) {
```

```
      fetchData();
      lastTime = millis();
   }

   port.write(cs); // 데이터를 아두이노로 전송한다

   if (port.available() > 0) { // 수신된 데이터가 있는지 확인한다
      int inByte = port.read(); // 바이트 하나를 읽는다
      if (inByte != 10) { // 바이트가 줄바꿈 문자가 아니라면
         buffer = buffer + char(inByte); // 바이트를 버퍼에 추가한다
      } else {

         // 줄바꿈 문자를 찾았으므로 데이터를 처리한다
         if (buffer.length() > 1) { // 데이터가 충분히 있는지 확인한다
            // 마지막 문자는 복귀 문자이므로 잘라낸다
            // (복귀 문자는 텍스트 행의 맨 마지막에 붙어 있는 글자이다)
            buffer = buffer.substring(0, buffer.length() -1);

            // 버퍼의 문자열을 정수로 변환한다
            light = int(buffer);

            // 다음에 수신하는 데이터를 처리할 수 있도록 버퍼를 비운다
            buffer = "";

            // 아두이노로부터 데이터를 수신하는 속도에 비해
            // 프로세싱이 데이터를 처리하는 속도가 느릴 경우,
            // 센서의 값이 계속 누적되어 반응이 자연될 가능성이 있다.
            // 따라서 최신 데이터를 활용할 수 있도록
            // 잔여 데이터를 비운다
            port.clear();
         }
      }
   }
}

void fetchData() {
   // 피드를 분석하기 위해 아래의 문자열들을 사용한다
   String data;
   String chunk;

   // 단어들의 수를 0으로 초기화한다
   love = 0;
   peace = 0;
   arduino = 0;
   try {
      URL url = new URL(feed); // URL 객체를 만든다
      // 접속을 준비한다
      URLConnection conn = url.openConnection();
      conn.connect(); // 이제 홈페이지에 접속한다
```

```
// 인터넷 페이지에서 데이터를 읽어서
// 버퍼가 한 줄씩 읽을 수 있도록 할당한다
BufferedReader in = new
  BufferedReader(new InputStreamReader(conn.getInputStream()));

// 피드의 내용을 한 줄씩 읽는다
while ((data = in.readLine ()) != null) {
  StringTokenizer st =
    new StringTokenizer(data, "\"<>,.()[] ");// 행을 해체한다
  while (st.hasMoreTokens ()) {
    // 데이터의 글자들을 소문자로 바꾼다
    chunk= st.nextToken().toLowerCase() ;

    if (chunk.indexOf("love") >= 0 ) // "love"를 찾았는가?
      love++; // love의 값을 1만큼 증가시킨다
    if (chunk.indexOf("peace") >= 0) // "peace"를 찾았는가?
      peace++; // peace의 값을 1만큼 증가시킨다
    if (chunk.indexOf("arduino") >= 0) // "arduino"를 찾았는가?
      arduino++; // arduino의 값을 1만큼 증가시킨다
  }
}

// 각 단어의 최댓값은 64를 넘지 않도록 한다
if (peace > 64) peace = 64;
if (love > 64) love = 64;
if (arduino > 64) arduino = 64;
peace = peace * 4;     // 색깔은 4개의 바이트(ARGB)로 표현되므로
love = love * 4;       // 단어의 수를 저장하는 변수에 4를 곱해
arduino = arduino * 4; // 최대가 255가 되도록 한다
}
catch (Exception ex) { // 에러가 발생하면 실행 중인 스케치를 멈춘다
  ex.printStackTrace();
  System.out.println("ERROR: "+ex.getMessage());
}
}
```

앞의 프로세싱 스케치가 정상적으로 작동하려면 한 가지를 반드시 확
인해야 한다. 바로 아두이노와 연결된 컴퓨터의 시리얼 포트를 프로세
싱 스케치에서 정확하게 특정하는 일이다. 단, 시리얼 포트는 컴퓨터
마다 다르게 구성될 수 있기 때문에 이 작업을 하려면 먼저 아두이노
회로를 구성하고 아두이노 스케치도 업로드한 다음 컴퓨터에 연결해
야 한다. 일부 컴퓨터에서는 이 프로세싱 스케치를 수정하지 않고 그

냥 사용해도 아무런 문제가 생기지 않을 수 있다. 하지만 만약 아두이노가 아무런 작동도 하지 않는 것 같거나 아두이노의 빛 센서 정보가 화면에 표시되지 않는다면 프로세싱 스케치에서 "주의"라고 표시된 주석을 찾아 그곳의 지시 사항에 따라 문제를 해결해야 한다.

> 맥을 사용하고 있다면 아두이노가 시리얼 포트 목록 중 맨 마지막 포트에 연결되어 있을 가능성이 크다. 만약 그렇다면 Serial.list()[0] 코드의 대괄호 안에 0 대신 Serial.list().length-1이라고 기입한다. 이 코드는 시리얼 포트의 총 갯수에서 1을 뺀다는 의미이다. 배열의 인덱스는 0부터 시작하지만 length는 배열의 크기(1부터 시작)를 지칭하므로 마지막 인덱스를 지칭하기 위해서는 length에서 1을 빼야 한다.

예제 7-2는 아두이노 스케치다. 이 예제 또한 책의 홈페이지[3]에서 다운로드할 수 있다.

예제 7-2 아두이노 네트워크 램프(아두이노 스케치)

```
const int SENSOR = 0;
const int R_LED = 9;
const int G_LED = 10;
const int B_LED = 11;
const int BUTTON = 12;

int val = 0;  // 센서의 값을 저장할 변수

int btn = LOW;
int old_btn = LOW;
int state = 0;
char buffer[7] ;
int pointer = 0;
byte inByte = 0;
```

---

3 http://shop.oreilly.com/product/0636920029267.do

```
byte r = 0;
byte g = 0;
byte b = 0;

void setup() {
  Serial.begin(9600); // 시리얼 포트를 연다
  pinMode(BUTTON, INPUT);
}

void loop() {
  val = analogRead(SENSOR); // 센서의 값을 읽는다
  Serial.println(val);      // 센서의 값을
                            // 시리얼 포트로 출력한다

  if (Serial.available() > 0) {

    // 수신되는 바이트를 읽는다
    inByte = Serial.read();

    // 만약 마커(# 표시)를 발견하면 이어지는 여섯 글자는 색깔 정보다
    if (inByte == '#') {

      while (pointer < 6) { // 여섯 글자를 모은다
        buffer[pointer] = Serial.read(); // 버퍼에 저장한다
        pointer++; // pointer를 1씩 움직인다
      }

      // 이제 3개의 숫자가 16진수로 저장되어 있으므로
      // r, g, b에 해당하는 3개의 바이트로 디코딩한다
      r = hex2dec(buffer[1]) + hex2dec(buffer[0]) * 16;
      g = hex2dec(buffer[3]) + hex2dec(buffer[2]) * 16;
      b = hex2dec(buffer[5]) + hex2dec(buffer[4]) * 16;

      pointer = 0; // 버퍼를 재사용할 수 있도록 pointer를 재설정한다

    }
  }

  btn = digitalRead(BUTTON); // 버튼의 입력 값을 읽고 저장한다

  // 버튼 상태에 변화가 있는지 확인한다
  if ((btn == HIGH) && (old_btn == LOW)) {
    state = 1 - state;
  }

  old_btn = btn; // 현재의 버튼 값을 저장해둔다

  if (state == 1) { // 램프가 켜야 한다면
    analogWrite(R_LED, r); // 컴퓨터가 전송한
```

```
    analogWrite(G_LED, g); // 색깔의 값에 따라
    analogWrite(B_LED, b); // 램프를 켠다
  } else {

    analogWrite(R_LED, 0); // 아니면 램프를 끈다
    analogWrite(G_LED, 0);
    analogWrite(B_LED, 0);
  }

  delay(100); // 통신 주기를 100ms로 정한다
}

int hex2dec(byte c) { // HEX를 숫자로 변환한다
  if (c >= '0' && c <= '9') {
    return c - '0';
  } else if (c >= 'A' && c <= 'F') {
    return c - 'A' + 10;
  }
}
```

회로 조립하기

그림 7-2는 완성된 회로를 보여준다. 69쪽 "PWM 방식으로 빛의 밝기 조절하기"와 마찬가지 요령으로 220옴 저항(빨강-빨강-갈색 띠)과 LED를 각각 연결하고 80쪽 "아날로그 입력"에서 했던 것과 같이 10K옴 저항과 빛 센서를 연결하면 된다.

69쪽 "PWM 방식으로 빛의 밝기 조절하기"에서 이미 살펴보았지만, LED에는 극성이 있다. 이 회로에서는 애노드(LED의 긴 다리, 양극)가 LED의 오른쪽에 있고 캐소드(LED의 짧은 다리, 음극)가 왼쪽에 있다. 그림 7-2에는 LED 둘레의 납작한 부분도 표시하고 있는데, 이 납작한 부분이 LED의 캐소드 위치를 나타낸다.

그림에 보이는 것과 같이 빨강, 녹색, 그리고 청색 LED로 회로를 구성한다. 그 다음 아두이노 스케치는 아두이노 보드에 업로드하고, 이어서 프로세싱 스케치를 실행하고 결과를 확인한다(램프를 켜려면 회

로의 버튼을 눌러야 한다). 만약 문제가 발생한다면 9장을 참고하여 해결하도록 한다.

세 개의 LED를 사용하는 대신에 한 개의 RGB LED를 사용할 수도 있다. RGB LED에는 네 개의 핀이 달려 있다. 세 개의 LED를 사용하는 경우에는 각 LED의 그라운드 핀을 아두이노의 그라운드 핀과 연결하지만, RGB LED를 사용하는 경우에는 하나의 핀(공통 캐소드 핀이라고 부른다)만 그라운드에 연결하면 된다.

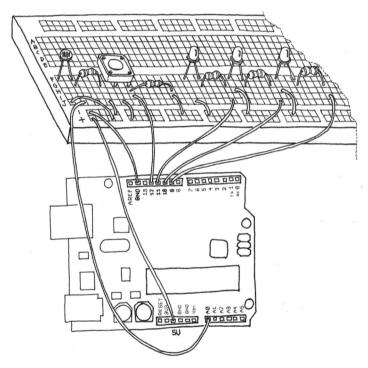

그림 7-2 아두이노 네트워크 램프의 회로도

아두이노 온라인 매장에서도 4핀짜리 RGB LED를 몇 달러에 구매할 수 있다. RGB LED는 단색 LED와는 달리 가장 긴 다리가 그라운드에 연결되는 핀이다. 보다 짧은 다른 핀들은 아두이노의 9, 10, 11번 핀에 연결한다(220옴 저항을 아두이노 핀과 LED 핀 사이에 연결하는 것을 잊지 말자. 이는 빨강, 녹색, 그리고 청색 LED 3개를 사용했을 때와 마찬가지다).

메이커 셰드에서 판매하는 아두이노 키트에는 RGB LED가 포함되어 있다.[4]

> 앞의 아두이노 스케치는 음극 공통 RGB LED(LED의 긴 다리를 그라운드에 연결하는 제품)를 사용한다는 전제하에 작성되었다. 만약 양극 공통 RGB LED를 사용할 경우에는 기대와는 다른 색깔이 표시될 수 있다. 그런 경우에는 LED의 색깔을 제어하는 코드를 다음과 같이 수정한다(수정된 코드는 색깔의 값을 거꾸로 바꾸기만 할 뿐이다. 즉, 이전에는 0으로 설정되는 값이 255로 설정되도록 수정한 코드이다).
>
> ```
> if (state == 1) { // 만약 램프를 켜야 한다면
>   analogWrite(R_LED, 255 - r); // 컴퓨터가 전송한
>   analogWrite(G_LED, 255 - g); // 색깔의 값에 따라
>   analogWrite(B_LED, 255 - b); // 램프를 켠다
> } else {
>   analogWrite(R_LED, 255); // 아니면 램프를 끈다
>   analogWrite(G_LED, 255);
>   analogWrite(B_LED, 255);
> }
> ```

이제 브레드보드의 회로를 유리 공 안에 넣고 제작을 마무리하도록 하

---

4 (옮긴이) 국내에서는 다음 매장에서 RGB LED를 구매할 수 있다.
   http://eleparts.co.kr/EPX33MHK (양극 공통)
   http://www.devicemart.co.kr/1192634 (양극 공통)

자. 가장 간단하게, 그리고 가장 저렴하게 이 작업을 수행하는 방법은 이케아(IKEA)의 파도(FADO) 탁상 램프를 사는 것이다.[5]

조립 방법

먼저 램프를 분해해서 램프의 아래쪽에 연결된 전선을 제거한다. 아두이노로 제작한 LED 조명을 사용할 예정이므로 이 부분은 더 이상 필요하지 않다.

아두이노와 브레드보드는 고무줄 같은 용품으로 고정한다. 그리고 그림 7-1과 같이 브레드보드와 아두이노를 램프의 뒷부분에 글루건으로 고정한다. LED도 안에 넣고 고정해야 하므로 여분의 공간을 남겨 놓는다.

RGB LED에 전선을 넉넉하게 납땜하고 전구가 있던 곳에 접착한다. LED에 납땜한 전선은 다시 브레드보드에 연결한다(그림 7-2에서 LED를 연결했던 위치에 그대로 연결한다). RGB LED를 사용하든 아니면 단색 LED 세 개를 사용하든 그라운드에 연결되는 전선에 미리 표시를 해두면 시간과 수고를 다소 아낄 수 있다.

이제 유리 공의 받침대로 사용할 만한 구멍 뚫린 목재를 준비한다. 또는 램프를 포장하고 있던 골판지 상자를 활용해도 좋다. 유리 공을 적당하게 고정시킬 수 있도록 상자의 윗면에 약 5cm 정도의 구멍을 뚫도록 한다. 골판지 상자의 구멍 안쪽은 글루건으로 보강하여 유리 공을 보다 든든하게 지지할 수 있도록 한다.

유리 공을 상자 위에 올리고 USB 케이블을 램프 위쪽으로 올려서 컴퓨터에 연결한다.

---

5 (옮긴이) 국내에서도 약 2만원 내외의 가격으로 구매할 수 있다.

프로세싱 코드를 실행하고 램프의 On/Off 버튼을 눌러서 램프에 생명을 불어넣는다. 친구들도 불러서 자랑해보자.

방이 어두워지면 램프에 자동으로 불이 켜지도록 연습 삼아 코드를 추가해보자. 그리고 다음과 같은 기능도 추가해 보자.

- 램프를 이리저리 돌리거나 기울이면 불이 켜지거나 꺼질 수 있도록 기울기 센서를 추가한다.
- 사람이 가까이 가면 램프가 켜지고, 사람이 없으면 램프가 꺼지도록 PIR 센서를 추가한다.
- 램프의 색깔을 수동으로 조작하거나 램프의 색깔이 자동으로 다양한 색으로 변하도록 여러가지 작동 모드를 추가한다.

그 외에도 자신만의 아이디어를 실험하고 반영하여 근사한 램프로 발전시켜 보자!

8

정원 자동화 - 관개 시스템

앞서 7장에서는 아두이노 네트워크 램프 프로젝트를 진행하며 아두이노에 대해 알고 있던 단편적인 지식들을 한곳에 모아 보았다. 이 과정을 통해 간단한 연습용 예제들을 활용하고 조합하여 실질적인 프로젝트를 구현할 수 있다는 점을 확인할 수 있었다. 또한 프로세싱 언어에 대해서도 배울 수 있었으며 프로세싱으로 컴퓨터에서 작동하는 프락시를 만들어서 아두이노로 구현하기 어렵거나 불가능한 기능을 보완하는 방법도 살펴 보았다.

이번 장에서는 간단한 예제들을 조합하는 것은 물론 새로운 아이디어도 곁들여서 더욱 근사한 프로젝트를 구현할 것이다. 이 과정을 통해 전자, 통신, 그리고 프로그래밍에 대해 보다 깊이 이해할 수 있게 될 것이며 또한 프로젝트 구축 기법에 대해서도 심도 있게 배우게 될 것이다.

새로운 프로젝트의 목표는 매일 정해진 시간에 자동으로 급수를 시작했다가 멈추는 장치를 만드는 것이다. 단, 조건이 있다. 비가 올 때는 이 기능이 작동하지 않아야 한다.

✎ 이 프로젝트에서 구현하는 정원에 급수하는 기능은 정원이 없어도 실생활에서 다양하게 응용할 수 있다. 실내에 작은 화분 밖에 없다면 급수 밸브의 수를 하나로 줄여서 프로젝트에 사용하면 된다. 또는 급수 밸브 대신 음용수 이송 펌프를 사용하면 매일 오후 5시에 원하는 음료수가 나오는 식으로 프로젝트를 구현할 수도 있다. 에이다프루트사에서 판매하는 튜브 연동식 액체 펌프[1]는 음용수 펌프로 사용할 수 있다.

교수로서 나는 많은 학생들에게 만드는 방법을 가르친다. 교육을 하다 보면 종종 학생들은 내가 프로젝트를 구현하는 정확한 방법을 단박에 알아낸다고 생각하는 경향이 있는 것 같다. 하지만 사실은 그렇지 않다. 프로젝트를 구현하기 위해서는 매우 반복적인 여러 과정들을 되풀이해야 한다.

— 마이클

프로젝트를 구현하려면 먼저 아이디어를 구상하고 그 다음 대략적인 부분 기능들로 나누어 하나하나 만들어 나가게 된다. 하지만 만들다 보면 종종 초기의 아이디어를 수정해야 하는 상황에 봉착하기도 한다. 때로는 이리저리 둘러 가며 새로운 전자 부품의 사용법을 익혀야 하거나 이전에 접하지 못했던 프로그래밍 개념을 이해하느라 시간을 소비하게 될 수도 있다. 나아가 오랫동안 사용하지 않았거나 새롭게 사용하게 되는 아두이노의 특정한 기능과 용법을 기억해내고 알아내느라 애를 써야 할 때도 있을 것이다. 종종 책을 들여다 봐야 할 때도 있고 인터넷을 검색하거나 전문가에게 조언을 구해야 하기도 한다. 수많은 예제들과 설명들 그리고 프로젝트들을 검토하며 도움이 될 만한 조각들을 모으고 수집하기도 한다. 프로젝트 초기에는 여러 곳에 흩어져

1 https://www.adafruit.com/products/1150

있는 조각들과 부분들을 끌어 모아 마치 프랑켄슈타인과 같은 괴물을 만들 듯이, 다소 엉성하게라도 조합하여 제대로 작동할 수 있는지 가늠해야 한다.

프로젝트가 개념 설정 단계에서 디자인 초안 단계로 그리고 하드웨어 및 소프트웨어를 부분적으로 시험 제작하는 단계로 나아가는 과정에서도 끊임없이 이전에 선택하고 결정했던 부분들을 변경하며 전체적인 조합을 고려해야 하는 상황을 만나게 된다. 그 어떤 기술자도 백지 상태로 프로젝트를 시작해서, 처음부터 끝까지 전 과정에 이르는 공정을 완벽하게 디자인하고, 그 결과물이 한 번에 성공적으로 작동하게 만들지는 못한다. 설령 작동을 하더라도 거의 대부분의 프로젝트는 초기의 계획과는 사뭇 다르게 진행되기 마련이며 수시로 이전의 단계로 돌아가 이런저런 수정과 보완을 해야 하곤 한다.

이러한 상황은 소프트웨어 분야는 물론 하드웨어 분야도 마찬가지다.

아무리 초보자라고 하더라도 프로젝트를 디자인할 수 있다. 아는 것부터 구현하기 시작하고 새로운 아이디어 또는 기능을 하나씩, 천천히 차근차근 추가하면 된다. 지금 당장 쓸모가 없다는 이유로 흥미로운 생각들을 접는 우는 범하지 않도록 한다.

새로운 전자 부품이나 프로그래밍 개념 또는 흥미로운 기법에 대한 소식을 들으면 나는 곧장 연구실로 달려가 직접 실험해 보곤 한다. 당장 사용할 일이 없어도 마찬가지다. 이렇게 얻은 지식은 결국 나의 소중한 자산이 되기 때문이다. 일이 잘 풀리지 않거나 미지의 문제를 만난다면 기억해야 할 것이 있다. 바로 전문가들도 그러한 상황에서는 항상 새로운 것을 배워야 한다는 점이다.

— 마이클

아두이노 커뮤니티는 매우 방대하고 자료가 풍부하다. 덕분에 인터넷을 통해 수많은 자원을 어렵지 않게 구할 수 있다. 뿐만 아니라 산속 깊은 곳에 은둔하는 경우가 아니라면 아두이노 모임, 동호회, 메이커스페이스, 해커스페이스, 심지어는 개인적으로 조언을 해줄 수 있는 전문가도 주변에서 어렵지 않게 찾을 수 있다.

온라인 자원을 최대한 유용하게 활용하려면 238쪽 "온라인을 통해 도움 받기"를 참고한다.

프로젝트를 구현하기 위해 알아야 할 전자, 프로그래밍, 그리고 제작 기술에 대해서 앞으로 보다 자세하게 언급할 것이며, 그와 더불어 디자인 과정에 대해서도 조금 더 설명하고자 한다. 이 과정을 통해 간단한 회로와 스케치가 어떻게 최종 프로젝트에 걸맞게 수정되고 발전하는지 생생하게 체험할 수 있을 것이다. 앞에서도 언급했지만, 프로젝트는 반복적인 개발 과정을 통해 완성된다. 반복되는 단계와 과정을 모두 소개하려면 별도의 책을 집필해야 할 정도이다. 아쉽지만 이 장에서는 꼭 필요한 과정만 살펴보도록 한다.

계획하기

7장에서와 마찬가지로, 무엇을 만들고 싶은지 그리고 어떤 부분들과 조각들이 필요한지 생각해 보도록 하자.

이번 프로젝트에서는 일반적으로 많이 사용하는 정원용 전기 밸브를 이용할 것이다. 이러한 밸브는 솔레노이드 밸브라고도 부르며 시중에서 쉽게 구할 수 있다. 솔레노이드 밸브를 구입할 때는 밸브의 전원에 맞는 전원 어댑터나 변압기도 함께 준비하도록 한다. 5장에서는 MOSFET으로 모터를 제어하는 방법에 대해 알아 보았다. 직류(DC) 전원을 사용하는 솔레노이드 밸브를 선택했다면 MOSFET으로 제어하는 방법도 가능하다. 하지만 일부 솔레노이드 밸브는 교류(AC) 전원을 사용하므로 MOSFET과 같이 직류를 제어하는 장치는 적합하지 않다. 교류를 제어하려면 직류와 교류 모두를 제어할 수 있는 릴레이가 보다 좋은 선택이 될 수 있다.

> ✎ 87쪽 "부하가 큰 장치 사용하기(모터, 램프 등)"를 통해 MOSFET이 일종의 트랜지스터라는 점을 설명했다. MOSFET은 gate 핀으로 drain과 source 핀 사이의 전기적 흐름을 제어할 수 있다. 이러한 의미에서 MOSFET은 일종의 스위치 역할을 한다. 릴레이 또한 스위치이다. 릴레이 내부에는 전자석으로 제어할 수 있는 작고 기계적인 스위치가 들어 있다. 전자석에 전기를 흐르게 하거나 차단하는 방식으로 기계적인 스위치를 켜거나 끌 수 있다.

급수를 시작하거나 차단하는 시간을 알기 위해서는 일종의 시계 같은 장치가 필요하다. 아두이노에는 타이머가 내장되어 있다. 따라서 내장된 타이머를 활용하는 스케치를 작성하여 이 문제를 해결할 수 있다. 하지만 이는 다소 복잡할 뿐만 아니라 내장된 타이머가 매우 부정확하다는 문제가 있다. 이러한 문제는 실시간 시계, 즉 RTC(Real Time Clock)라는 부품을 사용하면 쉽게 해결할 수 있다. RTC는 매우 저렴하며 아두이노로 제어하기도 쉽다. 일반적으로 사용하는 컴퓨터에도 RTC와 유사한 장치가 들어 있다. 이 덕분에 오랫동안 컴퓨터를 꺼놓아도 날짜와 시간이 정확하게 유지되는 것이다.

우천 여부를 판단할 수 있는 센서도 필요하다. 온습도 센서는 이러한 용도로 사용하기에 적합하다. 가격 또한 저렴하며 사용하기도 쉽다. 온도는 중요한 요소가 아니지만 "덤"으로 추가적인 정보까지 얻을 수 있고 언젠가는 유용하게 활용할 수도 있다.

마지막으로, 시간을 설정하는 사용자 인터페이스를 구축해야 한다.

이번 프로젝트에서는 시리얼 모니터를 사용자 인터페이스로 사용하여 프로젝트가 너무 방대해지지 않도록 할 것이다. 나중에 아두이노를 다루는 솜씨가 늘면 시리얼 모니터 대신 LCD 디스플레이와 푸시 버튼으로 사용자 인터페이스를 구축해도 좋을 것이다.

프로그래밍을 시작하기에 앞서 먼저 하드웨어를 어떻게 연결할 것인지 결정해야 한다. 사용할 부품들을 대략적인 블록들과 선으로 연결하여 구성도를 만들면 필요한 부품들도 한눈에 파악할 수 있고 또한 연결 방식을 결정하는 데도 도움이 많이 된다. 부품들을 실제로 연결할 때는 정확한 배선 방식을 알고 있어야 하지만 구성도(그림 8-1) 수준에서는 부품들의 연결 관계를 간결하게 하나의 선으로 블록과 블록을 연결해서 기호로 표현한다.

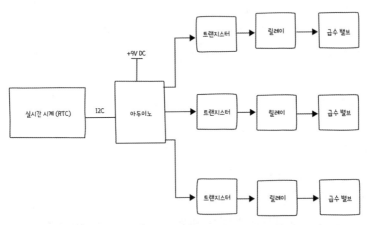

그림 8-1 실시간 시계(RTC), 아두이노, MOSFET, 릴레이, 밸브, 그리고 전원 공급 장치의
연결 관계를 표현한 부품 구성도

이 구성도는 급수 밸브를 세 개 사용한다는 전제하에 만들었다. 하지만 사용자의 필요에 따라 밸브의 수는 얼마든지 조정할 수 있다.

이번에는 더 높은 차원의 프로젝트를 진행하게 되므로 유념해야 할 것들도 많아졌다. 먼저 이 프로젝트의 결과물은 오랜 시간 동안 안정적으로 작동해야 한다. 작동 기간은 몇 개월이 될 수도 있고 몇 년이 될 수도 있다. 덕분에 예제들에서 임시로 구성하는 회로들과는 다른 방식으로 하드웨어를 구축해야 한다. 가령, 앞서 사용한 브레드보드는 프로토타입을 만들거나 부품들을 실험할 때는 유용하지만 부품들이 쉽게 분리되므로 신뢰성은 떨어진다. 그래서 이번에는 브레드보드 대신 프로토 실드(Proto Shield)에 부품들을 납땜할 것이다. 한편 전력을 분배하는 방식이나 급수 밸브를 비롯한 다양한 외부 장치들을 연결하는 방법에 대해서도 고려해야 한다. 나아가 회로를 외부의 충격이나 자극으로부터 보호할 수 있는 방안도 마련할 필요가 한다.

> 🖉 실드란 아두이노 보드에 적층하여 사용하는 보드로, 아두이노의 기능을 확장시켜 주는 부품들이 장착되어 있다. 아두이노 프로토 실드는 별다른 부품이 장착되어 있지 않고 사용자가 자신만의 회로를 직접 구성하기 쉽도록 설계된 특수한 실드이다.

프로젝트가 점차 복잡해짐에 따라 부품들의 작동 상태를 확인할 수 있는 방안도 모색해야 한다. 이러한 조치는 디버깅을 할 때 큰 도움이 되며 특히 이번 프로젝트의 급수 밸브와 같이 시스템의 일부분이 멀리 떨어져 있을 때 매우 유용하다. 급수 밸브의 상태는 LED를 통해 확인하기로 한다. LED는 저항과 함께 사용해야 한다는 점을 잊지 말자.

이제까지 몇 가지 준비 사항들을 살펴 보았으니 잠정적인 부품 목록을 작성할 때가 되었다. 복잡한 시스템을 구축하는 상황에서는 종종 결정한 사항들을 수정해야 하는 경우가 생기곤 한다. 가령, 스케치를 작성하다가 새로운 부품이 필요하다는 점을 깨닫게 될 수도 있다. (최종적인 부품 목록은 222쪽 "정원 자동화 프로젝트에 필요한 부품 목록"을 참고한다.)

다음에 나열하는 부품들이 낯설더라도 걱정할 필요는 없다. 프로젝트를 진행하면서 하나씩 알아 보게 될 것이다.

- 실시간 시계(RTC)×1
- 온습도 센서×1
- 프로토 실드×1
- 전기 급수 밸브(솔레노이드 밸브)×3
- 급수 밸브용 변압기 또는 전원 어댑터×1
- 급수 밸브 제어용 릴레이×3
- 릴레이 연결용 소켓×3
- 벨드 작동 확인용 LED×3
- LED용 저항×3
- 아두이노용 전원 어댑터×1 (컴퓨터에서 전원을 공급 받지 않을 경우)

이제 부품 목록을 확인했으니 각 부품을 준비해서 사용법을 알아보도록 하자. 첫 번째 부품은 RTC이다.

실시간 시계(RTC) 시험하기

사용한 경험이 없는 부품을 시스템에 도입해야 하는 경우에는 먼저 그 부품의 작동 방식을 충분히 이해할 필요가 있다. RTC는 이번 장에서 새롭게 사용하는 부품이므로 먼저 작동 방식을 꼼꼼하게 살펴 보도록 하자.

RTC의 주요 부분은 칩 그 자체이다. 일반적으로 많이 사용하는 RTC 칩은 DS1307이다. 이 칩을 정상적으로 사용하려면 정확한 시간 계측을 도와주는 크리스탈이라는 부품이 필요하고 또한 시스템의 전원을 껐을 때도 작동 상태를 유지할 수 있도록 전지도 필요하다. 이러한 부품들을 모아서 직접 회로를 구성해도 되지만 이 프로젝트에서는 시중의 저렴한 RTC 모듈을 구입하여 시간을 아끼도록 한다.

시중에는 다양한 DS1307 RTC 모듈이 있다. 다행스럽게도 대부분의 제품들은 잘 작동하는 편이며 인터페이스 또한 서로 유사하다. 이 장에서는 오드와이어(oddWires)사의 TinyRTC[2]라는 제품을 사용하기로 한다.[3]

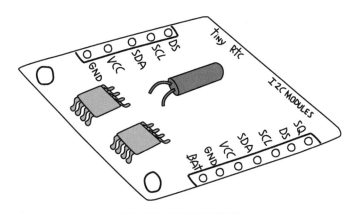

그림 8-2 TinyRTC 실시간 클록 모듈

2 http://bit.ly/11t1Huu
3 (옮긴이) 국내에서도 포탈 사이트에서 Tiny RTC라고 검색하면 2~3천원 정도의 가격에 동일한 제품을 판매하는 곳을 여럿 찾을 수 있다.
   · https://goo.gl/h5jbtW (로보메카)
   · https://goo.gl/UoMl8x (로봇피아)

이 제품에는 핀 헤더(수놈)가 포함되어 있지 않은 경우가 많이 있다. 그런 경우 핀 헤더를 별도로 구입해서 모듈에 납땜을 해야 한다. 핀 헤더를 판매하는 곳은 많이 있다. 가령 에이다프루트의 부품 번호 392[4]를 구입해두면 이번 프로젝트뿐만 아니라 나중에도 유용하게 사용할 수 있을 것이다.[5]

> 📎 납땜을 해본 경험이 없다면 200쪽 "프로토 실드에 부품들을 납땜하기"에서도 소개하고 있는 에이다프루트의 온라인 납땜 안내서[6]를 참고하도록 한다.

TinyRTC는 I2C라는 인터페이스를 사용한다. 이 인터페이스는 2선식 인터페이스(Two Wire Interface, TWI)라고도 부르며 간단히 와이어(Wire)라고도 한다. 아두이노는 I2C 인터페이스를 제어할 수 있는 Wire라는 라이브러리를 내장하고 있으며 에이다프루트는 DS1307을 제어하는 별도의 라이브러리[7]를 배포하고 있다.

이 라이브러리를 사용하려면 해당 사이트에서 Download ZIP 버튼을 눌러서 파일을 다운로드하고 아두이노의 스케치 폴더에 있는 libraries 폴더에 압축을 푼다.

> 📎 아두이노 스케치 폴더는 아두이노의 환경설정(윈도우 사용자의 경우 파일→환경설정, 맥 사용자의 경우 아두이노→환경설정)을 열고 '스케치북 위치' 항목을 확인하면 알 수 있다.

---

4 https://www.adafruit.com/products/392
5 (옮긴이) 국내에서도 약 100원 내외의 가격에 핀 헤더를 판매하는 곳이 많이 있다. 일반적으로 2.54mm 피치 간격의 1열 40핀 직선 규격을 많이 사용한다. 판매처는 다음을 참고하자.
  · http://goo.gl/DE7fFt
  · http://goo.gl/1LzRWI
6 https://learn.adafruit.com/adafruit-guide-excellent-soldering?view=all
7 https://github.com/adafruit/RTClib

폴더의 압축을 풀면 라이브러리가 RTClib-master라는 폴더에 들어 있는데, 이 폴더의 이름을 RTClib로 바꾸도록 한다.

현재 아두이노 IDE가 실행 중이라면 종료하고 다시 시작해야 새로 설치한 라이브러리가 정상적으로 작동할 수 있다.

라이브러리를 제대로 설치했는지 확인하려면 라이브러리에 포함되어 있는 예제를 시험해 본다. 이 시험을 위해서 별도의 회로를 구성할 필요는 없다. 심지어는 아두이노조차 연결하지 않아도 된다. 단지 아두이노 IDE를 실행하고 파일 메뉴에서 "예제→RTClib→ds1307"을 선택하여 예제 프로그램을 열고 확인 버튼(그림 4-2 참고)을 누르기만 하면 된다(업로드 버튼은 누르지 않는다). 만약 메시지 영역에 "컴파일 완료"라고 나오고 별다른 에러 메시지가 출력되지 않는다면 라이브러리가 제대로 설치된 것이다.

> 🖉 새로운 라이브러리를 설치하고 새로운 프로그램을 작성하기 전에 라이브러리가 제대로 설치되었는지 확인하도록 한다. 또한 설치한 라이브러리가 의존하는 다른 라이브러리가 있다면 그 라이브러리 또한 확인하도록 한다.
> 대부분의 아두이노 라이브러리들은 예제를 포함하고 있으며 일반적으로 예제는 라이브러리의 개발자가 작성하기 때문에 라이브러리가 제대로 설치되었다면 예제도 정상적으로 실행되기 마련이다.

TinyRTC 모듈에는 두 세트의 핀이 달려 있다. 한쪽의 세트에는 5개의 핀이, 다른 세트에는 7개의 핀이 연결된다. 대부분의 핀들은 서로 중복되므로 편한 것을 사용하면 되지만 그렇지 않은 핀들도 있다. RTC를 시험할 때는 4개의 핀을 주목해야 한다. 바로 I2C 인터페이스를 구성하는 두 개의 핀과 전원 그리고 그라운드 핀이다. RTC의 VCC라고 표기된 핀에는 5V를 공급해야 하며 GND 핀은 아두이노의 그라운드 핀과 연결해야 한다.

> ✏ 하드웨어적인 측면에서 보면 I2C는 아두이노의 특정한 핀들(SDA와 SCL)만 지원할 수 있다. 이는 아두이노 Wire 라이브러리 안내문[8]에도 기술되어 있다.

시험을 보다 간편하게 진행할 수 있는 방법을 써보자. RTC와 같이 전력 소비가 매우 적은 장치들은 아두이노의 디지털 출력 핀들 중 한 핀의 전압을 HIGH로 설정하고 다른 한 핀의 전압을 LOW로 설정하여 적절하게 배선하는 방식으로 전원을 공급할 수 있다. 출력이 HIGH로 설정된 I/O 핀의 전압은 기본적으로 5V이며 출력이 LOW로 설정된 I/O 핀의 전압은 기본적으로 GND에 해당한다.

아두이노 우노의 경우 I2C 인터페이스의 SCL 단자는 A5번 핀이며 SDA 단자는 A4번 핀이다. 따라서 RTC 장치는 이 두 개의 인터페이스 핀 외에 VCC와 GND도 이두이노에 연결해서 5V와 GND를 공급 받아야 한다. TinyRTC의 경우 그림 8-3과 같이 아두이노 우노의 아날로그 입력 핀에 연결하면 신호선 연결은 물론 전원선 연결까지 해결할 수 있다. 필요하다면 브레드보드와 점퍼선을 사용하여 배선을 해도 무방하다.

> 💣 아두이노 레오나르도와 같이 우노와는 다른 마이크로컨트롤러를 탑재한 보드들의 경우 I2C 신호(SDA와 SCL) 핀이 우노와는 다른 핀들에 배치되어 있을 수 있다. 이로 인해 발생하는 혼란을 해결하기 위해 새로 출시되는 아두이노 보드들은 새로운 표준 핀 배치 방식을 따른다. 새로운 핀 배치 방식에 의하면 I2C 핀들은 AREF 핀 옆에 배치되도록 정하고 있다.

---

8 http://arduino.cc/en/reference/wire

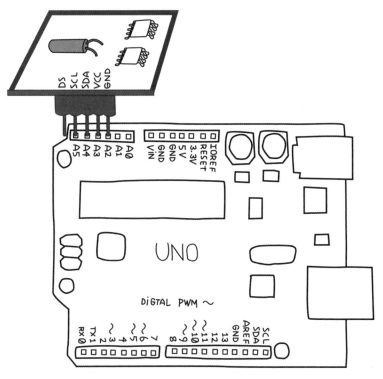

그림 8-3 TinyRTC가 아두이노 우노의 아날로그 입력 핀에 직접 연결되어 있다.
SCL 단자는 A5번 핀에 연결하고 SDA 단자는 A4번 핀에 연결해야 한다.

아날로그 입력 핀 A4번과 A5번은 I2C 통신을 담당하는 한편, A2번과
A3번은 전원과 GND를 담당한다. A3는 RTC 모듈의 VCC라고 표시된
핀에 5V를 공급해야 하므로 HIGH로 설정해야 하고 A2는 GND를 공
급해야 하므로 LOW로 설정해야 한다.

　이제 시험할 준비를 마쳤다. 아두이노 IDE를 실행하고 File 메뉴에
서 "Examples→RTClib→ds1307"을 선택해서 예제를 연다. 컴파일과
업로드를 진행하기 전에, A2번과 A3번 핀은 전원을 공급할 수 있도록
설정되어야 하므로 다음의 코드 4줄을 setup() 함수에 추가한다.

```
void setup() {
  pinMode(A3, OUTPUT);
  pinMode(A2, OUTPUT);
  digitalWrite(A3, HIGH);
  digitalWrite(A2, LOW);
```

> ✏️ 핀의 배치가 다른 RTC 보드를 사용하고 있다면 브레드보드와 점퍼선을 사용하여 RTC와 아두이노를 연결하도록 한다. 그래야 코드를 추가로 작성하거나 수정할 필요가 없어진다. 배선은 RTC 제품의 설명서를 참고하도록 한다.

책의 홈페이지[9]를 방문하면 이 책에서 사용하는 수정된 예제 코드들을 다운로드할 수 있다.

참고로, 예제 코드에서는 시리얼 포트의 통신 속도를 57,600보드 (baud)로 설정하고 있다.

이제 스케치를 업로드를 시작한다. 업로드가 완료되면 시리얼 모니터를 연다. 시리얼 모니터의 오른쪽 아래에 있는 선택 상자 메뉴에서 보드레이트를 "57600"으로 설정한다. 그러면 시리얼 모니터에 다음과 같은 내용이 출력되는 것을 볼 수 있다.

```
2013/10/20 15:6:22
  since midnight 1/1/1970 = 1382281582s = 15998d
  now + 7d + 30s: 2013/10/27 15:6:52

2013/10/20 15:6:25
  since midnight 1/1/1970 = 1382281585s = 15998d
  now + 7d + 30s: 2013/10/27 15:6:55
```

날짜와 시간은 다르게 나올 수도 있지만, 일정하게 초가 바뀌는 것을 볼 수 있을 것이다. 만약 에러가 발생한다면 RTC을 제대로 연결했는지 다시 한번 확인한다. 가령, RTC의 SCL 단자는 아두이노의 A5번 핀에

---

9 http://shop.oreilly.com/product/0636920029267.do

연결되어 있는지 확인한다. 또한 setup() 함수에서 A2와 A3번 핀의 설정을 누락하지는 않았는지도 확인한다.

RTC의 시간을 맞추려면 setup() 함수의 코드를 살펴본다. 거의 마지막 부분에 다음과 같은 코드를 찾을 수 있을 것이다.

```
rtc.adjust(DateTime(__DATE__, __TIME__));
```

이 코드는 스케치를 컴파일하는 순간의 컴퓨터 날짜(__DATE__)와 시간(__TIME__)을 읽어서 RTC의 시간을 맞춘다. 물론 스케치를 업로드하는 상황에 따라 1~2초 정도의 오차가 발생할 수는 있지만 이번 프로젝트에서는 별 문제가 되지 않는다.

이제 시간을 설정하는 코드를 복사해서 if() 구문 밖에 붙여 넣는다. rtc.begin() 행의 아래 정도에 붙여 넣으면 좋다.

```
rtc.begin();
rtc.adjust(DateTime(__DATE__, __TIME__));
```

스케치를 컴파일하고 업로드한다. 그 다음 시리얼 모니터를 열면 현재의 날짜와 시간이 출력될 것이다.

```
014/5/28 16:12:35
 since midnight 1/1/1970 = 1401293555s = 16218d
 now + 7d + 30s: 2014/6/4 16:13:5
```

물론, 컴퓨터의 날짜와 시간 설정이 맞지 않는다면 RTC 또한 틀린 날짜와 시간으로 설정된다.

RTC의 시간을 설정한 후에는 rtc.adjust() 행을 주석 처리하도록 한다. 그리고 앞으로는 주석 처리한 상태로 코드를 업로드한다. 그렇게 하지 않으면 RTC의 시간이 스케치를 컴파일한 시간으로 자꾸 재설정된다.

라이브러리와 예제에 대해 더 알아보려면 아두이노 라이브러리[10]와 에이다프루트의 DS1307 연결 보드 키트 해설서인 Understanding the Code[11]를 참고한다.

에이다프루트의 보드는 조금 다른 모습이지만 코드는 동일하다.

이제 RTC에 대해 살펴보았으니 릴레이에 대해 알아보자.

릴레이 시험하기

어떤 릴레이를 선택해야 할까? 릴레이를 선택할 때는 급수 밸브의 전류를 먼저 확인해야 한다. 대부분의 정원용 급수 밸브는 약 300밀리암페어에서 작동한다. 이는 비교적 적은 전류이므로 소형 릴레이를 선택해도 무방하다. 한편, 릴레이의 작동 전압 또한 다양하다. 이 프로젝트에서는 아두이노의 출력 전압인 5V용 릴레이를 선택하도록 한다. 그림 8-4는 대중적인 5V 릴레이의 모습이다.[12]

그림 8-4 5V 릴레이

10 https://learn.adafruit.com/ds1307-real-time-clock-breakout-board-kit/arduino-library
11 https://learn.adafruit.com/ds1307-real-time-clock-breakout-board-kit/understanding-the-code
12 (옮긴이) 릴레이는 국내 전자 부품 쇼핑몰에서 구입할 수 있다(엘레파츠, IC뱅큐 등).

대부분의 전자 부품에는 데이터 시트(data sheet)라는 것이 포함되어 있다. 데이터 시트란 해당 부품의 기술적 정보가 자세하게 명시된 문서다. 초보자에게는 데이터 시트의 분량이 부담스럽게 느껴질 수도 있는데, 실제로는 데이터 시트의 일부분만 참고하면 된다. 차츰 능숙해지면 중요한 정보가 무엇인지 알고, 필요한 정보를 빠르게 찾는 방법도 깨닫게 된다. 프로젝트에서 사용할 릴레이의 데이터 시트를 찾아서 살펴보면 2암페어의 전류와 30V의 직류(DC), 또는 1암페어의 전류와 125V의 교류(AC)까지 처리할 수 있다고 하는데, 이 정도면 충분하다. 이 릴레이는 브레드보드의 핀 규격에도 맞고 또한 나중에 사용하게 될 프로토 실드(Proto Shield)의 규격에도 맞아 사용하기에 편리하다.

아두이노의 출력 핀으로 어떤 장치를 제어할 때는 아두이노의 출력 핀이 허용하는 전류의 양이 20밀리암페어에 국한된다는 점을 염두에 두어야 한다(87쪽 "부하가 큰 장치 제어하기(모터, 램프 등)" 참고). 이번에 사용할 DS2E-S-DC5V의 데이터 시트에서는 이 릴레이를 작동시킬 수 있는 최소한의 필요 전류에 대한 언급이 없다. 하지만 저항에 대한 내용은 확인할 수 있다. 그러므로 47쪽에서 배웠던 옴의 법칙(Ohm's law)을 이용하면 릴레이를 작동시키는 데 필요한 전류를 계산할 수 있다. 즉, 릴레이의 저항은 125옴이고 아두이노 입출력 핀의 전압은 5V이므로 전압(5)을 저항(125)으로 나누면 40밀리암페어라는 전류를 구할 수 있다.

40밀리암페어는 아두이노의 출력 범위를 넘어선다. 따라서 MOS-FET을 사용할 필요가 있다. 다양한 부품을 경험할 수 있도록 이번에는 87쪽 "부하가 큰 장치 제어하기(모터, 램프 등)"에서 사용했던 MOSFET과는 다른 부품을 사용해 보겠다. 여기서 사용할 MOSFET은

2N7000이라는 모델이며 관련 데이터 시트는 페어차일드 세미컨덕터 홈페이지[13]에서 확인할 수 있다.

87쪽 "부하가 큰 장치 제어하기(모터, 램프 등)"에서와 마찬가지로 MOSFET의 게이트 핀은 아두이노의 입출력 핀으로 제어하고, MOS-FET의 드레인 및 소스 핀은 릴레이를 제어하는 스위치 역할을 할 것이다. 각 릴레이에 하나씩, 모두 세 개의 2N7000 MOSFET을 준비하도록 한다.

MOSFET의 게이트 핀을 접지하기 위해서는 10K옴 저항도 필요하다. 마찬가지로 각 릴레이마다 하나씩, 모두 세 개의 10K옴 저항을 준비하도록 한다.

> 아두이노를 켜거나 리셋하면 아두이노에 업로드해 둔 프로그램이 구동돼서 pinMode() 함수가 핀의 입출력 상태를 설정할 때까지 모든 디지털 핀은 일단 입력 상태를 유지하게 된다. 이는 매우 중요한 사항이다. 왜냐하면 pinMode() 함수가 디지털 핀을 출력 상태로 설정하기 이전의 짧은 시간 동안 MOSFET의 게이트가 HIGH도 아니고 LOW도 아닌 상태, 즉 유동적인 상태에 처해서 의도하지 않게 급수 밸브가 작동할 수 있기 때문이다. 대부분의 프로젝트에서는 이러한 현상이 치명적인 결과를 초래하지 않을 수도 있지만, 이를 고려할 필요는 있다. 87쪽 "부하가 큰 장치 제어하기(모터, 램프 등)"에서 언급한 바와 같이 입출력 핀과 그라운드 사이에 10K옴 저항을 연결하면 이러한 문제를 예방할 수 있다. 10K옴의 저항은 게이트가 "표류하지 않게" 방지하는 데 충분할 뿐만 아니라 급수 밸브를 작동하는 데도 무리가 없는 적당한 양의 저항 값이다.

---

13 (옮긴이) https://www.fairchildsemi.com/datasheets/2N/2N7000.pdf

이러한 방식으로 사용되는 저항은 게이트 핀을 "끌어 내려" 접지시키기 때문에 풀-다운 저항이라고 한다. 반면, 핀을 5V로 "끌어 올려" 연결하는 경우도 있는데, 이러한 경우에는 풀-업 저항이라고 한다.

릴레이나 모터를 제어할 때는 MOSFET을 플라이백 전압(flyback voltage)으로부터 보호하기 위해 다이오드를 추가해야 한다. 플라이백 전압이란 릴레이가 꺼졌을 때 자기장이 붕괴되며 순간적으로 발생하는 전기적 부하이다. 비록 MOSFET에는 다이오드가 내장되어 있기는 하지만 상대적으로 작기 때문에 안정성을 확보하기 위해 추가적으로 외부에 다이오드를 장착하는 것이 좋다. 그에 따라 준비할 부품 목록에 1N4148 (또는 유사한) 다이오드도 추가한다. 이제 필요한 부품들을 정리해 보도록 하자. 이미 릴레이의 종류도 알고 있으므로 다음과 같이 목록을 정리하고, 이를 부품 목록 버전 0.1이라고 하자.

- 2N7000 MOSFET 3개. 릴레이를 제어할 때 사용한다.
- 10K옴 저항 3개
- 1N4148 또는 유사한 다이오드 3개
- DS2E-S-DC5V 릴레이 3개

부품의 종류와 수가 늘어나면서 회로도 점점 복잡해지고 있다. 이 모든 부품들을 서로 연결하는 방법을 설명하는 일은 간단하지 않다.

다행히도 이러한 정보를 보여줄 수 있는 유용한 방법이 있다. 이를 회로도(schematic diagram)라고 한다.

전자 회로도

대부분의 전자 회로는 두 가지 주요 사항을 정의한다. 첫째는 회로를 구성하는 부품의 종류이고, 둘째는 이 부품들의 배선 관계이다. 회로도는 오직 이러한 정보를 나타내기 위해 고안되었으며 전자 회로를 가장 명확하게 시각화하고 기술하는 방법 중 하나이다.

회로도는 부품의 크기, 모양, 또는 색깔에 대해서는 일부러 정보를 제공하지 않는다. 또한 부품들을 물리적인 공간에 배치하는 정보 또한 제공하지 않는다. 이러한 정보들은 회로를 정의하는 데 필요하기보다는 오히려 회로를 특정하게 구현하는 세부적인 제작 분야에 필요하기 때문이다.

회로도에서 각 부품은 도식적인 기호로 표현된다. 이 기호들은 부품의 종류만 나타낼 뿐 크기나 색깔 등에 대해서는 특정하지 않는다.

때로는 도식적인 기호들이 해당 부품의 물리적인 모양새와 비슷한 경우도 있지만 전혀 그렇지 않은 경우도 많이 있다. 가령, 아두이노 회로도는 물리적인 아두이노와 전혀 비슷해 보이지 않는다는 것을 곧 알게 될 것이다. 회로도의 차원에서 봤을 때 아두이노에서 중요한 것은 특정한 핀들(전원, 입력, 출력 등등)이 있다는 점뿐이다. 그러므로 아두이노는 핀을 표시하는 작은 선들이 사각형에 붙어 있는 매우 단촐한 모양으로 표시된다.

부품의 기호와 회로도는 최대한 빠르고 명확하게 관련 기능을 전달할 수 있도록 디자인되었으며 이를 위해 사용되는 관습적인 표현들이 있다. 가장 중요한 두 가지 관습적인 표현은 다음과 같다.

- 가장 낮은 전압은 회로도의 하단에 표시하고, 가장 높은 전압은 상단에 표시한다. 이는 통상적으로 그라운드와 연결되는 부분을 회로도의 하단에 표시하고 5V(또는 그 이상의 전압)와 연결되는 부분은 상단에 표시한다는 의미이다.
- 정보는 회로도의 왼편에서 오른편으로 흐른다. 그러므로 센서나 다른 입력 장치들은 회로도의 왼편에 표시하고, 모터, LED, 릴레이, 급수 밸브 등과 같은 출력 장치들은 회로도의 오른편에 표시한다. 가령, 정보가 아두이노에서 출발하여 MOSFET을 통해 릴레이로 이어지고 급수 밸브까지 전달된다면 이 부품들은 회로도의 왼편부터 오른편으로 차례로 나열해서 표시해야 한다. 하지만 물리적인 회로를 만들 때는 우선되는 사항이 달라질 수 있으므로 부품들의 배치가 회로도와 다를 수 있다.

아두이노의 도식 기호 또한 이러한 관습을 반영하고 있다. VIN, 5V 그리고 3V3은 회로도의 상단에 표시되어 있고, GND는 하단에, 그리고 다양한 제어 핀들(RESET, AREF 등)은 아두이노의 입력부에 해당하므로 왼편에 표시되어 있다. 비록 아두이노에는 세 개의 물리적인 GND 핀이 있지만 이들은 전기적으로 동일한 핀들이므로 도식 기호에는 하나만 표시되어 있다. 한편 디지털 및 아날로그 핀들은 상황에 따라 입력이나 출력으로 사용될 수 있으므로 관습적인 표기 방식을 살짝 벗어나 임의의 위치에 표시되어 있다.

회로도에 대해서 더 알아보려면 "부록 D"를 참고하도록 한다.

다시 프로젝트로 돌아가서, 그림 8-5는 지금까지 언급한 부품들로 이루어진 회로도를 보여준다. 이 회로도의 목표는 릴레이를 제어하는 회로를 표현하는 것이다. 완성된 시스템에서는 급수 밸브 세 개를 사용할 계획이지만 제어 관계를 보다 명확하게 알아 볼 수 있도록 일단은 하나의 릴레이만 표시했다.

릴레이의 도식 기호에 표시된 핀의 번호를 살펴 보자. 이 번호들은 어떤 핀들이 어떤 내부 부품들과 연결되어 있는지를 알려주기 때문에 주의해서 봐야 한다. 회로의 배선을 제대로 하려면 핀들과 내부 부품들의 연결 관계를 정확하게 이해할 필요가 있기 때문이다. 도식에서는 핀의 간격이 일정하지 않다. 즉, 핀 1과 4의 간격에 비해 핀 4와 8의 간격이 더 크게 표시되어 있다. 한편 핀 8에서 핀 6으로 향하는 검은색 화살표 선도 보인다. 또한 핀의 번호가 부품을 뒤집었을 때의 순서로 표기되어 있다는 점에도 주의해야 한다.

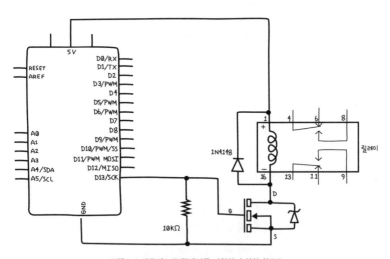

그림 8-5 아두이노로 릴레이를 시험하기 위한 회로도

참고로, 그림 8-6은 그림 8-5의 회로도를 이제까지 여러 번 사용했던 브레드보드에 구성한 모습을 보여준다. 그림 8-5의 회로도가 추상적인 기호로 회로를 표시하는데 비해 그림 8-6은 회로를 묘사적으로 나타내고 있다.

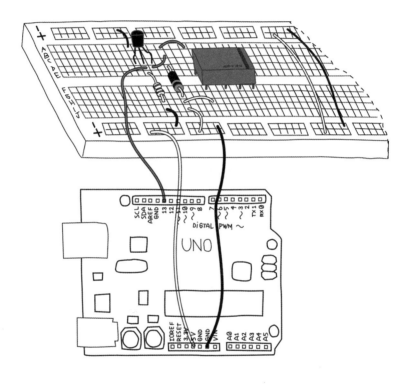

그림 8-6 아두이노로 릴레이를 시험하기 위한 회로를 묘사적으로 표현한 회로도

릴레이와 마찬가지로 MOSFET의 핀들 또한 적절한 핀에 정확하게 배선해야 한다. 그림 8-6에서 보았듯이 MOSFET의 몸통은 평평한 면과 둥근 면으로 이루어져 있다. 이는 핀의 순서를 정확하게 나타낼 때 유용하다. 핀의 순서는 2N7000에 국한된 것으로 모든 MOSFET의 핀 순서가 동일한 것은 아니다. 즉, 다른 모델의 MOSFET은 핀의 순서가 다를 수 있다. 따라서 사용할 MOSFET의 데이터 시트를 확인해서 실수를 하지 않도록 주의해야 한다.

다이오드, MOSFET 그리고 릴레이를 살펴보자. 다이오드에는 극성이 있으며 MOSFET의 핀 순서는 평평한 면을 기준으로 한다. 또한 릴레이는 적절한 핀에 전선을 연결해야 제대로 작동할 수 있다.

그림 8-5와 부록 D를 보면 저항, 빛 센서, 그리고 일부 커패시터와 같은 부품들의 회로 기호는 대칭적이라는 점을 알 수 있다. 즉, 기호의 좌우를 바꾸더라도 같은 모양이다. 그에 비해 LED, 다이오드, 그리고 MOSFET과 같은 부품들은 비대칭적이다. 즉, 좌우의 구분이 있다. 저항, 빛 센서 그리고 일부 커패시터와 같은 부품들은 극성이 없다. 이는 전류가 어떠한 방향으로 흘러도 정상적으로 작동할 수 있다는 의미이다. 그렇지만 LED, 다이오드 그리고 MOSFET과 같은 부품들은 극성이 있으며, 이는 부품을 흐르는 전류의 방향에 따라 서로 다른 결과가 나올 수 있다는 의미이다. MOSFET의 핀들도 매우 특정한 기능들을 수행하도록 설계되어 있으며 각 핀은 그에 부합하도록 배선되어야 한다. 언제나 그러한 것은 아니지만 일반적으로 도식 기호가 대칭적인 부품들은 극성이 없으며 비대칭적인 부품들은 극성이 있는 부품들이라고 볼 수 있다.

회로를 구성한 다음 스케치를 작성하도록 한다. 시험을 할 때는 아두이노에 포함된 예제를 활용하는 편이 좋다. 스케치에 오류가 있을 가능성이 거의 없기 때문이다. 릴레이는 작동할 때 작게 딸깍하는 소리를 낸다. 그러므로 Blink 예제를 아두이노에 업로드하면 릴레이가 1초마다 딸깍거리는 소리를 들을 수 있다. 물론 코드는 한 줄도 작성할 필요가 없다.

스케치를 업로드하기 전에 스케치가 MOSFET이 연결된 핀을 제어할 수 있는지 확인한다. 이 책의 회로도를 그대로 따라했다면 MOSFET은 13번 핀에 연결되어 있을 것이며, 이는 Blink 예제에서 제어하고 있는 바로 그 핀이다. 릴레이가 딸깍거릴 때 LED 또한 깜빡이게 되니 확인하도록 하자.

> 스케치를 업로드하기 전에는 항상 스케치에서 언급하고 있는 핀의 번호와 물리적으로 배선된 핀의 번호가 일치하는지 확인하도록 한다. 스케치에는 아무런 문제가 없고 회로 구성 또한 아무런 문제가 없더라도 스케치상의 핀 번호와 물리적 회로의 핀 번호가 일치하지 않는다면 제대로 작동하지 않을 뿐만 아니라 문제를 해결하는 데도 소중한 시간을 허비하게 된다.

릴레이가 딸깍거리는 소리를 내지 않는다면 9장의 문제 해결 힌트를 참고한다. 딸깍 소리는 매우 작게 난다. 아주 조용한 방에서 릴레이에 귀를 가까이 대지 않으면 자칫 소리를 못 들을 수도 있다.

이제 급수 밸브를 추가할 단계다. 급수 밸브는 릴레이와 전원을 공급하는 전선에 연결해야 한다. 급수 밸브의 전원 장치에는 종종 연선 전기줄이 달려 있는데, 이 전선은 브레드보드에 연결해서 사용하는 것이 거의 불가능하다. 하지만 그림 8-7과 같이 연선 전기줄 끝에 단심 금속선을 피복으로 감싸고 있는 브레드보드용 점퍼선을 납땜하면 브레드보드에서 급수 밸브와 전원 장치를 실험하는 데 많은 도움이 된다.

그림 8-7 연선 전기줄에 짧은 브레드보드용 점퍼선을 납땜하면 브레드보드에서 실험하기 편리하다

납땜이 노출된 부분은 전기 절연 테이프나 열수축 튜브 등으로 마무리하여 다른 전선과 접촉하는 일이 없도록 한다.

앞에서와 같이 전선과 전선을 납땜한 부분, 빛 센서나 저항의 다리 같이 길게 뻗어 있는 금속선, 또는 회로의 한 부분은 아니지만 나사못과 같이 회로에 금속이 노출된 부분이 있다면 회로의 다른 부분이나 부품에 닿아 의도하지 않은 접촉이 생기지 않도록 주의해야 한다. 합선(short circuit)이란 이렇게 의도하지 않은 전기적 접촉이 발생하는 것을 의미하며, 프로젝트의 장치들이 정상적으로 작동하지 않는 결과를 초래한다. 합선을 예방하려면 전선의 노출된 금속 부분을 절연하거나 부품들이 헐거워지거나 움직여서 다른 부분에 닿지 않도록 신경 써야 한다.

전기 기사들이 자주 사용하는 검은색의 절연 테이프는 이미 본 경험이 있을 것이다. 절연 테이프는 일반적으로 많이 사용하며 가격도 저렴하고 사용하기도 쉽다. 보다 전문적인 기법으로는 열수축 튜브를 사용하는 방법이 있다. 열수축 튜브를 노출된 금속 부분의 크기에 맞게 잘라 노출 부위를 감싸고 열풍기 등으로 열을 가하면 튜브가 수축하여 단단하게 고정된다.

프로젝트의 최종 단계에서는 급수 밸브 및 전원의 전선을 점퍼선과 납땜하는 방법보다 더욱 효율적인 배선 대책을 마련해야 한다. 여러 가지 대책이 있을 수 있지만 그림 8-8과 같은 터미널 블록을 사용하는 것도 좋은 방법이다.

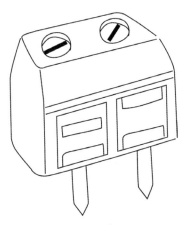

그림 8-8 나사 고정 방식의 2 포지션 터미널 블록

이로서 준비할 부품 목록에 새로운 항목을 추가하게 되었다. 터미널 블록을 추가하고 이를 부품 목록 버전 0.2이라고 하자

- 나사 고정 방식의 2 포지션 터미널 블록 4개(각 급수 밸브 및 전원에 연결)[14]

---

14 (옮긴이) 엘레파츠의 EPX34H73(https://www.eleparts.co.kr/EPX34H73) 또는 디바이스마트의 23278(http://www.devicemart.co.kr/23278)

그림 8-9는 급수 밸브와 전원이 추가된 회로도를 보여준다.

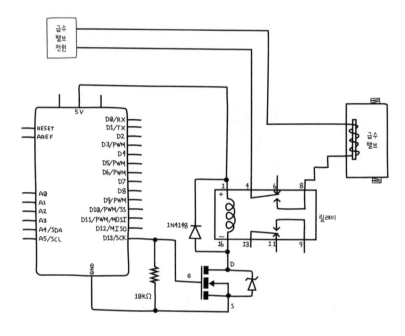

그림 8-9 아두이노로 급수 밸브 한 개의 제어를 시험하기 위한 회로도

그리고 그림 8-10은 동일한 회로를 묘사적으로 표현한 회로도를 보여
준다.

> 🖉 그림 8-9와 그림 8-10에는 급수 밸브 및 전원 장치를 릴레이에 연결하는 위치
> 가 서로 다르게 표시되어 있다. 이는 그림에서 선들을 겹쳐서 그리지 않기 위해
> 의도적으로 취한 조치이다. 사실 부품과 전원을 스위치로 연결할 때는 스위치
> 로 회로를 열거나 닫을 수 있는 한 순서가 중요하지는 않다.

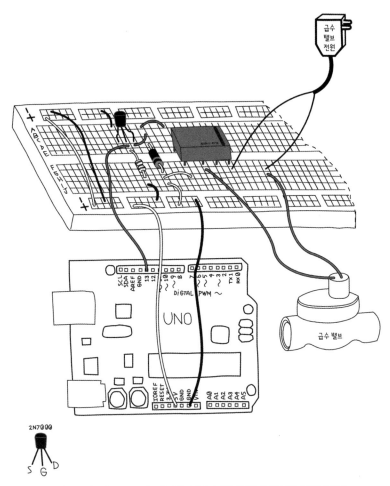

그림 8-10 아두이노로 급수 밸브 한 개를 시험하기 위한 회로를 묘사적으로 표현한 회로도

Blink 스케치로 실험을 진행한다. 앞의 실험에서와 마찬가지로 릴레이
가 딸깍거리는 소리를 들을 수 있을 것이다. 급수 밸브에서는 아무런
소리도 나지 않을 수도 있다. 급수 밸브 중에는 어느 정도의 수압이 있

어야 작동하는 제품들도 있기 때문이다. 물론, 급수 밸브의 종류에 따라 수압이 없는 상태에서도 딸깍 소리를 내며 작동하는 경우도 있다.

필요에 따라 LED를 회로에 추가할 수 있다. LED는 아두이노의 디지털 출력 핀, MOSFET의 출력 핀, 또는 릴레이의 출력 핀 등 단계별로 작동 상태를 확인하고 싶은 곳에 추가하면 된다. 일반적으로 LED를 제어부에서 멀리 떨어진 출력부에 설치하면 종합적인 상태를 확인할 수 있어서 편하다. 이 프로젝트에서는 릴레이 출력 핀에 LED를 추가하도록 한다. (물론, LED를 충분히 갖고 있다면 각 단계마다 LED를 설치하는 것도 좋다.)

릴레이의 출력 핀에 설치할 LED는 급수 밸브와 연결된 전원에서 전기를 공급 받는다. 대부분의 급수 밸브는 12V나 24V에서 작동한다. 따라서 안전을 위해 24V를 기준으로 저항을 선택하는 것이 좋다. 만약 12V 시스템이라면 저항의 값을 살짝 줄이는 것이 좋다. 저항 값을 줄이지 않으면 LED의 빛이 다소 어두워지는데, 그렇다고 빛을 식별하는 데는 무리가 있을 정도는 아니다.

LED에 연결할 저항 = (전원의 전압 - LED의 소비 전압) / (LED의 소비 전류)

> 전류를 제한하기 위해 저항을 고를 때 어떤 저항을 선택해야 할지 잘 모르는 상황이라면 우선 저항의 값이 큰 것부터 사용하도록 한다. LED는 보통 높은 저항을 연결해도 빛을 낼 수 있다. 그러므로 우선 저항 값이 큰 저항을 연결하고 너무 어둡다면 보다 저항 값이 낮은 저항으로 대체해 가도록 한다.

대부분의 LED는 약 2V를 사용하며 30mA 이하에서는 안전하다. 그러므로 필요한 저항은, R = (24-2)V/30mA, 즉 733옴이다. 안전을 위해 반올림하여 1K옴 저항을 선택하면 좋을 것이다. 저항의 값이 높아지면 그만큼 전류의 허용량이 줄어 빛이 조금 어두워질 수 있다.

여기서 잠깐 짚고 넘어가야 할 부분이 있다. 128쪽 "계획하기"에서는 일부 급수 밸브는 교류(AC)를 사용한다고 했고, 114쪽 "전자 회로도"에서는 LED에 극성이 있다고 했다. 극성이 있다는 것은 LED를 흐르는 전류의 방향에 따라 LED가 작동하지 않을 수도 있다는 의미이고, 교류라는 것은 전류의 방향이 수시로 바뀐다는 의미이다. LED에 교류를 인가하면 LED가 망가지지는 않을까? 결론부터 말하면 LED는 역방향으로 인가되는 전압을 어느 정도는 견딜 수 있다. 하지만 전압이 너무 높으면 LED가 망가지게 된다. 다행히도 다른 다이오드들은 훨씬 높은 전압에서도 안전하게 버틸 수 있다. 그러므로 추가적인 1N4148 다이오드를 각 LED에 연결하여 LED를 보호할 수 있다. 이로써 준비해야 할 부품 목록을 버전 0.3으로 업데이트할 필요가 생겼다.

• 1N4148 또는 유사한 다이오드의 수를 6개로 수정한다.
• LED용 저항의 값을 1K옴으로 정한다.

그림 8-11은 LED와 다이오드를 추가한 회로도를 보여준다. 급수 밸브와 전원의 극성이 표시되어 있지만 이는 DC 시스템일 경우에만 의미가 있다. 교류 시스템을 구축하고 있는 중이라면(대체적으로 교류 시스템을 구축하고 있을 것이다) 전원과 밸브의 극성은 무시해도 된다.

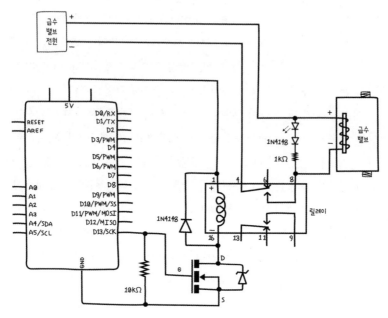

그림 8-11 LED가 추가된 급수 밸브 시험 회로의 회로도

그림 8-12는 묘사적 회로도이다. 저항의 값은 별도로 표기하지 않았으므로 앞의 회로도와 비교해서 적절한 저항을 적절한 위치에 배치하도록 한다. 또한 LED와 다이오드의 극성에도 주의해야 한다. LED의 양극은 급수 밸브에 연결되고 다이오드의 양극은 LED의 음극에 연결되어야 한다.

급수 밸브에 전원을 공급하기 전에 다시 한번 배선을 확인하도록 한다. 특히 릴레이의 배선을 재확인한다. 급수 밸브 전원 장치의 전기가 아두이노로 흘러들어 가면 아두이노가 망가질 확률이 높다. 전원을 연결했다면 다시 한번 Blink 스케치를 실행한다. 릴레이와 급수 밸브가 딸깍 소리를 내는 것 외에 LED가 켜지는 것도 볼 수 있을 것이다.

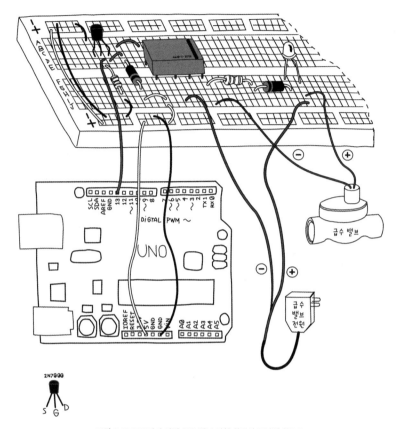

그림 8-12 LED가 추가된 급수 밸브 시험 회로의 묘사적 회로도

지금까지 릴레이와 급수 밸브의 시험을 진행했다. 이제 온도 및 습도 센서를 시험할 차례이다.

온도 및 습도 센서 시험하기

DHT11은 대중적인 온도 및 습도 센서이다. 온도 및 습도 센서는 줄여서 온습도 센서라고 부르기도 한다. RTC와 마찬가지로 온습도 센서는 아두이노와 사용하기에 적절한 가격대를 형성하고 있다. 데이터 시트에 의하면 DHT11은 그림 8-13과 같이 아두이노에 연결한다. 센서의 데이터 핀에는 풀-업 저항을 연결한다.

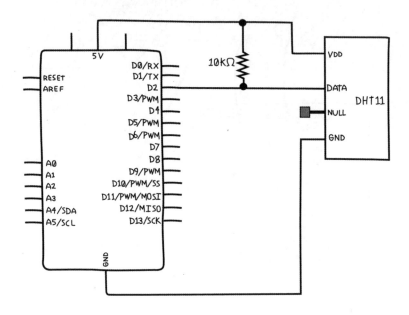

그림 8-13 DHT11 온습도 센서를 시험하기 위한 회로도

온습도 센서에는 풀-업 저항이 하나 필요하므로 준비해야 할 부품 목록에 추가하고 이를 버전 0.4라고 하자.

• 10K옴 저항을 하나 더 추가한다(온습도 센서용).

온습도 센서에는 풀-업 저항을 연결해야 하므로 RTC와 같은 편법(직접 아두이노에 꽂아서 사용하는 방식)을 쓸 수 없다. 따라서 브레드보드에 센서 회로를 구성하도록 한다(그림 8-14).

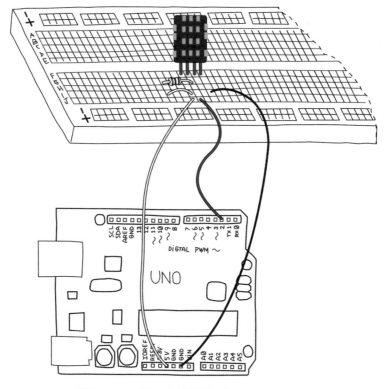

그림 8-14 DHT11 온습도 센서를 시험하기 위한 회로의 묘사적 회로도

> 🖉 회로를 브레드보드에 구성하든 아니면 다른 방식으로 구성하든 회도로는 동일하다.

DHT11의 라이브러리는 GitHub[15]에서 다운로드할 수 있다.

RTC 라이브러리와 마찬가지로 Download ZIP 버튼을 클릭한다. 다운로드가 완료되면 해당 파일의 압축을 풀고 압축이 풀린 폴더를 아

---

15 https://github.com/adafruit/DHT-sensor-library

두이노 스케치 폴더 안에 있는 libraries 폴더로 옮긴다. 라이브러리의 기본 폴더 이름은 DHT-sensor-library-master인데, 이 폴더의 이름을 DHT로 수정한다. 만약 아두이노가 실행 중이라면 아두이노의 모든 창을 닫고 프로그램을 종료했다가 다시 실행해야 아두이노가 새로 설치한 라이브러리를 인식할 수 있다. 라이브러리가 정상적으로 설치되었는지 확인하기 위해 DHT 항목의 예제 중 DHTtester 예제를 열고 확인 버튼을 클릭한다(그림 4-2). 만약 "컴파일 완료"라는 메시지가 표시되면 라이브러리가 정상적으로 설치된 것이다.

예제 스케치를 아두이노에 업로드하기 전에 예제에서 지원하는 센서의 모델이 DHT11, DHT21, 그리고 DHT22이라는 점을 주목하자. 적절한 모델을 선택하기 위해서는 DHTTYPE 상수를 DHT11, DHT21, 또는 DHT22 중 하나로 정의해야 한다.

```
// 자신이 사용할 센서를 정의하는 행의 주석을 푼다
// #define DHTTYPE DHT11 // DHT 11
#define DHTTYPE DHT22    // DHT 22 (AM2302)
// #define DHTTYPE DHT21 // DHT 21 (AM2301)
```

앞의 스케치에서 DHT11과 DHT21은 주석 처리되어 있으므로 무시된다. 이 프로젝트는 DHT11을 기준으로 설명하고 있기 때문에 아래와 같이 DHT22를 정의하는 행을 주석 처리하고 대신 DHT11을 정의하는 행의 주석을 푼다.

```
// 자신이 사용할 센서를 정의하는 행의 주석을 푼다
#define DHTTYPE DHT11    // DHT 11
// #define DHTTYPE DHT22 // DHT 22 (AM2302)
// #define DHTTYPE DHT21 // DHT 21 (AM2301)
```

DHT22와 DHT21을 상수로 정의하는 행은 주석 처리했으므로 실질적으로 아무런 작동도 하지 않는다. 하지만 라이브러리가 해당 모델도

지원한다는 점을 상기시키고 현재 사용 중인 모델을 어떻게 특정했는
지도 알 수 있다.

> ✎ 어쩌면 또 다른 상수, 즉 상수 변수(constant variable)에 대해 이미 알고 있는지
> 모르겠다. 명칭은 다소 이상하지만 매우 중요하며 유용하기도 한 자료형이다.
>
> 변수(variable), 상수 변수(constant variable) 그리고 이름이 있는 상수 값
> (named constant value)은 다소 미묘하면서도 복잡한 차이가 있다. 넓은 의
> 미에서 상수 변수는 아두이노의 메모리 점유율이 적으며 변수의 영역 규칙이
> 적용된다. 그에 비해 이름이 있는 상수 값은 메모리를 점유하지 않으며 프로그
> 램의 어디서나 접근 가능하다.
>
> 특별한 라이브러리를 사용할 때를 제외하고는 이름이 있는 상수 값은 일반적
> 으로 사용하지 않는 것이 좋다.
>
> 이름이 있는 상수 값[16], const 예약어[17] 그리고 변수의 영역[18]에 대해서는 아
> 두이노 홈페이지에 자세하게 설명되어 있으니 참고하도록 한다.

DHT 센서의 모델을 정의했다면 스케치에서 지정한 센서의 핀 번호
가 물리적으로 연결된 핀 번호와 일치하는지 다시 한번 확인한 다음
DHTtester 예제를 아두이노에 업로드한다. 업로드가 끝나면 시리얼
모니터를 열고 다음과 유사한 문구가 출력되는지 확인한다.

```
DHTxx test!
Humidity: 47.00 % Temperature: 24.00 *C 75.20 *F Heat index:
77.70 *F
Humidity: 48.00 % Temperature: 24.00 *C 75.20 *F Heat index:
77.71 *F
```

16 https://www.arduino.cc/en/Reference/Define
17 https://www.arduino.cc/en/Reference/Const
18 https://www.arduino.cc/en/Reference/Scope

센서의 습도 측정 기능을 확인하려면 센서에 천천히 입김을 분다. 입김의 습도가 센서에 닿으면 습도 값이 올라가게 된다. 온도 측정 기능을 확인하려면 손가락으로 센서를 가볍게 쥔다. 손의 온도는 플라스틱 외관을 통해 센서에 전달되므로 온도가 많이 올라가지는 않지만 어느 정도 올라가는 것은 확인할 수 있을 것이다.

지금까지 부품들을 하나하나 시험해 보며 사용법을 익히는 시간을 가졌다. 이제 소프트웨어를 디자인할 차례다.

코딩

코딩, 즉 코드를 작성하려면 먼저 계획을 세워야 한다. 자판을 두드리며 명령어들을 입력하기 전에 무엇을 만들고 싶은지, 어떻게 만들고 싶은지 조금이나마 생각을 해야 한다. 그리고 전체적인 시스템을 디자인하기에 앞서 새로운 부품들을 하나하나 시험했던 것과 마찬가지로 코드도 작은 기능 부분으로 나누어 하나하나 시험해 볼 것이다. 코드가 커지면 커질수록 문제를 해결하는 작업은 더욱 어려워진다.

켜지는 시간과 꺼지는 시간 설정하기

이 프로젝트에서는 매일 특정한 시간에 급수 밸브를 켰다가 끄려고 한다. 그러기 위해서는 시간과 관련된 몇 가지 값을 정해 둘 필요가 있다. 세 개의 밸브가 있으므로 배열을 사용하여 각 밸브와 관련된 값을 관리하면 좋을 것이다. 이 방식은 나중에 밸브가 추가되더라도 수정하기 쉽다는 이점도 있다. 7장의 예제 7-2에서 사용했던 버퍼라는 배열을 기억해 보자. 당시 버퍼 배열은 프로세싱 스케치로부터 수신한 문자들을 저장하는 데 사용했었다. 배열에 대해서는 255쪽 "변수"에 조금 더 설명되어 있다.

밸브를 관리하는 배열은 아래와 같다.

```
const int NUMBEROFVALVES = 3;
const int NUMBEROFTIMES = 2;

int onOffTimes [NUMBEROFVALVES][NUMBEROFTIMES];
```

> 프로젝트가 너무 복잡해지지 않도록 급수 밸브는 매일 같은 시간에 켜졌다가 꺼지게 한다. 언젠가 프로그래밍 기량이 나아지면 그때는 날마다 다른 시간에 켜지고 꺼지는 방식으로 일정을 조정해 보기 바란다. 또한 하루에 여러 번 켜졌다가 꺼지는 프로그램을 작성해 보는 것도 좋을 것이다. 프로젝트를 처음 시작할 때는 작동 가능한 최소한의 시스템을 구축하는 것부터 출발하여 차츰 기능을 추가하거나 향상시키도록 한다.

배열의 크기는 상수(숫자)로 고정하는 대신, 두 개의 상수 변수로 설정한다. 이렇게 하면 숫자의 의미나 용도를 기억하기 좋고 나중에 수정하기도 쉽다. 한편 상수 변수의 이름은 모두 대문자를 사용해서 짓는다. 그러면 시간이 지나도 이 변수들이 상수를 의미한다는 것을 쉽게 기억할 수 있다.

2차원 배열을 처음 접한다고 하더라도 너무 겁을 먹을 필요는 없다. 2차원 배열을 스프레트시트라고 생각해 보자. 첫 번째 대괄호([])에 있는 숫자는 행의 숫자고 두 번째 대괄호에 있는 숫자는 열의 숫자다. 각행은 하나의 밸브에 상응한다. 행의 첫 번째 열에는 급수 밸브를 여는 시간을, 그리고 두 번째 열에는 밸브를 닫는 시간을 저장하도록 한다.

열에서의 위치를 지칭하는 상수 변수도 만든다. 배열의 요소를 특정하는 인덱스 값은 항상 0부터 시작한다는 점을 잊지 말자.

```
const int ONTIME = 0;
const int OFFTIME = 1;
```

다음으로는 이 정보를 입력할 방법을 정해야 한다. 즉, 사용자 인터페이스를 제시해야 한다. 일반적으로 사용자 인터페이스는 메뉴와 같은 의미로 사용되지만 이번에는 시리얼 모니터를 사용하는 매우 간단한 인터페이스를 만들 것이다.

7장에서 램프의 색깔을 아두이노에게 알려줬던 작업을 상기해 보자. 램프 작업을 하며 설명했는데, 아두이노는 단순한 장치이기 때문에 색깔을 부호화하는 방식 가급적 단순하도록 코드를 작성했다.

이번에도 비슷한 방식으로 접근할 것이다. 즉, 시간을 최대한 단순한 방식으로 부호화한다.

특정한 밸브를 지칭하고 그 밸브를 켜고 끄는 시간을 부호로 설정하는 방식을 정해야 한다. 부호화하는 방법은 먼저 밸브를 지칭하는 숫자를 맨 앞에 놓는다. 그다음에는 밸브를 켜거나 끄는 부호인 N(ON)이나 F(OFF)가 이어진다. N 또는 F 다음에는 시간을 부호화하여 붙인다. 시간은 24시간 단위를 사용한다. 예를 들면 오전 1시 35분은 0135로 표기한다. 이와 같은 방식으로 특정한 밸브를 켜고 끄는 시간을 다음과 같이 부호화할 수 있다.

2N1345 2F1415

이는 2번 밸브를 오후 1시 45분에 켜고 같은 밸브를 오후 2시 15분에 끈다는 부호이다.

혹시 발생할지 모를 혼선을 줄일 수 있도록 N과 F는 항상 대문자만 사용하기로 한다.

이렇게 여러 의미가 조합된 부호 문자열은 코드를 통해 분석(parse)
될 수 있어야 한다.

> ✏️ 문자열이란 연속되는 문자들의 집합을 지칭하는 용어이다.

아두이노 스케치(예제 7-2)를 보면 시리얼 객체의 `Serial.available()`
와 `Serial.read()` 함수를 확인할 수 있다. 아두이노의 시리얼 객체에는
유용한 함수들이 다수 내장되어 있으며, 이는 시리얼 라이브러리 페이
지[19]에서 확인할 수 있다.

시리얼 통신을 통해 들어오는 데이터에서 숫자를 읽어낼 수 있는
`Serial.parseInt()`도 사용할 것이다. 이 함수는 숫자가 아닌 문자, 즉
알파벳 등이 나오면 분석을 멈춘다. 한편 N이나 F와 같은 글자는 직접
`Serial.read()` 함수로 읽을 것이다.

예제 8-1에서는 시리얼 데이터를 한 줄씩 읽고 문자열 전체를 출력
하는 시험을 해보도록 한다.

예제 8-1 급수 시스템에 전송된 명령어 분석하기

```
const int NUMBEROFVALVES = 3;
const int NUMBEROFTIMES = 2;

int onOffTimes [NUMBEROFVALVES][NUMBEROFTIMES];

const int ONTIME = 0;
const int OFFTIME = 1;

void setup() {
  Serial.begin(9600);
};

void loop() {
```

---

[19] https://www.arduino.cc/en/Reference/Serial

```
// "2N1345"와 같이 문자열로 이루어진 명령을 읽고
// 맨 앞의 숫자, 이어지는 글자 하나, 그리고 마지막 숫자 네 개를 분석한다

// 수신한 시리얼 데이터가 있다면 읽기 시작한다
while (Serial.available() > 0) {

    // 첫 번째 자리의 정수는 특정한 밸브를 지칭하는 숫자다.
    // The first integer should be the valve number
    int valveNumber = Serial.parseInt();

    // 이어지는 글자는 N 또는 F이므로
    // 문자로 저장한다.
    char onOff = Serial.read();

    // 다음에는 시간을 표시하는 숫자가 이어진다.
    int desiredTime = Serial.parseInt();
    //Serial.print("time = ");
    //Serial.println(desiredTime);

    // 마지막으로 명령 데이터의 끝을 나타내는
    // 줄바꿈 문자를 확인한다.
    if (Serial.read() == '\n') {
      if (onOff == 'N') { // 켜는 시간을 의미한다
        onOffTimes[valveNumber][ONTIME] = desiredTime;
      }
      else if (onOff == 'F') { // 끄는 시간을 의미한다
        onOffTimes[valveNumber][OFFTIME] = desiredTime;
      }
      else { // N이나 F가 아니라면
        Serial.println ("You must use upper case N or F only");
      }
    } // 명령 데이터의 끝단
    else {
      Serial.println("no Newline character found"); // 정상 확인
    }

    // 정상적으로 작동하는지 확인할 수 있도록 배열의 값을 모두 출력한다
    // now print the entire array so we can see if it works
    for (int valve = 0; valve < NUMBEROFVALVES; valve++) {
      Serial.print("valve # ");
      Serial.print(valve);
      Serial.print(" will turn ON at ");
      Serial.print(onOffTimes[valve][ONTIME]);
      Serial.print(" and will turn OFF at ");
      Serial.print(onOffTimes[valve][OFFTIME]);
      Serial.println();
    }
  } // Serial.available() 블록의 끝단
}
```

앞의 스케치는 이 책의 홈페이지[20]에서 다운로드할 수 있다.

아두이노에 스케치를 업로드한 다음에는 시리얼 모니터를 열고, 시리얼 모니터 오른쪽 아래에 있는 보드 레이트와 줄 끝내기(line ending) 메뉴의 설정을 확인한다. 줄 끝내기는 '새 줄(Newline)'로 설정하고 보드 레이트는 9600으로 설정한다. 줄 끝내기란, 컴퓨터에서 엔터 키를 눌러서 데이터를 한 줄씩 전송할 때마다 줄의 끝에 줄바꿈 문자를 붙여서 전송하도록 설정하는 기능이다.

가령, 밸브 1번을 오후 1시 30분에 켜고 싶다면 시리얼 모니터의 입력란에 1N1330이라고 입력한 뒤 엔터 키를 친다. 그러면 아래와 같은 메시지가 시리얼 모니터에 출력될 것이다.

```
valve # 0 will turn ON at 0 and will turn OFF at 0
valve # 1 will turn ON at 1330 and will turn OFF at 0
valve # 2 will turn ON at 0 and will turn OFF at 0
```

스케치를 보면 숫자 사이에 있는 글자가 N 또는 F인지 확인하는 부분이 있다. 또한 두 번째 숫자 끝에 줄바꿈 문자가 있는지 확인하는 부분도 있다. 이러한 "정상 확인" 기법은 프로그램에 문제를 일으킬 수 있는 타이핑 실수를 걸러내는 데 유용하다. 뿐만 아니라 프로그램 자체의 문제를 검출할 때도 매우 유용하게 활용할 수 있다. 추가적인 정상 확인이 필요할 수도 있다. 가령, 시간을 표시하는 숫자가 정상인지 확인할 필요도 있을 것이다. 시간을 표시하는 숫자는 2359보다는 작아야 한다. 밸브의 번호를 나타내는 숫자는 NUMBEROFVALVES보다 작아야 한다.

---

20 http://shop.oreilly.com/product/0636920029267.do

데이터가 정확해야 하는 프로그램은 사용자의 입력 실수나 혹은 여타의 문제로 인해 발생하는 작은 에러에도 민감하게 반응하므로 세심한 주의를 기울여 설계해야 한다. 데이터를 작동시키기 전에 미리 검사하도록 설계된 프로그램이라면 결함이 있는 데이터에 따라 작동하기 전에 오류를 확인할 수 있으므로, 기대하지 않거나 잘못된 작동을 하지 않을 수 있다. 이러한 디자인은 프로그램의 신뢰성을 높일 수 있다. 사람들은 때로 예기치 않은 조작을 할 수도 있는데, 이러한 상황에서 프로그램의 신뢰성은 매우 중요한 가치를 지닌다.

더 진행하기 전에 새로운 기법을 하나 살펴보도록 하자. 지금까지 작성한 코드만 해도 이미 상당히 길고 장황하다. 그리고 앞으로도 많은 코드를 더 작성해야 한다. 그러면 코드는 점점 더 복잡해져서 읽기도 어려워지고 관리하기도 힘들어진다.

다행히도 이러한 문제는 매우 기발하면서도 일반적인 프로그래밍 기법으로 해결할 수 있다. 우리는 38쪽 "파마산 치즈 좀 주세요"에서 함수가 무엇인지 살펴보았다. 그리고 아두이노 스케치에는 setup()과 loop() 함수가 반드시 포함되어야 한다는 점도 이야기했다. 지금까지 작성한 프로그램은 모두 이 두 함수의 내부에 작성한 것이다.

이제부터 살펴볼 기법은 바로 사용자 함수에 대한 것이다. 사용자는 setup()이나 loop() 함수와 비슷하게 자신만의 함수를 새로 만들어서 쓸 수 있다.

사용자 함수를 이용하면 길고 복잡한 프로그램을 작고 특정한 범위의 과업만 담당하는 함수들로 나누어서 작성할 수 있다. 이 방법은 매우 편리하고 중요한 방법이다. 더 나아가 함수의 이름도 사용자 편의에 맞추어 지을 수 있기 때문에 함수의 기능을 적절하게 잘 드러내는 이름을 짓는다면 프로그램의 가독성도 훨씬 높아진다.

> ✎ 특정한 과업을 수행하는 코드들이 모여서 적당히 길어지면 함수로 정의해서 사용하기 좋은 상황이 된다. 그렇다면 코드가 얼만큼 모여야 적당한 것일까? 그것은 전적으로 사용자에게 달려 있다. 내 경험에 의하면 두 화면에 다 표시할 수 없을 만큼 길어진 코드는 사용자 함수를 만들어서 사용하는 것이 좋다. 두 개의 화면을 채우는 정도라면 어떻게든 머리 속에서 담아둘 수 있지만 그 이상 은 무리였다.
>
> 중요한 고려 사항은 사용자가 코드들을 함수로 묶기 좋게 작성했는지의 여부 이다. 다른 함수의 내부에서만 읽을 수 있는 지역 변수에 너무 많이 의존하고 있 는 것은 아닌가? 변수의 유효영역에 대해 알고 있다면 이해하기 쉽겠지만 사용 자 함수를 정의할 때 변수의 사용과 유효영역은 매우 중요한 고려 사항이 된다.

가령, 조금 전에 작성한 코드의 경우 시리얼 모니터를 통해 명령을 수신하고, 분석하고, 그리고 배열에 시간을 저장한다. 이 코드를 expectValveSetting()으로 정의한다면 loop() 함수는 다음과 같이 간단하게 정리할 수 있을 것이다.

```
void loop() {
  expectValveSetting();
}
```

훨씬 읽기가 수월해졌다. 그리고 무엇보다도 앞으로 프로그램의 나머지 부분을 개발해야 하는 상황에서 작업을 훨씬 잘 이해할 수 있게 되었다.

물론, expectValveSetting() 함수는 다음과 같이 정의해야 한다.

```
void expectValveSetting() {
  // "2N1345"와 같이 문자열로 이루어진 명령을 읽고
  // 맨 앞의 숫자, 이어지는 글자 하나, 그리고 마지막 숫자 네 개를 분석한다

  // 수신한 시리얼 데이터가 있다면 읽기 시작한다
  while (Serial.available() > 0) {
    // ... 이하 생략
  }
```

생략한 부분은 예제 8-1과 완전히 똑같다. 지면을 절약하기 위해 생략했을 뿐이다.

이제 프로그램의 나머지 부분들도 사용자 함수로 작성하며 진행해 보도록 하자.

밸브를 열거나 닫아야 하는 시간을 확인하는 방법

이제 RTC의 시간 데이터를 살펴보고, 어떻게 해야 이 데이터를 통해 밸브를 켜거나 끄는 시간을 확인할 수 있는지 보도록 하자. RTC의 예제 중 ds1307을 다시 보면 시간을 출력하는 코드는 다음과 같다.

```
Serial.print(now.hour(), DEC);
```

편리하게도 시간은 숫자로 출력된다. 그러므로 앞서 저장했던 시와 분을 비교하는 작업은 그다지 어렵지 않을 것이다.

RTC의 데이터를 사용하려면 ds1307 예제의 코드 일부를 활용해야 한다. 스케치의 상단, setup() 함수가 나오기 전에 아래의 구문을 작성한다.

```
#include <Wire.h>
#include "RTClib.h"
```

```
RTC_DS1307 rtc;
```

이번에는 아날로그 입력 핀으로 5V와 GND 전원을 공급하지 않을 것이다. 이유는 단지 아날로그 입력 핀의 숫자가 부족하기 때문이다. 아날로그 입력 핀은 여섯 개 밖에 없는데 이미 RTC와의 인터페이스를 위해 두 개나 사용하고 있다. 프로젝트의 현 시점에서는 아날로그 입력 핀에 추가적인 장치를 연결하지 않지만 조금 더 지나면 사용하게 될 것이다.

setup()에는 다음과 같이 코드를 작성한다.

```
#ifdef AVR
  Wire.begin();
#else
  Wire1.begin(); // 실드의 I2C 핀은 아두이노 두에의 I2C 버스에 연결한다
#endif
  rtc.begin();
```

이제 무엇을 해야하는지 잠깐 생각해 보도록 하자. 만약 현재 시간이 밸브를 켜야 하는 시간보다 크고, 밸브를 꺼야 하는 시간보다 작다면 밸브를 켜야 한다. 그 외의 모든 시간은 밸브를 꺼야 한다.

RTC 라이브러리를 보면 현재 시간을 다음과 같이 얻을 수 있다.

```
dateTimeNow = rtc.now();
```

시와 분은 다음과 같이 추출할 수 있다.

```
dateTimeNow.hour()
dateTimeNow.minute()
```

앞서 우리는 시간을 네 자리의 숫자로 묶어 저장하기로 했다. 처음의 두 숫자는 시간을, 그리고 나머지 두 숫자는 분을 의미했다. 여기서 작은 문제를 해결해야 한다. 우리가 저장한 시간 정보는 네 자리 숫자이고 RTC가 알려주는 시간 정보는 두 자리씩이므로 산술적으로 비교하려면 복잡한 계산 과정을 거쳐야 한다는 점이다.

비교해야 할 숫자들의 단위를 통일할 수 있다면 문제가 쉽게 해결될 것이다. 가령, 시간을 시와 분으로 구분해서 저장하는 것이 아니라 시를 분으로 변환하고 분과 합산해서 저장한다면 시간의 단위를 분으로 통일할 수 있을 것이다. 단위를 통일하면 시간을 산술적으로 비교하는 작업도 수월해질 것이다. (한편, 자정 전에 밸브를 켰다가 자정이 지나서 밸브를 끄는 상황은 만들지 않도록 한다. 자정이 지나면 시간의 값이 초기화되기 때문에 시간을 비교하기 어려워진다. 프로그램의 신뢰성을 높이려면 이 부분에서도 정상 확인 기법을 활용할 필요가 있다.)

다음 코드는 앞에서 설명한 내용을 구현한 것이다.

```
int nowMinutesSinceMidnight = (dateTimeNow.hour() * 60) +
  dateTimeNow.minute();
```

시간 비교는 다음과 같이 한다.

```
if ((nowMinutesSinceMidnight >= onOffTimes[valve][ONTIME]) &&
    (nowMinutesSinceMidnight < onOffTimes[valve][OFFTIME])) {
  digitalWrite(??, HIGH);
}
else {
  digitalWrite(??, LOW);
}
```

물음표로 처리된 부분에는 무엇을 넣어야 할까? 각 밸브가 연결된 핀의 번호이다. for() 반복문은 밸브를 세기만 할 뿐이므로, 몇 번 밸브가 몇 번 핀에 연결되어 있는지에 대해서는 다른 방법으로 알려줘야 한다. 이는 배열을 사용하면 편하다.

```
int valvePinNumbers[NUMBEROFVALVES];
```

앞서 만들었던 상수 변수를 사용하면 이 배열도 다른 배열들과 같은 크기로 만들 수 있다. 나중에 상수의 값을 바꾸더라도 다른 배열들과 같은 크기를 유지할 수 있다.

setup()에서는 밸브의 정확한 핀 번호를 배열에 기입한다.

```
valvePinNumbers[0] = 6; // 0번 밸브는 6번 핀에 연결
valvePinNumbers[1] = 8; // 1번 밸브는 8번 핀에 연결
valvePinNumbers[2] = 3; // 2번 밸브는 3번 핀에 연결
```

> 🖉 배열은 색인(index) 기반의 정보를 사용하는 시스템에 매우 유용한 데이터 유형이다. 배열은 조회표 또는 참조표와 비슷하다고 볼 수 있다.

이제 물음표 대신에 제대로 된 코드를 기입하도록 하자.

```
if ((now.hour() > onOffTimes[valve][onTime]) &&
    (now.hour() < onOffTimes[valve][offTime])) {

  Serial.println("Turning valve ON");
  digitalWrite(valvePinNumbers[valve], HIGH);
}
else {
  Serial.println("Turning valve OFF");
  digitalWrite(valvePinNumbers[valve], LOW);
}
```

아직 해야 할 일이 하나 더 있다. 앞서 배열에 저장해 두었던 네 자리수의 시간 데이터에서 시와 분을 각각 분리해 내야 한다. 만약 사용자가 시간 정보를 입력할 때 아예 시와 분을 구분해서 입력한다면 이 작업은 더욱 쉬워질 것이다. 그러니 앞으로는 시와 분 사이에 : 기호를 사용해서 구분한다. 그러면 보다 쉽게 시와 분을 분리할 수 있고, 시를 분으로 변환하여 자정을 기준으로 경과한 분(값)의 배열에 저장할 수 있다. 이 과정은 예제 8-2에서 확인할 수 있다.

어쩌면 서로 다른 단위의 시간 데이터를 비교하는 몇 가지 다른 방법을 알고 있는 독자도 있을 것이다. 대부분의 프로그래밍 문제들, 나아가 사실상 대부분의 기술적인 문제들은 한 가지 이상의 방법으로 해결할 수 있다. 전문적인 프로그래머라면 효율, 속도, 메모리 사용, 심지어는 비용까지 염두에 두고 문제를 해결할 것이다. 하지만 초보자의 경우에는 자신이 가장 이해하기 쉬운 방법으로 해결하는 것이 좋다.

예제 8-2 expectValveSetting() 함수

```
/*
 * "2N13:45"와 같은 형식의 문자열을
 * 밸브 번호, 켜기 또는 끄기 기호,
 * 그리고 시간으로 분해한다
 */

void expectValveSetting() {

  // 첫 숫자는 밸브 번호이다
  int valveNumber = Serial.parseInt();

  // 이어지는 글자는 N 또는 F일 것이다
  char onOff = Serial.read();

  // 그 다음에는 시간이 나온다
  int desiredHour = Serial.parseInt();

  // 이어지는 글자는 ':'일 것이다
  if (Serial.read() != ':') {
    Serial.println("no : found"); // 정상 확인
    Serial.flush();
    return;
  }

  // 그 다음에는 분이 나온다
  int desiredMinutes = Serial.parseInt();

  // 행의 맨 끝에는
  // 줄바꿈 문자가 나온다
  if (Serial.read() != '\n') {
    Serial.println(
```

```
        "Make sure to end your request with a Newline"); // 정상 확인
      Serial.flush();
      return;
  }

  // 시간을 분으로 변환하여
  // 자정 이후 경과된 분으로 저장한다
  int desiredMinutesSinceMidnight = (desiredHour * 60 +
                                     desiredMinutes);

  // 이제 모든 정보를 얻었으니
  // 배열의 적절한 행과 열에 저장한다

  if (onOff == 'N') { // 켜는 시간
    onOffTimes[valveNumber][ONTIME] = desiredMinutesSinceMidnight;
  }
  else if (onOff == 'F') { // 끄는 시간
    onOffTimes[valveNumber][OFFTIME] =
      desiredMinutesSinceMidnight;
  }
  else { // 사용자가 N 또는 F를 기입하지 않았을 경우
    Serial.println(
      "You must use upper case N or F to indicate ON time or OFF time");
    Serial.flush();
    return;
  }

  // 배열의 모든 요소를 출력해서 사용자가 입력한 값을 확인할 수 있도록 한다
  for (int valve = 0; valve < NUMBEROFVALVES; valve++) {
    Serial.println();
    Serial.print("Valve ");
    Serial.print(valve);
    Serial.print(" will turn ON at ");
    Serial.print(onOffTimes[valve][ONTIME]);
    Serial.print(" and will turn OFF at ");
    Serial.print(onOffTimes[valve][OFFTIME]);
    Serial.println();
  }
} // expectValveSetting() 함수 종료
```

우천 여부 확인하기

습도 센서로 우천 여부를 확인하는 코드는 어떻게 작성해야 할까? 사
용자가 시간을 설정했을 때 습도 센서를 설정할 수도 있지만, 그렇게

하면 코드가 너무 길어진다. 그렇다면 또 다른 if() 구문을 사용하는
것은 어떨까? 아마 경험이 많은 프로그래머들은 비효율적이라고 충고
하겠지만 정원의 급수 시스템이 1초도 안 되는 시간만큼 늦게 작동한
다고 해서 문제가 되지는 않을 것이다. 더욱 중요한 것은 독자 자신이
프로그램을 읽을 수 있고 이해할 수 있어야 한다는 점이다.

> 경험이 풍부하고 친절한 프로그래머와 가깝게 지내며 프로그램을 보다 간략하
> 게 작성하거나 효율을 높이는 기발한 기법들을 배우도록 하라. 독자가 경험을
> 쌓아가는 상황에서는 고수가 작성한 좋은 코드를 이해하고 공부하는 일이 큰
> 도움이 된다. 하지만 이제 막 시작하는 초급자라면 자신이 이해하기 쉬운 방법
> 으로 코드를 작성하는 것이 좋다.

예제 8-3은 비가 오지 않을 때만 급수를 하는 코드를 보여준다.

예제 8-3 비가 오지 않을 때만 밸브 켜기

```
if ((nowMinutesSinceMidnight >= onOffTimes[valve][ONTIME]) &&
    (nowMinutesSinceMidnight < onOffTimes[valve][OFFTIME])) {
  // 밸브를 켜기 전에 비가 오지 않는지 확인한다
  if ( humidityNow > 50 ) { // 임의의 값이다. 상황에 맞게 수정한다
    // 우천 상황이므로 밸브를 끈다
    Serial.print(" OFF ");
    digitalWrite(valvePinNumbers[valve], LOW);
  }
  else {
    // 우천 상황이 아니고 밸브를 열어야 하는 시간이다
    Serial.print(" ON ");
    digitalWrite(valvePinNumbers[valve], HIGH);
  } // 우천 확인하는 코드 종료
} // 밸브 켜는 시간 확인하는 코드 종료
else {
  Serial.print(" OFF ");
  digitalWrite(valvePinNumbers[valve], LOW);
}
```

물론 앞의 코드도 사용자 함수로 만들 것이다. 이 함수를 checkTime
ControlValves()라고 하자.

    습도 센서와 RTC를 읽는 별도의 함수도 작성해야 한다. 이 함수는
getTimeTempHumidity()라고 하자.

    스케치의 loop() 함수는 다음과 같다.

```
void loop() {

  // 사용자에게 사용 가능한 명령어를 간단하게 소개한다
  Serial.println(
    "Type 'P' to print settings or 'S2N13:45' to set valve 2 ON time to 13:34");

  // 현재 날짜, 시간, 온도, 그리고 습도를 확인하고 출력한다
  getTimeTempHumidity();

  // 새로운 시간 설정을 확인한다.
  expectValveSettings();

  // 밸브를 작동시켜야 하는 시간이 됐는지 확인한다
  checkTimeControlValves();

  // 일정한 간격을 두고 실행한다
  delay(5000);
}
```

모두 합치기

이제 스케치도 거의 다 작성했다. 몇 가지 소소한 부분만 확인한 다음
지금까지 작성한 코드를 모두 합칠 것이다.

    첫째, 만약 사용자가 현재 설정된 밸브의 개폐 일정을 확인하고 싶
다면? 설정된 일정을 보여주는 것은 어렵지 않지만, 사용자가 명령을
내릴 방법을 정해야 한다. 사용자가 출력(print)의 P 글자를 입력하는
방법이 있겠지만 그러면 스케치가 숫자는 물론 P자에도 대응할 수 있
어야 한다. 이는 다소 까다로운 문제이다. 첫 번째 글자는 항상 알파벳

만 사용하기로 하고, 그 알파벳에 따라 다음 작동 여부를 선택하도록
하면 조금 쉬워질 것이다. 만약 첫 글자가 P라면 현재의 설정을 출력
하도록 하고, S라면 새로운 설정으로 바꾸도록 하자. 만약 사용자가 첫
글자로 P나 S 이외의 글자를 입력하면 사용자에게 명령에 대한 간단한
안내를 하도록 한다.

```
/*
 * 사용자가 시리얼 모니터에서
 * 키보드로 입력하는 메시지를 확인한다
 * 먼저 정상적인 메시지인지 확인한 후
 * 메시지가 요구하는 기능을 실행한다
 */
void checkUserInteraction() {
  // 사용자가 무엇인가 입력했는지 확인한다
  while (Serial.available() > 0) {

    // 첫 글자는 이어지는 글자들의 의미를 결정한다
    char temp = Serial.read();

    // 만약 첫 글자가 'P'라면 현재 설정을 출력하고
    // while() 반복문을 벗어난다
    if (temp == 'P') {
      for (int valve = 0; valve < NUMBEROFVALVES; valve++) {
        Serial.print("Valve ");
        Serial.print(valve);
        Serial.print(" scheduled ON at ");
        Serial.print(onOffTimes[valve][ONTIME]);
        Serial.print(" and OFF at ");
        Serial.print(onOffTimes[valve][OFFTIME]);
        Serial.println();
      }
      Serial.flush();
      break;
    } // 현재 설정 출력 종료
    // 만약 글자가 'S'라면 이어지는 글자들은 새로운 설정값이다
    else if (temp == 'S') {
      expectValveSetting();
    }

    // 그 외의 경우는 에러다. 사용자에게 사용 가능한 명령을 안내하고
    // while() 반복문을 벗어난다
    else
    {
      printMenu();
```

```
      Serial.flush();
      break;
    }
  } // 사용자 명령 처리 종료
}
```

다음은 printMenu() 함수를 정의한 코드이다. 짧지만 유용하게 사용할 수 있을 것이다. 필자의 경험에 의하면 프로젝트가 복잡해질수록 메뉴 또한 점점 늘어나고 복잡해진다. 이 함수는 스케치 내에 메뉴를 작성하는 좋은 예를 보여준다. 어쩌면 언젠가는 RTC를 설정하는 메뉴도 추가하고 싶어질지 모르겠다.

```
void printMenu() {
  Serial.println("Please enter P to print the current settings");
  Serial.println("Please enter S2N13:45 to set valve 2 ON time to
                 13:34");
}
```

✎ 특정한 코드 블록을 두 번 이상 사용해야 한다면 아무리 코드 블록이 작더라도 함수로 만들어 사용하는 것이 좋다.

마지막으로 예제 8-4는 완성된 스케치를 보여준다.

예제 8-4 급수 시스템 스케치

```
#include <Wire.h>     // Wire 라이브러리. RTC 라이브러리에 필요하다
#include "RTClib.h"  // RTC 라이브러리
#include "DHT.h"      // DHT 온습도 센서 라이브러리

// 아날로그 핀 정의
const int RTC_5V_PIN = A3;
const int RTC_GND_PIN = A2;

// 디지털 핀 정의
const int DHT_PIN = 2; // 온습도 센서
const int WATER_VALVE_0_PIN = 8;
const int WATER_VALVE_1_PIN = 7;
const int WATER_VALVE_2_PIN = 4;
```

```
const int NUMBEROFVALVES = 3; // 밸브의 수
const int NUMBEROFTIMES = 2;  // 시간 데이터의 수

// 각 밸브의 켜고 끄는 시간을 저장하는 배열
// 보다 쉽게 계산할 수 있도록
// 시간은 자정 이후 경과한 분으로 저장한다
int onOffTimes [NUMBEROFVALVES][NUMBEROFTIMES];
int valvePinNumbers[NUMBEROFVALVES];

// 켜는 시간 열의 번호와 끄는 시간 열의 번호
const int ONTIME = 0;
const int OFFTIME = 1;

#define DHTTYPE DHT11
DHT dht(DHT_PIN, DHTTYPE); // DHT 객체 생성

RTC_DS1307 rtc; // RTC 객체 생성

// 여러 함수에서 사용할 전역 변수와 객체 선언
DateTime dateTimeNow; // RTC의 값을 저장할 객체
float humidityNow; // 습도 값을 저장할 변수

void setup() {

  // RTC의 전원과 그라운드
  pinMode(RTC_5V_PIN, OUTPUT);
  pinMode(RTC_GND_PIN, OUTPUT);
  digitalWrite(RTC_5V_PIN, HIGH);
  digitalWrite(RTC_GND_PIN, LOW);

  // wire 라이브러리 초기화
  #ifdef AVR
    Wire.begin();
  #else
    Wire1.begin(); // 실드의 I2C 핀은 아두이노 두에의 I2C 버스에 연결됨
  #endif

  rtc.begin(); // RTC 객체 초기화
  dht.begin(); // DHT 객체 초기화
  Serial.begin(9600); // 시리얼 객체 초기화

  // 급수 밸브 핀 번호를 배열에 저장
  valvePinNumbers[0] = WATER_VALVE_0_PIN;
  valvePinNumbers[1] = WATER_VALVE_1_PIN;
  valvePinNumbers[2] = WATER_VALVE_2_PIN;

};

void loop() {
```

```
  // 사용자에게 사용 가능한 명령을 안내함
  Serial.println(
    "Type 'P' to print settings or 'S2N13: 45' to set valve 2 ON time
    to 13: 34"
  );
  // 현재 날짜, 시간, 온도, 그리고 습도 확인 및 출력
  getTimeTempHumidity();

  // 사용자가 입력하는 메시지 확인
  checkUserInteraction();

  // 밸브를 작동시킬 시간이 되었는지 확인
  checkTimeControlValves();

  // 일정한 간격을 두고 실행한다
  delay(5000);
}

/*
 * 현재 날짜, 시간, 온습도를 확인하고 출력
 */
void getTimeTempHumidity() {
  // 현재 시간을 확인하고 출력
  dateTimeNow = rtc.now();

  if (! rtc.isrunning()) {
    Serial.println("RTC is NOT running!");
    // 아래의 주석을 풀고 스케치를 컴파일한 시간을 RTC의 시간으로 설정한다
    // RTC는 한 번만 설정하고 다시 주석으로 처리한다
    // rtc.adjust(DateTime(__DATE__, __TIME__));
    return; // 만약 RTC가 작동하지 않으면 더 이상 진행하지 않는다
  }

  Serial.print(dateTimeNow.hour(), DEC);
  Serial.print(':');
  Serial.print(dateTimeNow.minute(), DEC);
  Serial.print(':');
  Serial.print(dateTimeNow.second(), DEC);

  // 현재 온도와 습도를 확인하고 출력한다
  humidityNow = dht.readHumidity();
  // 온도를 섭씨 단위로 읽는다
  float t = dht.readTemperature();
  // 온도를 화씨 단위로 읽는다
  float f = dht.readTemperature(true);

  // 센서를 정상적으로 읽지 못하면 진행을 멈춘다(다시 시도할 수 있도록).
  if (isnan(humidityNow) || isnan(t) || isnan(f)) {
```

```
      Serial.println("Failed to read from DHT sensor!");
      return; // 만약 DHT가 작동하지 않는다면 더 이상 진행하지 않는다;
   }

   Serial.print(" Humidity ");
   Serial.print(humidityNow);
   Serial.print("% ");
   Serial.print("Temp ");
   Serial.print(t);
   Serial.print("C ");
   Serial.print(f);
   Serial.print("F");
   Serial.println();
} // getTimeTempHumidity() 함수 종료

/*
 * 사용자가 시리얼 모니터에서
 * 키보드로 입력하는 메시지를 확인한다
 * 먼저 정상적인 메시지인지 확인한 후
 * 메시지가 요구하는 기능을 실행한다
 */
void checkUserInteraction() {
   // 사용자가 무엇인가 입력했는지 확인한다
   while (Serial.available() > 0) {

      // 첫 글자는 이어지는 글자들의 의미를 결정한다
      char temp = Serial.read();

      // 만약 첫 글자가 'P'라면 현재 설정을 출력하고
      // while() 반복문을 벗어난다
      if (temp == 'P') {
         for (int valve = 0; valve < NUMBEROFVALVES; valve++) {
            Serial.print("Valve ");
            Serial.print(valve);
            Serial.print(" scheduled ON at ");
            Serial.print(onOffTimes[valve][ONTIME]);
            Serial.print(" and OFF at ");
            Serial.print(onOffTimes[valve][OFFTIME]);
            Serial.println();
         }
         Serial.flush();
         break;
      } // 현재 설정 출력 종료

      // 만약 글자가 'S'라면 이어지는 글자들은 새로운 설정값이다
      else if (temp == 'S') {
         expectValveSetting();
      }
```

```
        // 그 외의 경우는 에러다. 사용자에게 사용 가능한 명령을 안내하고
        // while() 반복문을 벗어난다
        else
        {
          printMenu();
          Serial.flush();
          break;
        }
    } // 사용자 명령 처리 종료
}

/*
 * "2N13:45"와 같은 형식의 문자열을
 * 밸브 번호, 켜기 또는 끄기 기호,
 * 그리고 시간으로 분해한다
 */
void expectValveSetting() {

    // 첫 숫자는 밸브 번호이다
    int valveNumber = Serial.parseInt();

    // 이어지는 글자는 N 또는 F일 것이다
    char onOff = Serial.read();

    // 그다음에는 시간이 나온다
    int desiredHour = Serial.parseInt();

    // 이어지는 글자는 ':'일 것이다
    if (Serial.read() != ':') {
      Serial.println("no : found"); // 정상 확인
      Serial.flush();
      return;
    }

    // 그다음에는 분이 나온다
    int desiredMinutes = Serial.parseInt();

    // 행의 맨 끝에는
    // 줄바꿈 문자가 나온다
    if (Serial.read() != '\n') {
      Serial.println(
        "Make sure to end your request with a Newline"); // 정상 확인
      Serial.flush();
      return;
    }

    // 시간을 분으로 변환하여
    // 자정 이후 경과된 분으로 저장한다
```

```
   int desiredMinutesSinceMidnight = (desiredHour * 60 +
                                       desiredMinutes);

   // 이제 모든 정보를 얻었으니
   // 배열의 적절한 행과 열에 저장한다

   if (onOff == 'N') { // 켜는 시간
     onOffTimes[valveNumber][ONTIME] = desiredMinutesSinceMidnight;
   }
   else if (onOff == 'F') { // 끄는 시간
     onOffTimes[valveNumber][OFFTIME] =
       desiredMinutesSinceMidnight;
   }
   else { // 사용자가 N 또는 F를 기입하지 않았을 경우
     Serial.println(
       "You must use upper case N or F to indicate ON time or OFF
       time"
     );
     Serial.flush();
     return;
   }

   // 배열의 모든 요소를 출력해서 사용자가 입력한 값을 확인할 수 있도록 한다
   for (int valve = 0; valve < NUMBEROFVALVES; valve++) {
     Serial.println();
     Serial.print("Valve ");
     Serial.print(valve);
     Serial.print(" will turn ON at ");
     Serial.print(onOffTimes[valve][ONTIME]);
     Serial.print(" and will turn OFF at ");
     Serial.print(onOffTimes[valve][OFFTIME]);
     Serial.println();
   }
} // expectValveSetting() 함수 종료

void checkTimeControlValves() {

   // 밸브의 개폐 시간은 자정 이후 경과한 시간(분)으로 변환하여 저장하므로
   // 현재 시간도 자정 이후 경과한 분으로 변환해야 한다.
   // 가장 큰 시간의 값은 23590이며 이는 23 * 60 + 59 = 1159 로
   // 정수 데이터 유형의 최댓값보다 작으므로
   // "int" 유형의 변수에 분으로 변환한 현재 시간을 저장해도
   // 문제가 발생하지 않을 것이다
   int nowMinutesSinceMidnight =
     (dateTimeNow.hour() * 60) + dateTimeNow.minute();

   // 배열에 저장된 각 값을 확인한다
   for (int valve = 0; valve < NUMBEROFVALVES; valve++) {
```

```
    Serial.print("Valve ");
    Serial.print(valve);
    Serial.print(" is now ");
    if ((nowMinutesSinceMidnight >= onOffTimes[valve][ONTIME]) &&
        (nowMinutesSinceMidnight < onOffTimes[valve][OFFTIME])) {
      // 밸브를 켜기 전에 비가 오지 않는지 확인한다
      if ( humidityNow > 50 ) {
        // 우천 상황에는 밸브를 끈다
        Serial.print(" OFF ");
        digitalWrite(valvePinNumbers[valve], LOW);
      }
      else {
        // 우천 상황이 아니라면 밸브를 연다
        Serial.print(" ON ");
        digitalWrite(valvePinNumbers[valve], HIGH);
      } // 우천 확인하는 코드 종료
    } // 밸브 켜는 시간 확인하는 코드 종료
    else {
      Serial.print(" OFF ");
      digitalWrite(valvePinNumbers[valve], LOW);
    }
    Serial.println();
  } // 각 밸브를 확인하는 반복 구문 종료
  Serial.println();
}


void printMenu() {
  Serial.println("Please enter P to print the current settings");
  Serial.println(
    "Pleasempiricale enter S2N13:45 to set valve 2 ON time to 13:34"
  );
}
```

이 스케치는 책의 홈페이지²¹를 통해 다운로드할 수 있다.

---

21 http://shop.oreilly.com/product/0636920029267.do

회로 조립하기

드디어 스케치도 완성하고 부품 시험도 모두 마쳤다. 이제 납땜을 시작하면 될까? 그렇지 않다. 지금까지 다양한 부품을 개별적으로는 시험했지만 모두 조립한 상태에서 시험해보지는 않았다. 어쩌면 이번 단계가 불필요하다고 생각할 수도 있지만 통합 시험은 필수적이다. 통합시험 단계에서는 하드웨어 또는 소프트웨어 구성 요소들 간에 예기치못한 간섭이 발생할 수 있으니 확인해야 한다. 가령, 아두이노의 특정한 하나의 핀에서만 제공하는 기능을 두 개의 부품이 동시에 사용해야하는 경우가 있을 수 있다. 또는 두 개의 라이브러리가 서로 충돌하는경우가 생기거나 스케치의 논리를 재편성해야 하는 경우도 있다. 혹시라도 배선을 변경해야 할 수도 있으므로 통합 시험은 브레드보드에서진행하는 것이 좋다.

완벽하게 자동으로 작동하는 정원 급수 시스템을 제작하려면 그림 8-11, 그림 8-13, 그리고 RTC 회로 총 세 개의 회로를 조합해야 한다. 세 개의 급수 밸브를 제어하는 시스템을 만드는 데 작업해야 할 양이 상당히 많다. 뿐만 아니라 한정된 브레드보드에 회로를 구성하는 일도 쉽지 않다. 무엇보다도 참고할 수 있는 정보도 거의 없다. 만약 하나의 급수 밸브를 작동시킬 수 있다면 세 개의 급수 밸브를 작동시키는 일도 조금은 수월해질 것이다. 그러니 일단 하나의 밸브부터 시작하도록 하자.

> 때로는 추측하는 바가 틀릴 수도 있으며 잘못된 추측 때문에 어느 순간 골치 아픈 문제가 일어날 수도 있다. 각각의 부품이 정상적으로 작동한다고 해서 부품들을 조립했을 때도 정상적으로 작동할 것이라고 추측하는 것은 위험한 일

이다. 기술자에게 통합 시험은 필수적이며 개별 부품 시험에서는 나타나지 않았던 문제가 발생하는 경우도 종종 있다.

우리는 앞서 한 가지 추측을 했다. 바로 하나의 밸브를 시험하는 것만으로도 충분하다는 것이다. 이것이 바로 위험하고, 주의해야 할 추측에 속한다. 가령, 밸브의 수와 릴레이의 수가 늘어나면 더 많은 전력이 필요해진다. 세 개의 릴레이를 모두 연결했을 때 과연 아두이노의 디지털 출력 핀은 충분한 전력을 공급할 수 있을 것인가? 급수 밸브의 전원 장치도 세 개의 밸브를 동시에 작동시킬수 있을 만큼 충분한 전력을 공급할 수 있을 것인가?

여기서 하나의 밸브만 시험해도 충분하다는 가정을 할 수 있는 이유는 이미 머릿속에서 대략적인 계산을 마쳤기 때문이고 또한 수년간의 경험을 통해 이 프로젝트의 위험도가 매우 낮다는 것을 알기 때문이다. 하지만 초급자의 경우에는 그러한 추측을 가급적 피하고, 납땜을 하거나 부품들을 조립하여 밀봉하기 전에 모든 것을 시험하도록 하자.

나는 공들여 제작한 결과물이 제대로 작동하지 않아 결국 다시 뜯어내고 분해하는 학생들을 많이 봤다. 더 안타까운 일은 문제를 일으키는 부품이 보통은 가장 안쪽에 있는 경우가 많다는 것이다.

— 마이클

하나의 밸브를 사용하는 전체 시스템의 회로도는 다음 페이지에서 이어지는 두 그림을 통해 확인할 수 있다. 그림 8-15는 회로도를 그린 것이고 그림 8-16은 묘사적 회로도를 보여준다. 회로도에는 급수 밸브의 전원 공급 장치와 급수 밸브의 극성이 표시되어 있다. 하지만 이는 DC 시스템에만 해당된다. 만약 AC 시스템(더 일반적으로 사용된다)을 사용하고 있다면 극성은 중요하지 않다.

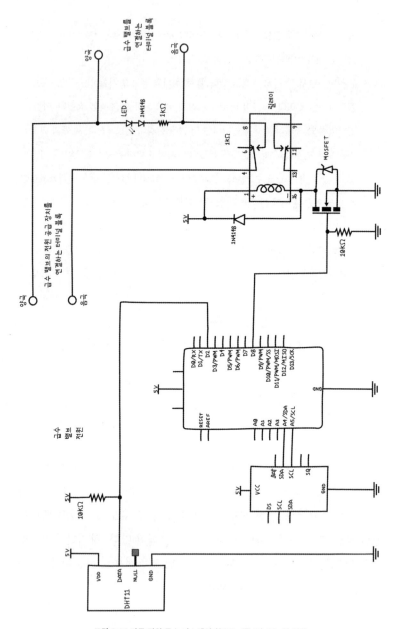

그림 8-15 자동 정원 급수 시스템의 회로도. 밸브의 수는 한 개다

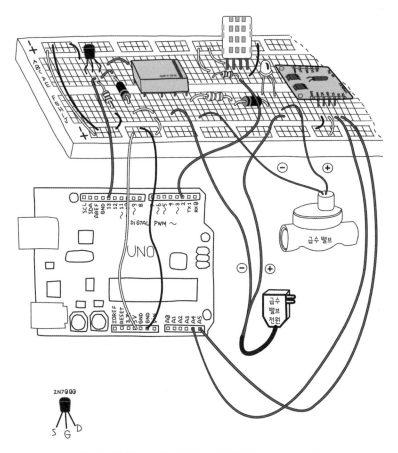

그림 8-16 자동 정원 급수 시스템의 전체 묘사적 회로도. 밸브의 수는 한 개다

🖋 복잡한 회로를 만들 때는 회로도를 출력해서 옆에 두고, 선을 연결할 때마다 색
이 있는 펜이나 형광펜으로 종이에 표시한다. 이렇게 하면 이미 연결한 배선과
아직 연결하지 않은 배선을 쉽게 확인할 수 있다.

이 방법은 회로를 확인할 때도 매우 유용하다. 확인을 마친 부분을 회로도에
표시해 가면 훨씬 쉽게 일을 진행할 수 있다.

브레드보드에 회로를 구성하고 예제 8-4의 완성된 스케치를 아두이노에 업로드한다. 스케치는 세 개의 밸브를 작동시키도록 작성했고, 현재 밸브는 하나만 연결되어 있지만 문제될 것은 없다. 다만 다른 두 밸브의 작동 시간을 설정해도 밸브가 연결되어 있지 않기 때문에 작동하지는 않는다.

이제 시험해보자. P 키를 눌러 현재 설정을 출력하고 모두 0으로 설정되어 있는지 확인한다. 이제 현재의 시간을 확인하고 S 키를 누른 다음, 켜는 시간을 현재 시간으로부터 1분 후로 설정한다. 1분 후에 릴레이가 딸깍 소리를 내고 LED가 켜질 것이다. 급수 밸브도 딸깍 소리를 낼 수 있지만 종류에 따라서는 수압이 없을 경우 아무런 소리도 나지 않을 수 있다. 필자가 사용하고 있는 밸브는 수압이 없어도 딸깍 소리가 난다.

작동하지 않는 부분이 있는가? 그렇다면 배선을 재차 확인한다. 특히 다이오드, MOSFET 그리고 릴레이의 배선에 주의를 기울여 살펴본다. MOSFET의 핀들은 서로 기능이 다르므로 정확한 핀에 연결해야 한다. 다이오드에는 극성이 있다는 점도 기억하자. 검은색 줄이 있는 쪽이 음극이다. 릴레이의 검은색 줄은 8번과 9번 핀의 위치를 보여준다. 만약 급수 밸브의 전원 공급 장치와 급수 밸브가 직류(DC)용이라면 양극과 음극을 잘 구별하여 제대로 연결했는지 확인한다. 9장을 참고하면 문제 해결 방법에 대해 더 많은 영감을 얻을 수 있을 것이다.

이번 단계를 통해 MOSFET, 다이오드 그리고 릴레이를 제대로 연결하는 것이 얼마나 중요한지 알게 되었을 것이다. 이러한 부품들을 일단 납땜한 다음에는 회로를 수정하기가 좀처럼 쉽지가 않다. 그러니 시스템이 제대로 작동한다고 해도 대로 작동하고 있는 이유를 이해해야만 한다. 실수를 했거나 문제를 해결한 부분이 있다면 꼼꼼하게 기록해 두도록 한다. 브레드보드의 사진을 찍어서 참고용으로 남겨 두는 것도 좋은 방법이다. 작업 과정을 기록해 두는 습관을 가지면 훗날 여러모로 많은 도움이 된다.

브레드보드 회로의 시험을 무사히 마쳤다면 이제 프로토 실드 단계로 넘어가도록 한다.

프로토 실드

이제 프로토 실드를 사용해서 회로를 고정한다. 프로토 실드는 아두이노 프로젝트의 회로를 비교적 안전하고 쉽게 고정할 수 있게 해준다. 프로토 실드는 아두이노 온라인 스토어[22]에서 구입할 수 있다. 시중에는 아두이노 정품 실드 외에도 다양한 실드를 판매한다. 어떤 프로토 실드든지 사용해도 좋지만, 프로토 실드에 따라 핀의 배치가 다소 달라질 수 있으니 적절하게 적용해서 회로를 구성해야 한다. 어떤 실드는 수놈 헤더가 포함되어 있지만 어떤 실드는 별도로 헤더를 구입해야 하는 경우도 있다.[23]

실드는 아랫면에 수놈 헤더를 납땜해서 아두이노 위에 꽂을 수 있도록 되어 있다. 이런 방식으로 실드의 모든 핀은 아두이노의 핀에 연결된다. 또한 실드에는 아두이노와 연결되는 입출력 핀들 옆에 납땜을 할 수 있는 구멍들이 나란히 뚫려 있다. 이 구멍들은 실드에 장착하는 부품의 핀과 아두이노 핀을 연결할 때 사용한다. 전선의 한쪽 끝은 부품의 핀에 납땜하고 다른 한쪽 끝은 아두이노에 연결되는 입출력 핀의 옆에 있는 구멍에 연결한다. 이렇게 연결하는 방식은 브레드보드에 회

---

22 https://store.arduino.cc/product/A000082
23 (옮긴이) 국내에서도 다양한 프로토 실드를 구입할 수 있다.(http://eleparts.co.kr/EPXG4VPF)

로를 구성하는 방식에 비해 훨씬 믿을 만하게 고정할 수 있다.

대부분의 실드에는 추가적인 작은 구멍들이 격자 형태로 배치되어 있다. 이 핀들의 간격은 브레드보드에 있는 구멍들의 간격과 같아서 부품과 전선을 (거의) 마음대로 원하는 곳에 배치할 수 있다. 하지만 브레드보드에 비해 구멍의 수가 훨씬 적으므로 배치할 수 있는 영역은 다소 제한적이다. 부품과 전선을 연결할 때는 대부분 실드의 아랫면에 직접 납땜을 해서 고정할 것이다. 납땜 횟수는 부품의 배치, 버스의 구성, 그리고 실드의 특성에 따라 불필요하게 늘어날 수도 있고 최소한으로 줄어들 수도 있으니 신중하게 배치할 필요가 있다.

> 🖉 프로토 실드 또는 납땜용 구멍이 있는 여타의 기판을 사용할 때는, 일반적으로 부품과 전선은 윗면에 배치하고 납땜은 아랫면에 한다. 특히 프로토 실드에서는 이러한 관례를 지킬 필요가 있다. 프로토 실드를 아두이노에 꽂으면 실드의 아랫면이 아두이노와 매우 가까워진다. 만약 실드의 아랫면에 부품을 배치하면 아두이노와 닿아서 실드가 제대로 꽂히지 않거나 아두이노의 금속부에 닿아서 합선을 일으킬 수도 있다. 관례에 따라 부품들을 실드의 윗면에 배치하더라도 실드 아랫면에 납땜한 부분이 아두이노의 부품이나 배선 또는 USB 포트 등에 닿지 않도록 주의해야 한다.
>
> 불가피하게 실드의 하단에 부품이나 전선을 배치해야 할 경우 최대한 기판에 납짝하게 붙어 있도록 처리해야 한다.

프로토 실드에 부품 배치하기

가장 먼저 해야할 일은 어떤 부품을 어디에 배치할 것인지 정하는 일이다. MOSFET, 릴레이, LED 그리고 터미널 블록을 배치할 공간을 확보해야 한다. 터미널 블록은 전선을 연결하기 쉬운 곳에 나란히 배치하는 것이 좋고, LED를 해당 터미널 블록 옆에 배치할 수 있다면 더욱 좋을 것이다. MOSFET은 상당히 작을뿐만 아니라 어디에 배치하든 큰 문제가 되지 않을 것이다. 하지만 이왕이면 연결할 릴레이 근처에 배치하는 것이 좋을 것이다.

릴레이는 가장 크기가 큰 부품이다. 다른 부품들로 실드를 채우기 전에 미리 공간을 확보해 두는 것이 좋다.

> 실드의 윗면과 아랫면은 자칫 헷갈리기 쉬우므로 부품을 배치하기 전에 꼭 확인하도록 한다. 이 책의 그림에서는 위(TOP) 또는 아래(BOTTOM)를 표기해서 혼란을 줄이고자 했다. 실물 실드에도 유성펜 등으로 위 또는 아래를 표기해 두면 실수하는 일을 줄일 수 있을 것이다.

> 특정한 용도가 있는 구멍들, 가령 ICSP 커넥터 핀이나 IOREF 옆의 외톨이 그라운트 핀은 부품들을 배치할 때 사용하지 않도록 한다. 그림에서는 이 구멍들을 검은색 구멍으로 표시했으므로 참고한다.

USB 커넥터 위를 덮는 실드 부분에는 부품들을 배치하지 않도록 한다. 정품 아두이노 프로토 실드는 이 부분에 아예 구멍이 뚫려 있지 않다.

> 항상 부품들의 배치를 먼저 마친 다음 납땜을 시작하도록 한다. 부품들을 배치할 때는 커넥터와 큰 부품들의 위치를 먼저 정하고 그다음 다른 부품들과 연결 관계를 고려하여 작은 부품들을 배치한다. 실드의 아랫면으로 뻗어 나온 부품의 금속심을 전선 대신 사용하는 것도 좋은 방법이다. 금속심을 연결하고자 하는 부품 쪽으로 구부려서 납땜을 하면 종종 전선을 사용하는 것보다 시간과 노

력을 줄일 수 있다.

부품들을 만족스럽게 배치하기 전에는 아무것도 납땜하지 말아야 한다. 또한 납땜을 시작하기 전에 부품들이 배치된 상태를 그림이나 사진으로 기록해 두면 납땜 작업 중에 떨어져 나오는 부품이 있더라도 쉽게 원래 위치에 다시 꽂을 수 있다.

이제 IC 소켓의 용도에 대해 알아보도록 하자. 다른 부품과 마찬가지로 릴레이 또한 프로토 실드에 납땜해서 사용해야 한다. 하지만 만약 릴레이가 망가지면 어떻게 해야 할까? 다행히도 릴레이의 핀은 소켓에 딱 들어맞는다. 따라서 소켓을 프로토 실드에 납땜하고 그 위에 릴레이를 꽂으면 나중에 릴레이를 교체할 수 있다.

이제 다른 의문이 생길 것이다. 망가지는 것에 대비하여 릴레이를 소켓에 꽂아 사용한다면 다른 부품들은 왜 소켓에 꽂아서 사용하지 않는걸까? 여기에는 몇 가지 이유가 있다. 저항 같은 부품은 비교적 쉽게 납땜을 제거할 수 있다. 최악의 경우에는 잘라내도 된다. MOSFET 또한 마찬가지다. 하지만 릴레이의 경우에는 납땜을 제거하기가 매우 어렵다. 납땜한 핀의 수가 여덟 개나 되기 때문이다. 덕분에 두 번째 핀의 납을 녹이고 있는 순간 첫 번째 핀의 납은 다시 단단하게 굳어버린다. 또한 릴레이는 잘라내기도 어렵다. 마지막으로, 릴레이는 움직이는 구성품이 있는 기계적인 장치다. 움직이는 구성품은 순수 전자 부품에 비해 수명이 짧다. (그렇다고 해도 릴레이의 수명은 몇 년은 지속되니 너무 걱정할 필요는 없다.)

소켓에는 방향이 정해져 있다. 소켓에는 작은 반원 모양의 홈이 있는데 이 홈은 상단 또는 1번 핀의 위치를 알려준다. 하지만 소켓의 핀

자체에 전기적 또는 기능적인 구분이 있는 것은 아니다. 아무 방향으로 꽂아도 상관 없다. 이 홈은 부품을 올바른 방향으로 꽂을 수 있도록 알려주는 역할만 하긴 하지만 나중에 헷갈릴 수 있으니 관례에 따라 방향을 맞춰서 배선하도록 한다. 앞에서와 마찬가지로 그림을 그리거나 문서를 남겨서 설정한 방향을 기록해 둔다. 실드를 뒤집으면 소켓의 방향 또한 반대로 바뀐다. 필자의 경우 방향을 착각하지 않도록 실드 아랫면의 소켓 1번 핀에 동그라미를 그려두곤 한다.

한편, 납땜을 하지 않은 상태로 실드를 뒤집으면 소켓이 떨어져 버린다. 이를 방지하기 위해서는 실드의 구멍을 통과한 소켓의 금속심을 조금 구부려서 고정한다. 금속심은 다른 구멍에 닿지 않는 이상 충분히 구부려도 괜찮다.

> 🖊 릴레이와 칩을 회로에 납땜할 때는 가급적 IC 소켓을 사용하도록 한다.

다음 페이지의 그림 8-17은 부품 배치의 한 예를 보여준다.

이 그림은 특정한 부분을 보다 자세하게 묘사하기 위해 의도적으로 왜곡을 했다. 앞으로 프로토 실드에서 많은 작업을 하게 될 것이기 때문에 세부적인 부분도 자세하게 보여주고 싶기 때문이다. 실드에 뚫린 구멍의 갯수나 행과 열의 방향은 정품 실드와 정확하게 일치한다.

작은 부품들을 납땜할 때 유용한 팁을 하나 소개하겠다. 부품의 금속심을 이용해서 다른 부품들과 연결하는 것이다.

회로도를 보자. 다이오드 세 개가 각각 릴레이를 꽂을 소켓의 1번 핀과 16번 핀 근처에 나열되어 있다. 다이오드를 이곳에 배치하면 실드의 아랫면으로 뻗어나온 금속심을 구부려서 소켓의 핀에 납땜하기 좋다. 다이오드의 극성을 다시 한번 확인한다. 일단 납땜을 한 뒤에는 쉽게 고칠 수 없다. (나 역시 비슷한 실수를 많이 해봤기 때문에 미리 주의하는 것이 훨씬 좋다는 것을 안다.) 다이오드는 몸통의 가장자리에 선이 표시된 부분이 음극이다. 다이오드의 음극은 소켓의 1번 핀과 연결해야 한다.

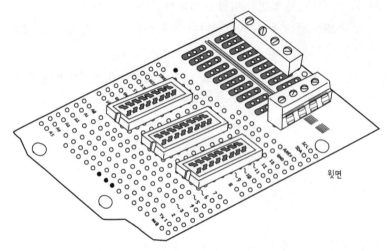

그림 8-17 프로토 실드에 큰 부품들을 배치한 모습(릴레이 소켓의 방향에 주의한다)

다이오드를 기판에 꽂고 기판 뒷면으로 나온 금속심을 구부리면 프로토 실드를 뒤집어도 부품이 실드에서 떨어지지 않고 고정되어 있어서 편하게 납땜 작업을 할 수 있다.

 MOSFET의 핀 하나(드레인 핀)는 릴레이 소켓의 16번 핀에 연결해야 한다. 우선 MOSFET를 다이오드 옆에 꽂고 MOSFET의 금속심을 구부려서 다이오드와 납땜한다. 각 MOSFET의 게이트 핀과 그라운드를 연결하는 10K옴 저항은 MOSFET의 게이트와 소스 사이에 배치하여 MOSFET의 소스 핀도 GND에 연결될 수 있도록 한다. 기판에 있는 구멍들의 간격을 고려하여 저항을 기판에 수식으로 세워서 꽂고, 반대편의 금속심을 구부려서 적절하게 활용하면 전선을 사용하지 않고도 배선 작업을 마무리할 수 있다.

모든 부품들이 실드에 최대한 밀착되도록 주의한다. 다이오드는 실드에 납작하게 붙어야 한다. MOSFET의 금속심은 약간 구부려서 몸통이 최대한 기판에 붙을 수 있도록 조정한다. 다만 너무 금속심을 구부리면 부러질 수도 있으니 조심해야 한다. 저항은 기판에 수직으로 꽂았지만 저항의 몸통이 최대한 기판에 가깝게 닿도록 한다.

배치한 부품들을 연결하는 방법은 곧 다시 설명하겠다.

그림 8-18은 프로토 실드에 릴레이 소켓, MOSFET, 다이오드, 그리고 저항을 배치한 모습이다.

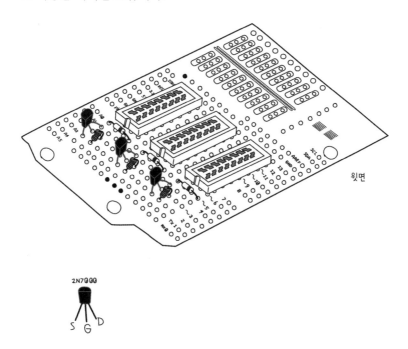

그림 8-18 기판의 윗면에 소켓, MOSFET, 다이오드, 그리고 저항을 배치한 모습

RTC와 DHT11은 어떻게 해야 할까? DHT11은 정원에 있어야 하므로
전선 네 줄을 길게 연결해서 사용해야 한다. 이 전선은 프로토 실드에
직접 납땜하기보다는 수놈 헤더에 납땜하고, 실드에는 암놈 헤더를 납
땜하여 상황에 따라 꽂거나 뺄 수 있도록 한다. 이에 대해서는 잠시 후
에 보다 자세하게 설명하겠다. (DHT11의 데이터 핀에 연결해야 하는)
10K옴 저항은 센서나 실드 어느 쪽에 연결해도 상관 없으므로 일단은
보류해 둔다.

RTC에는 이미 수놈 헤더가 장착되어 있으므로 암놈 헤더만 준비하
면 된다. RTC는 조금 크기가 있는 부품이기에 실드에 배치할 때는 충
분한 공간이 있는 곳을 선택해야 한다. 보드의 윗면에 있는 MOSFET
너머 가장자리에 회로를 구성하면 무난할 것이다. 필자는 RTC를 실드
의 맨 왼쪽 가장자리에 있는 구멍에 연결했다. 그렇게 하면 암놈 헤더
와 MOSFET과는 한 칸 정도 여유가 생겨 앞으로의 배선에 대비할 수
있다. 암놈 헤더들의 배치는 그림 8-19와 같다.

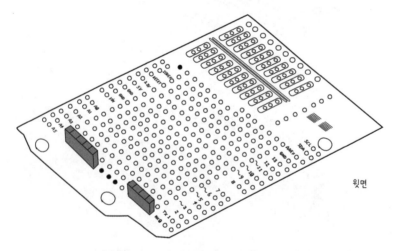

그림 8-19 DHT11 센서를 연결할 네 칸 암놈 헤더와 RTC를 연결할 다섯 칸 암놈 헤더의 위치

보드에 긴 전선을 연결해야 할 때는 가능하면 전선을 보드에 직접 납땜하지 않도록 한다. 대신 전선과 보드를 쉽게 연결하거나 분리할 수 있는 커넥터 같은 부품을 사용한다. 짝이 맞는 수놈과 암놈 헤더 한 쌍을 준비할 수 있다면 저렴한 가격에 보드와 전선을 연결할 수 있다. 전선을 보다 견고하게 연결해야 할 때는 나사 방식의 터미널 블록 사용하는 것도 좋다.

헤더가 장착된 모듈을 보드에 부착해야 할 때도 보드에 직접 납땜하지 않도록 한다. 대신 짝이 맞는 헤더를 보드에 납땜해서 모듈을 꽂았다 뺄 수 있도록 한다. 이렇게 준비하면 모듈을 다른 프로젝트에 사용하거나 정비를 해야 할 때 수월하게 대처할 수 있다.

헤더들도 구매 목록에 포함시키자. 헤더는 보통 일정한 수의 핀으로 이루어진 한 가닥 단위로 구매할 수 있으며, 여러 가닥을 묶음으로 파는 곳도 많이 있다. 규격품을 구입한 후에 적당한 핀의 수만큼 잘라서 사용하면 된다. 수놈 헤더 가닥은 원하는 곳을 쉽게 꺾어서 사용할 수 있도록 되어 있다. 그에 비해 암놈 헤더 가닥을 잘라서 쓸 때는 핀 하나를 희생해야 한다. 아래는 새로 추가해야 할 부품들의 목록이며, 이로써 부품 목록 버전은 0.5가 되었다.

- 2.54mm 암놈 헤더 적당량. 에이다프루트 부품 번호 598번 참고[24]
- 2.54mm 수놈 헤더 적당량. 에이다프루트 부품 번호 392번 참고[25]

24 (옮긴이) http://eleparts.co.kr/EPXG4VPF
25 (옮긴이) http://eleparts.co.kr/EPX3333M

프로토 실드에 부품들을 납땜하기

납땜을 처음 하는 독자들은 "에이다프루트의 완벽 납땜 안내서(Adafruit Guide to Excellent Soldering)"[26]를 참고한다.[27]

이제 납땜을 시작할 때가 되었다!

> 납땜을 할 때는 서두르지 말고 조심해야 한다. 천천히 숨을 고르고 안정을 유지하자. 부품을 회로도에 맞게 제대로 배치했는지 다시 한번 확인하고 납땜을 한다. 또한 납땜 및 기타 작업상의 실수를 하지는 않았는지 중간중간 확인하는 것이 좋다.
>
> 단번에 납땜을 끝내는 것은 좋지 않다. 관련이 있는 핀들을 하나의 작업 묶음으로 나누어 납땜하고 잠시 쉬는 것이 좋다. 그리고 다른 지점들을 납땜하기 전에 앞서 납땜한 곳에 이상은 없는지 확인하도록 한다.
>
> 필자의 지침을 맹목적으로 따르는 것도 마냥 좋은 것만은 아니다. 지금 자신이 무슨 작업을 하고 있는지 이해하도록 노력하고, 지침이 수용할 만한 것인지 확인하는 습관을 기르도록 하자.

납땜하는 동안에는 잠깐 터미널 블록과 암놈 헤더를 분리해도 좋다. 그러면 프로토 실드를 보다 평평하게 유지할 수 있어서 부품들이 제자리를 벗어나지 않도록 할 수 있다.

먼저 소켓들이 실드에서 떨어져 나가지 않도록 납땜한다. 이 과정을 통해 납땜에 조금 익숙해질 수 있다.

다음에는 다이오드, MOSFET, 그리고 저항을 납땜한다. 기판의 아

---

26 https://learn.adafruit.com/adafruit-guide-excellent-soldering
27 (옮긴이) 납땜을 처음 하는 독자라면 『짜릿짜릿 전자회로 DIY』를 참고하자. 납땜하는 방법에 대한 자세한 설명이 담겨 있다.

랫면으로 뻗어 나온 부품의 금속심들은 추가적인 배선에 활용할 것이므로 바로 잘라내지 않도록 한다. 부품들이 최대한 기판에 밀착할 수 있도록 기판 아랫면의 금속심을 바짝 당기고 연결할 다른 부품 방향으로 구부려 둔다. 그렇다고 금속심을 다른 부품의 금속심에 감아 둘 필요는 없다. 다른 금속심이 뻗어 나온 구멍의 금속테 위로 살짝 겹칠 수 있을 정도로만 구부려 두면 된다. 납은 금속심과 금속테를 충분히 덮을 정도로 땜한다.

필요한 지점을 납땜한 다음에는 남은 금속심을 최대한 기판 가까운 곳에서 잘라낸다. 금속심을 깔끔하게 정리하지 않으면 나중에 다른 금속과 접촉하여 예상치 못한 문제가 발생할 수도 있다. 이와 관련해서는 에이다프루트의 안내서 중 "좋은 납접합을 만드는 요령(Making a good solder joint)"[28]을 참고한다.

> 💣 납땜한 후에 부품의 금속심이나 전선을 잘라낼 때는 끊어져 나가는 조각이 아무 곳에나 튀지 않도록, 특히 작업 중인 기판 어디엔가 남아있지 않도록 잘 처리해야 한다. 그렇지 않으면 예기치 못한 곳에서 합선이 일어날 수도 있다.

MOSFET의 소스 핀은 모두 그라운드에 연결해야 하므로 서로 연결해도 된다. 저항의 긴 금속심 세 개를 서로 연결하면 상당히 유용한 GND 가닥을 만들어 낼 수 있다. 이렇게 GND 가닥을 만들어두면 나중에 그라운드에 연결해야 할 다른 부품들도 쉽게 연결할 수 있다. 부품들이 공동으로 사용하는 이런 가닥을 버스(bus)라고 부른다. 이 시점에서 GND 버스는 아직 아두이노의 GND와는 연결되어 있지 않다. 필자는 종종 아두이노의 GND와 연결하는 작업을 가장 마지막 순서로 미뤄두

28 https://learn.adafruit.com/adafruit-guide-excellent-soldering/making-a-good-solder-joint

곤 한다. 나중에 절실하게 필요할 수도 있는 기판의 구멍을 미리 막아
버리는 실수를 하지 않기 위해서다. 하지만 마무리 단계에서는 잊지
말고 이 버스를 아두이노의 GND와 연결해야 한다.

그림 8-20은 실드의 아랫면을 보여준다. 모든 부품의 금속심은 연
결할 방향으로 다 구부려서 납땜을 마친 모습이다. 어둡게 칠해진 부
분은 윗면에 배치한 릴레이 소켓의 자리를 나타내며 작은 원뿔 모양은
납땜한 지점을 나타낸다.

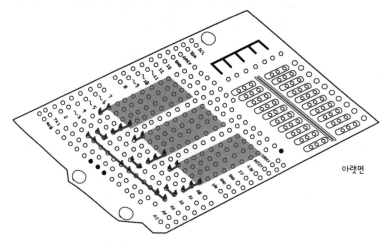

그림 8-20 릴레이 소켓, MOSFET, 그리고 다이오드를 납땜한 보드의 아랫면

이제 다시 터미널 블록을 실드에 끼워 넣도록 한다. 납땜을 해서 고정
하기 전에 터미널의 전선 꽂는 구멍이 올바른 방향을 향하고 있는지
다시 한번 확인한다. 터미널의 구멍은 보드의 바깥 방향을 향하고 있
어야 한다! (필자는 예전에 방향을 고려하지 못해 큰 대가를 치른 적이
있다.) 다른 부품들과 마찬가지로 터미널이 실드에 틈이 없이 잘 붙어
있는지 확인한다. 암놈 헤더는 나중에 작업하도록 한다.

이 시점에서 어떤 터미널에 어떤 전선을 연결할지 정해야 한다. 그림 8-21과 같이 각 터미널에 연결할 전선들을 기록으로 남겨서 나중에 잊어버리거나 잘못 연결하는 실수를 하지 않도록 한다.

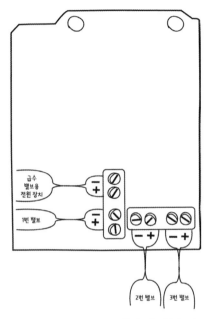

그림 8-21 터미널의 역할과 연결할 전선을 기록해 둔다

이제 LED 및 관련 다이오드 그리고 저항을 추가할 차례다. 이 부품들 역시 적절한 위치에 배치해서 전선 대신 소자의 금속심을 배선에 활용할 수 있도록 한다. 정품 아두이노 프로토 실드에는 세 개의 구멍이 전기적으로 연결된 곳이 몇 군데 있다. 필자는 이 특수한 구멍들을 배선에 활용했다. LED와 다이오드에는 극성이 있다는 점을 잊지 말자. LED의 양극(보다 긴 금속심)은 각 터미널 블록에 연결해야 한다. 그리고 다이오드의 양극은 LED의 음극에 연결해야 한다.

아직은 사용하고 있지 않지만 프로토 실드의 윗면에는 5V와 GND 전원을 공급하는 두 가닥의 금속선(버스)이 노출되어 있다. 그러니 LED를 연결할 때는 금속심들이 버스에 닿지 않고 위로 건너뛸 수 있도록 주의해야 한다. 만약 예기치 못한 상황이 발생하여 LED의 금속심이 5V나 GND 버스에 닿게 되면 급수 밸브 전원 공급 장치를 통해 흘러드는 24V가 곧장 아두이노까지 들어갈 수 있고 그렇게 되면 아마도 아두이노는 망가지고 말 것이다. 전열 테이프를 조금 잘라서 노출된 5V와 GND 버스 위에 붙이면 보다 안전을 기할 수 있다. 전원 버스는 기판의 아랫면에도 노출되어 있으므로 주의하도록 한다.

그림 8-22를 보면 부품들이 기판에서 다소 높이 떠 있는 것처럼 보일 것이다. 이는 부품의 연결 상태를 보여주기 위해 일부러 이렇게 묘사한 것일 뿐이고 실제로 납땜을 할 때는 앞에서 설명한 바와 같이 최대한 부품과 기판을 밀착시키도록 한다. 이 그림은 특정한 부분을 자세하게 묘사하기 위해 일부 왜곡이 있다는 점에 유의한다. 단, 기판에 뚫린 구멍들은 실제 기판과 동일하게 묘사했다.

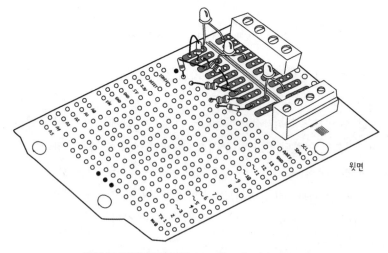

그림 8-22 실드의 윗면에 배치된 LED, 저항, 그리고 다이오드의 모습

이 그림을 비롯하여 앞으로 보게 될 몇몇 그림들은 현 단계의 부품 배치와 배선을 보다 잘 보여줄 수 있도록, 이전 단계의 그림에 묘사했던 부분은 생략했다.

그림 8-23은 기판의 아랫면을 보여준다. 앞에서와 마찬가지로 부품의 금속심을 활용하여 배선을 처리했다. 앞서 터미널 블록에 연결되는 전선들을 기록해 둔 덕분에 기판을 뒤집었을 때도 어떤 터미널이 어떤 장치와 연결되어야 하는지 알 수 있을 것이다.

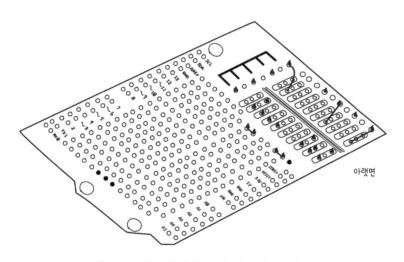

그림 8-23 LED의 금속심을 터미널 블록의 핀에 연결하여 납땜한 모습

IOREF 핀 근처의 검은색 구멍을 보자. 이 구멍은 그라운드와 연결되어 있는데, 특별히 그라운드에 연결할 필요가 없는 한 사용하지 않도록 한다.

이 장은 사실 굉장히 복잡하다. 따라서 이 책에서 설명하는 내용을 주의 깊게 읽어보고, 어떤 부품을 왜 그렇게 연결해야 하는지 이해한 후에 납땜하도록 한다.

이제 부품들을 실드에 장착하는 과정은 마쳤으니 나머지 배선을 처리하도록 한다. 22AWG(직경 0.644mm) 규격의 단심 전선을 사용하여 납땜을 이어가도록 한다. 보다 얇은 전선을 사용해도 되지만 작업하는 데 조금 불편할 수도 있다. 어느 규격이든 편한 것을 사용하도록 한다.

> 가급적 전선의 피복 색깔은 일관성 있게 사용하도록 한다. 5V에 연결하는 전선은 항상 빨간색을 사용하고 그라운드에 연결하는 전선은 항상 검은색을 사용하자. 다른 용도의 전선은 자신만의 규칙을 정해도 상관없지만 빨간색과 검은색은 전원 연결에만 사용하도록 한다. 가령, 급수 밸브의 전원 공급 장치의 양극은 오렌지색을 사용하고 급수 밸브 전원 장치의 음극은 녹색을 사용해도 된다. 서로 만나거나 이어지는 전선의 색은 항상 같은 색깔이 되도록 하고 그렇지 않은 전선은 서로 다른 색이 되도록 한다.

일반적인 원칙은 다음과 같다. 전선은 기판의 윗면에 배치하고 전선의 끝단은 연결될 핀의 바로 옆에 있는 구멍에 넣는다. 기판을 통과하여 밑면으로 나온 전선은 연결할 핀을 향해 구부려서 납땜한다. 이는 앞서 부품의 금속심을 다른 금속심과 연결할 때 했던 요령과 같다.

아두이노의 모든 핀들은 각자 저마다의 구멍이 정해져 있으므로 적절한 핀에 전선을 납땜하도록 한다.

때로는 연결할 핀에 닿을 만한 자리를 기판의 윗면에서는 도무지 확보하기 어려운 경우도 있다. 이런 상황에서는 기판의 아랫면에 전선을 배치해도 괜찮다. 다만 전선은 기판이 바짝 닿아 있을 수 있도록 마무리 하도록 한다.

먼저 MOSFET 및 관련 회로를 전선으로 납땜해 보자. 앞서 금속심으로 연결할 수 있는 모든 부분은 이미 다 납땜을 해두었다. 남은 작업은 모든 릴레이의 1번 핀을 5V에 연결하는 것이다. 그림 8-24와 같이 5V 핀에 빨간색 전선을 연결하도록 한다(GND 연결은 가장 마지막에 할 것이다).

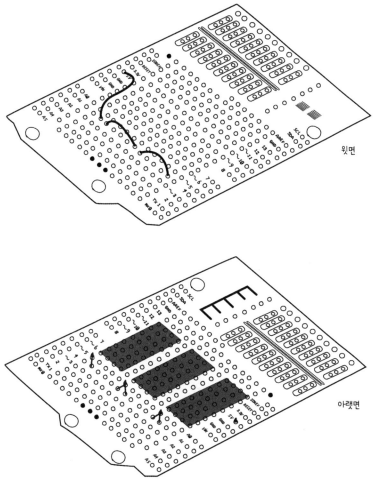

그림 8-24 릴레이 회로에 5V 전원 핀 연결하기

이제 터미널 블록의 모든 양극 핀을 연결한다. 이 연결 작업은 그림 8-25와 같이 기판의 아랫면에서 진행하도록 한다. 금속심이나 땜납 부분이 5V 또는 GND 버스에 닿지 않도록 각별히 주의하도록 한다!

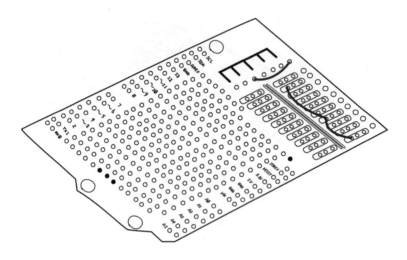

그림 8-25 터미널 블록의 모든 양극 핀을 연결한 모습

LED, 저항, 다이오드 가닥은 터미널 블록의 음극에 연결한다. 중간 구멍은 다음 단계에서 릴레이에 연결할 것이므로 비워둔다. 그림 8-26과 같이 이번 단계에서는 기판의 윗면에 전선 두 가닥을 사용했고, 아랫면에는 한 가닥을 사용했다.

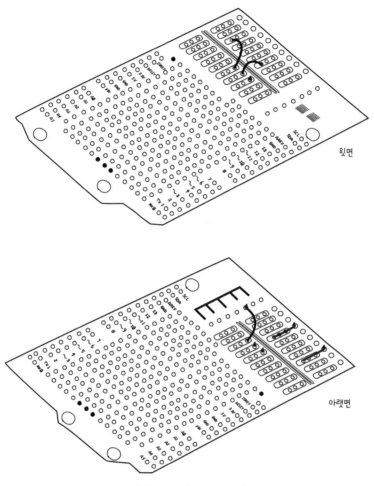

윗면

아랫면

그림 8-26 터미널 블록의 음극 핀을 연결한 그림

이제 그림 8-27과 같이 각 릴레이의 8번 핀을 적절한 터미널 블록의 음극 핀에 연결한다.

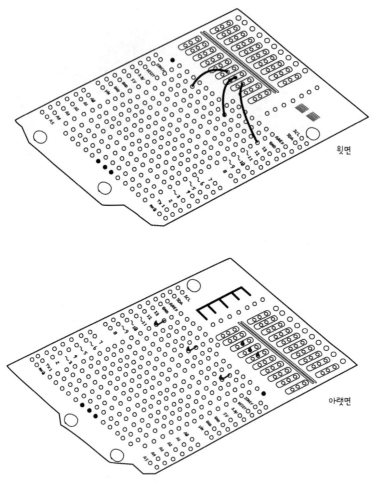

윗면

아랫면

그림 8-27 각 릴레이의 8번 핀을 적절한 터미널 블록의 음극 핀에 연결한 모습

모든 릴레이의 4번 핀은 급수 밸브 전원 장치의 음극 전선을 꽂는 터미 널 블록 핀과 연결된다. 이 작업은 그림 8-28과 같이 기판의 윗면에 전 선 두 가닥을 연결하고 아랫면에는 한 가닥을 연결하여 진행한다.

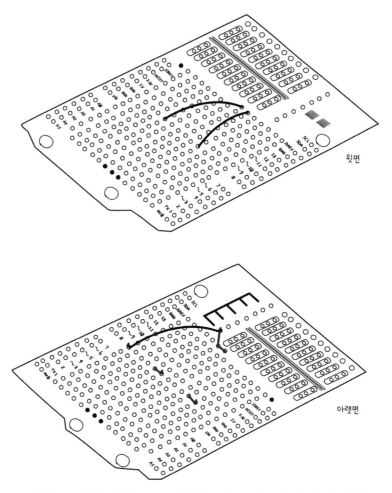

윗면

아랫면

그림 8-28 모든 릴레이의 4번 핀은 급수 밸브 전원 장치의 음극 전선을 꽂는 터미널 블록의 핀에 납땜한다

다음에는 그림 8-29와 같이 아두이노의 디지털 핀들을 MOSFET의 게이트에 연결한다. 아두이노에 꽂는 핀들과 그 옆에 있는 핀들은 서로 연결되어 있다. 따라서 전선은 아두이노에 꽂는 핀이 아니라 그 옆에 있는 핀들에 연결해야 한다.

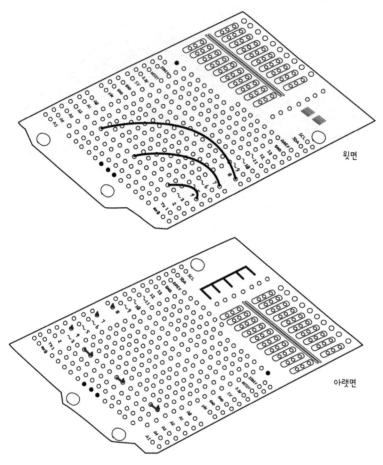

윗면

아랫면

그림 8-29 아두이노 핀들과 MOSFET의 게이트 핀들을 서로 연결하기

마지막으로 암놈 핀 헤더 두 개를 추가한다. 하나는 RTC용이고 다른 하나는 DHT11용이다. 핀 헤더들은 각각 적절한 아두이노 핀들과 연결한다. 그림 8-30과 같이 DHT11에는 10K옴 저항을 연결해야 한다는 점도 잊지 말자. 이번 단계에서는 앞에서 만들어 두었던 그라운드 버스와 아두이노의 GND 핀도 연결하도록 한다.

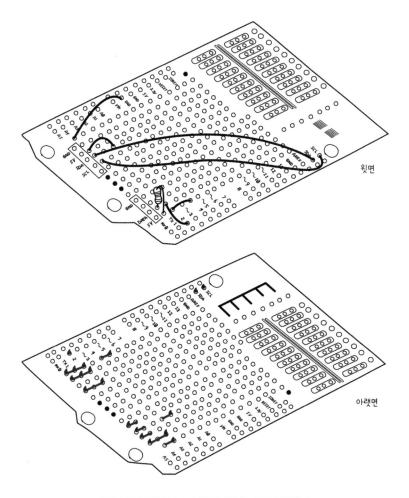

윗면

아랫면

그림 8-30 RTC와 DHT11 용 헤더를 아두이노 핀들과 연결한다

나중에 RTC와 DHT11을 연결할 때 실수하지 않도록 암놈 헤더 핀들의 속성을 잘 기록해 둔다. 가느다란 유성 사인펜을 사용하면 메모하기 편하다.

마지막 단계는 실드에 수놈 또는 적층 헤더를 납땜해서 아두이노에 꽂을 수 있도록 만드는 것이다. 이 작업을 맨 마지막 단계에 진행하는 이유는 헤더가 실드의 아랫면 작업을 하는 데 방해가 될 수 있기 때문이다. 모든 핀에 헤더를 납땜할 필요는 없지만, 기계적인 내구력을 강화하고 혹시 모를 향후의 확장성에 대비하기 위해 모든 핀에 헤더를 납땜하도록 한다.

수놈 헤더는 금속심이 아래쪽을 향하도록 실드에 납땜해야 한다. 즉, 그림 8-34와 같이 아두이노를 향하도록 해야 한다. 실드의 수놈 헤더는 직각으로 바로 설 수 있도록 잘 납땜하여 아두이노의 암놈 헤더에 원활하게 꽂을 수 있도록 한다.

납땜을 모두 마쳤다면 이제 시험을 해 볼 차례이다.

조립한 프로토 실드 시험하기

먼저 밸브나 밸브 전원 장치를 연결하지 않은 상태에서 시험을 시작한다. 실드를 아두이노에 꽂는다. 실드의 수놈 헤더를 아두이노의 해당 핀에 제대로 꽂을 수 있도록 주의한다. 또한 실드의 아랫면에서 뻗어나온 전선이나 금속심이 아두이노 기판에 닿지는 않는지 실드와 아두이노 기판 사이의 공간도 잘 살펴본다. 만약 무엇인가 닿는 부분이 있다면 절연 테이프를 사용하여 접촉하는 부분이 생기지 않도록 마무리 한다.

실드가 장착된 아두이노를 컴퓨터의 USB 포트에 연결하고 아두이노의 전원 LED가 켜지는지 확인한다. 만약 전원 LED가 켜지지 않는다면 회로 어딘가에서 합선이 발생했다는 의미이고, 컴퓨터가 스스로를 보호하기 위해 USB 포트의 전원을 차단했기 때문일 수 있다. 그럴 경우 USB 케이블을 뽑고 합선된 곳을 찾아 해결한 다음 다시 컴퓨터와 연결한다.

별다른 문제가 없다면 릴레이를 소켓에 꽂고 시험한다. 릴레이에는 극성이 있으며 릴레이에 표시된 선은 8번 핀과 9번 핀의 위치를 알려준다. 아두이노에 Blink 예제를 업로드하고 릴레이가 정상적으로 작동하는지 확인한다. 첫 번째 릴레이의 확인을 마쳤다면 스케치를 수정해서 다음 릴레이를 시험하고 모든 릴레이가 정상적으로 작동하는지 확인한다.

다음으로는 급수 밸브와 밸브의 전원 장치, 그리고 LED 표시등을 확인하도록 한다. 먼저 밸브부터 확인한다.

급수 밸브 전원 장치를 적절한 전원 터미널 블록에 연결한다. 만약 급수 밸브가 직류 시스템이라면 극성에 특히 유의하도록 한다.

다시 Blink 예제를 업로드하고 각 릴레이를 작동시킨다. 이번에는 해당 LED도 같이 작동해야 한다.

이제 밸브를 연결하고 마찬가지로 Blink 예제를 활용하여 작동 상태를 확인한다.

이어서 RTC와 DHT11을 확인한다. RTC의 핀 순서와 실드의 암놈 헤더 핀 순서에 유의하며 RTC를 실드에 연결한다. RTC 예제를 사용하여 작동 상태를 확인한다.

DHT11 센서는 시험하기 전에 먼저 실외까지 연장할 수 있는 긴 전선을 연결해 둔다. 전선의 색깔은 실드에서 사용한 전선 색깔과 맞춰서 일관성을 유지한다. 길이를 연장하는 전선은 일반적인 연선 전기줄을 사용하도록 한다. 연선 전기줄이 브레드보드용 전선보다 훨씬 유연하기 때문이다(그림 8-31). 보다 마무리를 깔끔하게 하고 싶다면 납땜하기 전에 열수축 튜브 여섯 조각(전선 하나당 두 개씩)을 잘라 전선에 끼워 둔다. 그 다음 전선과 핀 헤더 그리고 센서를 납땜하고 미리 전선에 끼워 두었던 열수축 튜브 조각들을 납땜한 부위로 옮겨서 살짝 열을 가해 수축시킨다. 필자의 경우 투명한 열수축 튜브를 선호하는 편이다. 납땜 부위가 떨어졌을 경우 시각적으로 확인할 수도 있고 또한 투명한 튜브가 보다 "오픈" 정신에 충실하다는 기분이 들기 때문이다.

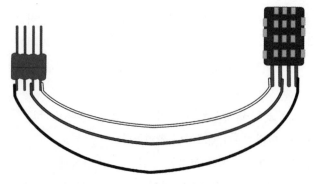

그림 8-31 DHT11 센서에 긴 연선 전기줄과 수놈 헤더 추가하기

단심 전선은 움직일 여지가 없는 곳에 사용하는 것이 좋다. 가령, 하나의 기판에 전선의 양 끝을 납땜하는 경우가 여기에 해당된다.

일반 전선은 움직이는 사물들을 서로 연결할 때 사용하는 것이 좋다. 가령, 하나의 보드와 다른 보드 사이 또는 보드와 커넥터 사이 등을 연결할 때 사용하는 것이 좋다. 움직임이 많은 부품들을 단심 전선으로 연결하면 종종 금속심이 부러지거나 기판에 납땜한 부분이 떨어지기도 한다.

DHT11에 연결된 수놈 헤더를 실드의 해당 암놈 헤더에 꽂는다. 앞에서와 마찬가지로 핀의 순서가 서로 일치하도록 유의해야 한다. 연결을 마쳤으면 DHT 시험 예제를 사용해서 작동 상태를 확인한다.

완성한 회로를 상자에 고정하기

이제 완성한 회로를 상자 안에 고정하는 방안을 고려해 봐야 한다. 상자는 회로에 손이 잘 닿을 수 있도록 너무 깊지 않은 것이 좋고 또한 회로 주변에 약간의 여분 공간이 생길 정도로 넓은 것이 좋다. 아두이노에는 실드가 장착되어 있고 어쩌면 RTC를 수직으로 연결했을 수도 있으니 상자의 높이에 반영하도록 해야 한다. 아두이노는 PCB 지지대라고 하는 받침 위에 장착하도록 한다. 그림 8-32와 같이 아두이노를 나사못으로 지지대에 고정하고 지지대는 상자의 아랫면을 통과해 나온 나사못으로 고정한다.

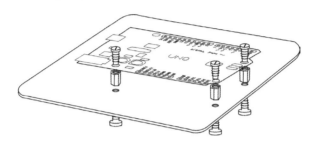

그림 8-32 PCB 지지대를 이용하여 아두이노를 상자 안에 고정하는 모습

상자는 필요하다고 생각하는 것보다 조금 더 큰 것을 준비하도록 한다. 전원 공급 장치와 커넥터는 물론이고 전선도 어느 정도 공간을 차지하기 마련이다. 나중에 보드에 손을 대거나 무엇인가 탈착할 것을 고려하여 가급적이면 전선이 보드 위로 지나가지 않도록 처리한다. 필자는 전선을 정리할 때 그림 8-33에 보이는 것과 같이 양면 테이프로 고정할 수 있는 케이블 타이 마운트를 자주 사용한다.

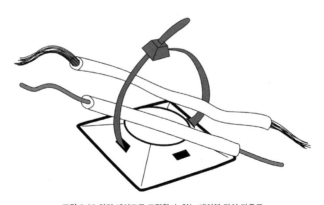

그림 8-33 양면 테이프로 고정할 수 있는 케이블 타이 마운트

이 프로젝트와 같이 전원 공급 장치를 두 개 이상 사용해야 하는 프로 젝트에서는 작은 멀티탭을 상자 안에 장착하는 것도 좋은 방법이다. 강력한 양면 접착 테이프를 사용하면 멀티탭을 고정시킬 수 있다. 일 반적인 2구 멀티탭을 사용하면 무난하게 아두이노와 급수 밸브에 전 원을 공급할 수 있을 것이다.

이제 구매 물품 목록을 다시 수정할 때가 됐다. 새로운 부품 목록을 버전 0.6이라고 하자.

- 상자
- PCB 지지대
- 나사못 그리고/또는 너트
- 케이블 타이
- 접착식 케이블 타이 마운트[29]
- 강력 양면 테이프(가령, 디지-키[30]의 부품 번호 3M9828-ND)
- 멀티탭

필자는 전원 공급 장치를 아두이노에서 가급적 멀리 두는 것을 선호한 다. 아두이노는 상자의 바닥 가까이 둬야 상자의 아랫면에서 밸브와 DHT11의 전선을 끌어와서 연결하기 편하지만 그렇다고 너무 바닥 가 까이 두는 것도 좋지 않다. 전선을 터미널 블록에 연결하거나 다른 아 두이노 작업을 할 때 손과 드라이버를 넣을 수 있는 정도의 공간도 남 겨 두어야 한다.

USB 케이블은 어느 방향으로 뽑아도 큰 문제가 되지 않는다.

전선은 항상 서로 꼬이지 않고 가지런히 정돈한다. 이렇게 관리를 하

---

29 http://www.jameco.com/1/1/28367-hc-101-r-tie-mount-cable-nylon-7-8-inch-square-adhesive-4-way.html
30 http://www.digikey.com

면 나중에 프로젝트 작업이 훨씬 수월해진다.

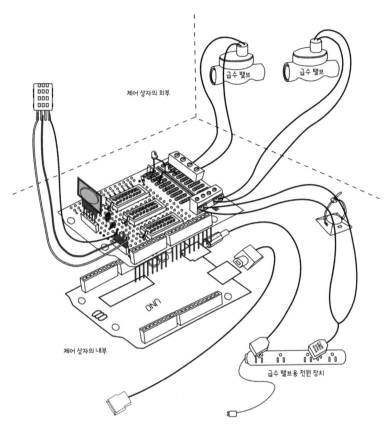

급수 밸브

급수 밸브

제어 상자의 외부

UNO

제어 상자의 내부

급수 밸브용 전원 장치

그림 8-34 자동 정원 급수 시스템이 완성된 모습

이 그림은 배선 관계를 보다 잘 보여줄 수 있도록 프로토 실드 위의 많은 부품들이 생략되어 있다. 케이블 타이는 하나만 보이지만 전선을 보다 잘 정리하기 위해서는 필요한 만큼 충분히 케이블 타이를 사용하도록 한다. 전선을 상자 밖으로 빼내기 전에 케이블 타이로 정리하도록 한다. 케이블 타이는 전선이 외부에서 당겨졌을 때 힘을 완화하는 장치 역할도 하므로, 케이블 타이 마운트가 충격을 흡수하여 정교한 회로가 망가지는 사고를 방지할 수 있다.

앞에서와 같이 만약 DC 시스템을 구성했다면 급수 밸브 전원 장치의 극성에 주의한다.

완성된 정원 자동화 - 관개 시스템 시험하기

> ✏️ 프로젝트를 시험할 때는 시스템이 허용하는 한 개별적인 모듈 단위로 시험을 진행한다.

먼저 전원 공급 장치 두 개를 연결하지 않고 아두이노와 프로토 실드를 시험한다. 즉, 컴퓨터의 USB 케이블을 통해 아두이노에 전원을 공급하는 상태로 시험을 진행한다. 앞에서와 마찬가지로 Blink 예제로 각 디지털 출력을 확인한다. LED는 급수 밸브 전원 장치를 연결하지 않았기 때문에 켜지지 않을 것이다. 하지만 릴레이가 딸각거리는 소리는 들을 수 있을 것이다. DHTtester를 사용해서 DHT11 센서를 시험하고, ds1307 예제를 사용해서 RTC를 시험한다.

지금의 시험 단계는 프로토 실드를 조립한 직후에 수행한 시험을 반복하고 있는 것처럼 보일 수 있다. 하지만 여기에는 이유가 있다. 마지막 시험 이후에 추가로 작업한 부분이 이전에 확인했던 상태에 모종의 영향을 주지 않았다고 확인한 이후 다음 단계로 진행하는 것이 안전하기 때문이다.

이제 아두이노 전원 공급 장치를 연결하고 아두이노를 컴퓨터에서 분리해서 아두이노가 컴퓨터 없이 외부 전원으로 작동하는지 확인한다. 릴레이 하나는 딸각거리는 상태(Blink 예제가 업로드된 상태)로 둬서 아두이노가 컴퓨터 없이도 스케치를 정상적으로 실행할 수 있는지 본다.

마지막으로, 급수 밸브 전원 장치도 연결하고 진짜 프로그램도 아두이노에 업로드한다. 그리고 앞에서와 마찬가지로 각각 다른 작동 시간을 설정한 후 지정한 시간에 밸브가 작동하는지 확인한다. 해당 시간에 각 LED가 켜지고 꺼지는지 확인하고 급수 밸브가 작동하며 물이 흐르는지도 확인한다.

이제 정원에서 느긋한 여유를 즐기며 응당 누려야 할 휴식을 취하도록 하자. 지금까지 매우 많은 일들을 성취했으니 그럴 만한 자격은 충분히 있다!

축하한다! 이 프로젝트는 상당히 복잡했다! 프로젝트 사진도 맘껏 찍고 SNS에도 맘껏 자랑해보자. 그리고 잊지 말고 아두이노 블로그[31]에도 자신의 프로젝트를 제출해 보자.

더 해보면 좋을 작업들

이 프로젝트는 다양한 부품들을 많이 사용하는, 매우 복잡한 프로젝트였다. 프로젝트를 더욱 발전시킬 수 있는 여지는 얼마든지 있다. 다음은 프로젝트의 발전 방향에 대한 몇 가지 제안이다.

- 하루 사이 여러 번 지정된 시간에 밸브가 열렸다가 닫힐 수 있도록 프로그램을 수정한다.
- 밸브를 ON 및 OFF 하는 시간을 설정하지 않았을 경우 이를 알려주는 LED를 추가한다. 아두이노를 리셋하면 이 LED가 켜지게 하고

---

[31] https://create.arduino.cc/projecthub/Arduino_Genuino/how-to-submit-content-on-arduino-project-hub-cf2177

ON, OFF 시간을 설정하면 LED가 꺼지게 한다. 이 LED 표시등이 있으면 예기치 않게 아두이노가 꺼졌다 켜졌을 때 시간을 설정해야 한다는 점을 상기할 수 있다.

- 현재 시간과 설정 내용이 표시되는 작은 LCD 장치를 추가한다.
- 약간 고급 연습: 이번 프로젝트에 사용한 RTC 모듈에는 전원이 끊어지더라도 기억이 유지될 수 있도록 작은 메모리 칩이 달려있다. 이 메모리 칩을 활용하는 방안을 연구해 보자. 그래서 밸브의 ON, OFF 설정을 메모리에 저장하여 아두이노가 리셋되더라도 여전히 설정이 유지될 수 있도록 해보자.

정원 자동화 프로젝트에 필요한 물품 목록

독자의 편의를 위해 최종적인 물품 목록을 정리했다.

- 실시간 시계(RTC)×1
- DHT11 온습도 센서×1
- 아두이노 프로토 실드×1
- 전기 급수 밸브×3
- 급수 밸브용 전원 공급 장치 또는 변압기×1
- 급수 밸브 제어용 릴레이×3
- 릴레이 소켓×3
- 밸브 작동 상태 확인용 LED×3
- LED(밸브 작동 상태 확인)용 1K 저항×3
- 아두이노용 전원 공급 장치×1
- 릴레이 제어용 MOSFET(2N7000)×3 (10개씩 판매)
- 10K 저항×4 (10개씩 판매)

- 다이오드(1N4148 또는 호환 제품)×6 (25개씩 판매)
- 릴레이(DS2E-S-DC5V. 디지-키 사의 부품 번호 55-1062-ND) ×3
- 나사 유형의 터미널 블록(예: 자메코 사의 부품 번호 1299761) ×4
- 2.54mm 암놈 헤더, 1열 20핀 5개 묶음
- 2.54mm 수놈 헤더(헤더 소켓), 1열 36핀 10개 묶음
- 상자. 직접 만들어서 사용하거나 플라스틱 수납 상자(예: 스테러라이트의 제품들) 또는 금속 상자(오도메이션 4 레스에서 구입할 수 있다)를 사용하면 된다
- PCB 지지대
- PCB 지지대를 상자에 고정할 나사
- 아두이노를 PCB 지지대에 고정할 나사
- 케이블 타이
- 접착식 케이블 타이 마운트
- 강력 양면 접착 테이프(디지-키 사의 부품 번호 3M9828-ND)
- 멀티탭 또는 전원 연장선 (최소 2구 이상)

> 정원 자동화 프로젝트에 필요한 물품을 구입할 수 있는 사이트는 다음 링크에서 확인할 수 있다.
>
> · http://goo.gl/GvH28V
>
>

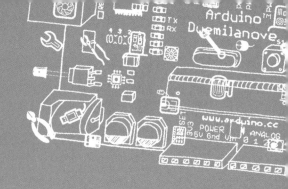

9
문제 해결하기

아두이노로 작업을 하다 보면 의도한 대로 작동하지 않아서 문제의 원인을 찾아 해결해야만 할 때가 있다. 문제 해결하기(troubleshooting)와 디버깅(debugging)은 매우 오랜 역사를 가진 기술로 몇 가지 주요 원칙이 있기는 하지만, 대부분의 경우 세심한 주의를 기울이거나 개별적이고 특수한 사항들을 신중하게 고찰하는 방식으로 좋은 결과를 얻을 수 있다.

꼭 기억해야 할 점은 절망하지 말고 문제가 해결될 때까지 도전하는 것이다! 대다수의 메이커들은 아마추어이든 전문가이든 대부분의 시간을 자신이 범한 실수를 바로 잡는 데 쓴다. (이는 사실이다. 문제의 원인을 찾아내고 해결하는 능력은 시간이 흐르면 분명 향상되지만 보다 복잡한 문제를 일으키는 일들도 늘어나기 마련이다.)

전자 부품과 아두이노는 다루면 다룰수록 더욱 더 많이 배우게 되고 경험도 쌓이게 된다. 그리고 그만큼 작업하는 과정은 덜 수고로울 것이다. 작업 중 봉착하게 되는 문제들 때문에 낙심할 필요는 없다. 처음에는 어려워 보이는 문제들도 실상은 그렇지 않은 경우가 많다. 더 많이 실수하고, 실수를 바로잡는 연습을 더 할수록 실수는 줄어들고 더 쉽게 실수를 바로잡을 수 있는 날도 빨리 온다.

모든 아두이노 프로젝트는 하드웨어와 소프트웨어를 둘 다 사용하므로 문제가 발생했을 때는 한 곳 이상을 살펴봐야 하는 경우가 많다. 버그를 찾을 때는 세 가지 원칙을 기억해야 한다. 그것은 바로 이해하기, 단순화와 분할하기, 그리고 배제와 확신이다.

이해하기

사용하려는 부품이 어떻게 작동하는지, 프로젝트에서 최종적으로 어떤 역할을 담당해야 하는지 최대한 이해하도록 노력해야 한다. 부품들의 작동 방식과 역할을 충분히 이해하고 나면 어떤 부분의 무엇을 실험해야 문제를 해결할 수 있는지 알게 될 것이다. 그리고 프로젝트의 회로도를 그리지 않았다면 손수 그려보아야 한다. 회로도를 직접 그려보면 프로젝트를 훨씬 상세하게 이해할 수 있게 되며 누군가에게 도움을 청할 때도 도움이 된다. 회로도에 대해서는 부록 D를 참고하기 바란다.

단순화와 분할하기

고대 로마인들은 "분할통치(divide et impera)"라는 지침을 가슴 깊이 새기곤 했다. 디버깅도 마찬가지다. 프로젝트를 구성하는 각 요소에 대한 이해를 토대로 프로젝트를 최소한의 단위까지 (머릿속으로) 세분화하여, 각 구성품이 담당하는 기능이 어디서부터 어디까지인지, 문제의 소재가 어디에 있는지 명확하게 찾아내도록 한다.

배제와 확신

문제를 찾아낼 때는 각 구성 요소를 따로따로 시험해서 적어도 개별 부품 자체는 제대로 잘 작동한다고 확신할 수 있어야 한다. 이러한 과정을 통해 프로젝트에서 정상적으로 작동하는 부분과 의심스러운 부분을 하나씩 구분해 나가다 보면 결정적인 단서를 발견할 수 있다.

디버깅(벌레 잡기)이란 이러한 문제 해결 과정을 지칭하던 소프트웨어 분야의 용어다. 일설에 의하면 이 용어는 1940년대에 그레이스 호퍼(Grace Hopper)가 처음 사용했다고 한다. 당시의 컴퓨터는 대부분 전기 기계적인 구조를 갖고 있었는데, 컴퓨터 한 대가 작동을 멈춰서 확인해 보니 실제로 곤충이 장치들 사이에 끼어 있었다고 한다.

그러나 요즘의 버그는 대부분 이렇게 물리적인 것이 아니다. 대체로 가상적이고 비가시적인 버그가 대부분이다. 덕분에 길고도 지루한 과정을 거쳐 버그를 찾아야 하는 일이 다반사가 되었다. 눈에 보이지 않는 버그가 스스로 모습을 드러낼 수 있는 방안을 모색해야 한다.

디버깅은 탐정 놀이와 비슷한 점이 있다. 사용자는 해결을 요하는 문제에 봉착하게 된다. 이 문제를 해결하기 위해서는 몇 가지 실험을 통해 어떤 결과를 이끌어 내야 하고, 이 결과를 통해 문제를 유발하는 원인을 유추해야 한다. 사실 알고 보면 매우 기본적이고 간단한 활동이다.

아두이노 보드 검사하기

복잡한 실험을 진행하기 전에 먼저 간단한 사항들부터 확인하는 게 현명하다. 특히, 짧은 시간 내에 확인할 수 있을 정도로 간단한 사항들이라면 더욱 우선적으로 확인하는 것이 좋다. 가장 먼저 확인해야 할 것은 바로 아두이노 보드가 정상적으로 작동하는지의 여부이다. 이 작업에는 가장 기초적인 Blink 예제가 제격이다. Blink 예제는 익숙할 뿐만 아니라 아두이노 보드에 장착된 LED 덕분에 추가적인 회로를 구성하지 않아도 되기 때문이다.

아두이노에 다른 장치를 연결하기 전에 Blink 예제를 이용하여 보드의 상태를 확인한다. 이미 다른 장치와 연결된 전선이 있다면 잠시 선을 분리하도록 한다. 물론, 실험을 마친 후에 착오 없이 선을 다시 연결할 수 있도록 선의 위치를 잘 기록해 둔다.

아두이노 IDE를 실행하고 기본적인 Blink 예제를 열어서 보드에 업로드한다. 보드에 장착된 LED는 일정한 주기로 깜박여야 한다.

만약 깜박이지 않는다면 어떻게 해야 할까?

아두이노가 고장났다고 속단하기 전에 몇 가지 사항을 확인해 보자. 마치 항공기 조종사들이 운항을 시작하기 전에 점검표의 항목들을 하나하나 확인하며 이상 유무를 확인하듯이 아두이노 역시 꼼꼼히 확인할 필요가 있다.

- 아두이노가 컴퓨터와 USB 케이블로 연결되어 있거나 전원 어댑터에 연결되어 있는가? 만약 보드에서 PWR이라고 표시된 LED가 녹색으로 켜져 있다면 아두이노에 전원이 공급되고 있는 상태다. 만약 전원 LED가 흐릿하거나 어둡다면 전원에 문제가 있다고 봐야 한다.
컴퓨터와 연결되어 있다면 컴퓨터를 켰는지 확인한다(말도 안 되는 소리처럼 들릴 수도 있지만, 종종 발생하는 일이다). 그리고 USB 케이블을 바꿔 보고, 컴퓨터의 USB 포트와 아두이노의 USB 단자가 파손되지는 않았는지 확인한다. 또 컴퓨터의 다른 USB 포트에 연결해 보거나 아예 다른 컴퓨터에 연결해 보고, 작업대 위에 많은 USB

케이블이 엉켜 있다면 컴퓨터에 연결한 케이블이 아두이노에 연결된 바로 그 USB 케이블인지 확인한다(이런 사례도 정말 있었다).

전원 어댑터를 사용하고 있다면 어댑터를 제대로 플러그에 꽂았는지 확인한다. 또한 어댑터를 꽂은 멀티탭이나 전원 연장선도 플러그에 잘 연결했는지 확인한다. 개별 스위치가 달려 있는 멀티탭을 사용하고 있다면 스위치를 켰는지도 확인한다.(아두이노 초기 모델을 사용하고 있다면 전원 선택 점퍼를 제대로 끼웠는지 확인한다. 최신 아두이노는 점퍼 없이 자동으로 처리 된다.)

• 최신 아두이노를 사용하고 있다면 개봉 후 전원만 연결했는데도 L이라고 표시된 LED가 깜박일 수 있다. 이는 공장에서 보드의 품질을 검사하기 위해 업로드한 시험용 프로그램 때문일 가능성이 크며, 정상적인 상태다. 개봉 후 전원을 연결했는데 LED가 깜빡이지 않는 경우도 있다. 이는 다른 시험용 프로그램으로 품질 검사를 했다는 의미이며 역시 정상적이다.

• 스케치가 성공적으로 업로드되는지 확인한다.

만약 업로드가 되지 않는다면 먼저 확인 버튼을 눌러 프로그램에 에러가 없는지 확인한다.

그리고 툴 메뉴를 열고 제대로 된 보드를 선택했는지 확인한다. 작업을 하다 보면 아두이노 보드가 여러 종류로 늘어나기 마련이다. 그러므로 스케치를 업로드할 때는 연결된 보드가 IDE에서 선택한 보드와 일치하는지 확인하는 습관을 키우는 것이 좋다.

툴 메뉴의 포트도 제대로 선택했는지 확인하도록 한다. 어느 순간 아두이노를 뽑았다 다시 연결했다면 포트 번호가 바뀌었을 수도 있다. 때로는 아두이노를 의도적으로 뽑았다가 다시 연결해야 할 필요도 있다. 그런 경우에는 시리얼 포트 선택 메뉴를 닫았다가(다른 메뉴를 클릭하면 된다) 다시 "툴→포트" 메뉴로 돌아가 제대로 된 포트를 선택하도록 한다.

다시 업로드를 시도한다. 드문 경우이기는 하지만 명확한 이유 없이 업로드가 안 되다가 별다른 조치 없이 다시 시도했을 때 정상적으로 업로드되는 경우도 있다.

품질이 낮은 USB 케이블을 사용하면 아두이노 우노를 인식하지 못하는 경우도 있다. 만약 아두이노가 연결된 포트가 포트 목록에 나타나지 않으면 보다 신뢰할 만한 업체에서 제작한 USB 케이블을 사용해 본다.

기본 Blink 예제를 업로드할 수 있고 LED도 깜박인다면 아두이노가 기본적인 작동 상태를 유지하고 있다고 보아도 무방하므로 다음 단계의 검사를 진행하도록 한다.

브레드보드 회로 검사하기

이번에는 프로젝트 회로에 쇼트(합선)된 곳은 없는지 검사해 보도록 한다. 아두이노의 5V 및 GND 핀을 브레드보드의 양극 및 음극 레일에 각각 점퍼선으로 연결한다. (현재는 "분할통치"의 원칙에 따라 프로젝트의 모든 전선이 아니라 두 가닥의 전선만 브레드보드에 연결해서 시험하고 있다.) 만약 아두이노 보드의 녹색 PWR LED가 꺼진다면 이는 회로 어디엔가 큰 문제가 있어서 "쇼트 회로"가 발생했다는 뜻이므로, 즉시 아두이노와 브레드보드를 연결하는 전원 점퍼선을 분리하도록 한다. 회로에 쇼트된 부분이 발생하면 보드에 과도한 전류가 흐르게 되어 아두이노 및 전자 부품들이 망가질 수도 있다. 한편 일부 컴퓨터는 USB 포트를 보호하기 위해 포트의 전원을 차단하기도 한다.

> ✎ 회로의 쇼트된 부분 때문에 컴퓨터가 망가질까봐 걱정스러울 수도 있다. 대부
> 분의 컴퓨터는 USB 장치에 공급하는 전류를 제한하도록 설계되어 있다. 만약
> 컴퓨터에 연결된 장치가 과도한 전류를 요하는 상황이 발생하면 컴퓨터는 즉
> 시 장치가 연결된 USB 포트의 전원을 차단한다. 또한 아두이노 보드에는 폴리
> 퓨즈라고 하는 소자가 장착되어 있다. 이 소자는 과도한 전류로부터 회로를 보
> 호하는 역할을 하며, 문제가 해결되면 다시 정상적으로 전류가 흐르도록 한다.
> 　그래도 컴퓨터의 안전이 걱정된다면 아두이노를 유전원 USB 허브에 연결해
> 서 사용하도록 한다. 이렇게 대비를 하면 심각한 문제가 발생하더라도 컴퓨터
> 대신 USB 허브가 손상을 감수하게 된다.

회로에 쇼트가 발생했다면 문제를 해결하기 위해 "단순화와 분할하기"
과정부터 시작해야 한다. 프로젝트에 포함된 모든 센서와 작동기를 차
례차례 살펴보면서 한 번에 하나씩만 작동시키며 쇼트를 일으키는 부
분 또는 배선이 어디에 있는지 찾아내야 한다.

　언제나 가장 먼저 확인해야 할 곳은 전원을 공급하는 (5V와 GND와
연결되는) 부분이다. 회로상의 각 부품들에게 전원이 제대로 공급되고
있는지 확인하도록 한다. 대부분의 경우에는 점퍼선을 잘못된 곳에 연
결해서 쇼트가 발생하곤 한다. 또 다른 빈번한 상황은 부품을 잘못 사
용한 경우이다. 가령, 저항 값이 너무 낮은 저항을 실수로 사용했거나
스위치나 트랜지스터의 사용법을 착각하여 5V와 GND가 직접 연결되
도록 했을 수도 있다. 드물기는 하지만 사용하지 않는 전선 조각이나
나사가 5V와 GND 단자에 닿았을 수도 있다.

단계에 맞게 차근차근 작업을 진행하고 각 단계마다 하나씩만 변경한 뒤 변화를 확인하는 일은 문제를 해결하는 데 있어서 가장 최우선으로 삼아야 할 원칙이다. 나는 이 규칙을 나의 교수님이자 첫 고용주였던 마우리치오 피롤라(Maurizio Pirola) 덕분에 머릿속에 각인시킬 수 있었다. 매번 쉽지 않은 문제들을 디버깅을 하고 있노라면(이러한 상황은 정말 자주 일어난다) "한 번에 하나씩만... 한 번에 하나씩만"이라고 말하는 그의 얼굴이 떠오르곤 한다. 그리고 그렇게 하면 정말 문제가 해결되곤 한다. 이는 매우 중요하며 명심해야 할 원칙이다. 이 원칙을 지키며 작업을 해야 왜 문제가 해결되는지 알 수 있기 때문이다. (하나씩 변경하고 실행하는 과정을 소홀히 하면 문제가 해결되더라도 왜 해결할 수 있었는지 배울 수 없다.)

— 마시모

사용자는 하나하나의 디버깅 과정을 통해 머리 속에 "문제 및 해결 방법에 대한 지식 토대(knowledge base)"를 구축할 수 있게 된다. 그리고 언젠가는 자신도 모르는 사이에 전문가가 되어 있기 마련이다. 그러한 단계에 올라서면, 초보자들이 "잘 작동하지 않아요!"라며 도움을 청할 때, 척 보고 단번에 해결책을 제시할 수 있을 것이다.

문제를 분리하기

또 다른 중요한 원칙은 문제를 재현하는 방법을 찾는 것이다. 만약 회로가 무작위로 이상하게 작동한다면 우선 이러한 현상을 일으키는 원인을 최선을 다해 찾아야 할 것이다. 가령, 다음과 같이 검토해 볼 수 있을 것이다. 스위치를 눌렀을 때 이상 증상이 발생하는가? 아니면 LED가 켜질 때 일어나는가? 아니면 점퍼선을 만질 때 생기는가? (다수의 문제들은 느슨하게 연결한 전선 때문에 발생하곤 한다. 전선을 연결해야 할 곳에 연결하지 않았거나 연결하지 말아야 할 곳에 연결했을 때도 문제가 일어나곤 한다.) 문제 현상을 일으키는 단계는 몇 번이라도 반복해서 실험해 보며 각 단계마다 의심스러운 부분을 하나씩 수정해 본다. LED에 불이 들어올 때만 이상 현상이 일어나는지, 아니면 LED가 켜져 있을 때 스위치를 누르면 문제가 일어나는지 세부적으로 나누어 고찰해야 한다. 이렇게 살펴보다 보면 점점 범위를 좁혀 문제의 원인에 다가갈 수 있게 된다. 또한 다른 누군가에게 도움을 구하기 위해 현재의 증상을 설명하는 데도 큰 도움이 된다.

문제를 최대한 정확하게 묘사하는 것은 해결책을 찾는 최선의 방법이기도 하다. 다른 사람에게 문제를 설명하도록 해보자. 많은 경우에는 문제를 명확하게 설명하려고 노력하는 동안 해결책이 퍼뜩 떠오르기도 한다. 이와 관련하여 브라이언 커니핸(Brian W. Kernighan)과 롭 파이크(Rob Pike)는 『The practice of Programming』(Addison-Wesley, 1999)[1]라는 책에서 어느 대학교의 사례를 소개한다. 이 대학교는 지도 교수 책상 옆에 곰 인형을 앉혀 두었는데, 이상한 버그 문제를 안고 있는 학생들은 지도 교수(인간)와 얘기하기 전에 먼저 곰 인형에게 버그의 증상을 자세하게 설명해야 했다. 만약 문제에 대해 들어줄 사람(또는 곰 인형)이 옆에 없다면 이메일을 작성하는 것도 좋은 방법이 될 것이다.

윈도우 운영체제에 드라이버를 설치할 수 없는 경우

때로는 윈도우의 "새 하드웨어 검색 마법사"가 적절한 드라이버를 설치하지 못하는 경우가 있다. 이럴 때는 수동으로 드라이버의 위치를 특정해서 설치해야 한다.

1 (옮긴이)『프로그래밍 수련법』(인사이트, 2008)

"새 하드웨어 검색 마법사"는 먼저 업데이트된 드라이버를 확인할지 묻는다. 이때 "컴퓨터에서 드라이버 소프트웨어 찾아보기"를 선택한다.

화면이 바뀌면 "다음 위치에서 드라이버 소프트웨어 검색"의 찾아보기 버튼을 클릭한다.

폴더 찾아보기 창이 열리면 다운로드한 아두이노 폴더나 설치된 아두이노 폴더로 이동해서 그 안에 있는 drivers 디렉터리(FTDI USB Drivers 디렉터리를 선택하면 안 된다)를 선택하고, 다음 버튼을 클릭한다. 그 이후의 설치 과정은 윈도우가 알아서 진행한다.

윈도우 운영체제에서 IDE가 실행되지 않는 경우

아두이노 아이콘을 더블 클릭했을 때 에러가 발생하거나 아무런 반응이 없다면 디렉터리에 있는 아두이노 실행 파일(Arduino.exe)를 직접 더블 클릭해본다.

윈도우 운영체제가 아두이노에게 COM10 또는 그 이상의 COM 포트 번호를 할당했을 때도 문제가 생길 수 있다. 이런 일이 일어나면 윈도우가 아두이노에게 (임시로) 보다 낮은 COM 포트 번호를 할당하도록 설정하여 문제를 해결할 수 있다. 방법은 다음과 같다.

먼저, 장치 관리자를 실행한다. 장치 관리자를 실행하려면 시작 메뉴를 열고 컴퓨터(윈도우 비스타 이상) 또는 내 컴퓨터(윈도우 XP)를 마우스 오른쪽 버튼으로 클릭하고 속성을 선택한다. 그 다음 윈도우 XP의 경우에는 하드웨어를 클릭한 다음 장치 관리자를 선택하고 윈도우 비스타 이상의 경우에는 장치 관리자를 클릭한다(창의 왼쪽에 장치 관리자 메뉴가 보일 것이다).

장치 관리자 창이 열리면 포트(COM & LPT)라고 표시된 항목을 열어서 시리얼 장치들의 목록을 확인한다. 그중 목록에서 사용하고 있지 않는 장치 중 COM9 또는 그 이하의 번호를 갖고 있는 장치를 찾는다. 모뎀이나 당장 사용하지 않는 시리얼 포트가 있을 것이다. 해당 장치를 마우스 오른쪽 버튼으로 클릭하고 메뉴에서 속성을 클릭한다. 그다음 포트 설정 탭을 선택하고 고급 버튼을 누른다. 고급 설정 창이 열리면 COM 포트 번호를 COM10 또는 그 이상의 번호로 변경하고 확인을 클릭한다. 속성 창에서도 확인 버튼을 클릭해서 창을 닫는다.

이번에는 아두이노의 USB 시리얼 포트도 동일한 요령으로 수정한다. 다만 COM 포트 번호는 조금 전의 다른 장치가 사용하던 예전의 포트 번호로 설정한다.

윈도우 운영체제에서 아두이노의 COM 포트 확인하기

아두이노 우노와 컴퓨터를 USB 케이블로 연결한다.

시작 메뉴를 열고 컴퓨터(윈도우 비스타 이상) 또는 내 컴퓨터(윈도우 XP)를 마우스 오른쪽 버튼으로 클릭하고 속성 메뉴에서 장치 관리자를 실행한다. 윈도우 XP에서는 하드웨어를 클릭하고 장치 관리자를 실행하면 된다. 윈도우 비스타 이상의 경우 속성 창의 왼쪽에 있는 장치 관리자 메뉴를 클릭한다.

장치 관리자 창이 열리면 포트(COM & LPT) 항목을 열고 시리얼 장치들 중 아두이노를 찾는다. 그림 9-1과 같이 아두이노 우노 보드는 통상 Arduino UNO라고 표기되며 괄호 안에 COM7과 같이 포트 번호도 나타난다.

> ✏️ 일부 윈도우 컴퓨터에서는 COM 포트의 번호가 9를 넘어가는 경우가 있다. 이런 경우에는 아두이노와 통신할 때 문제가 생길 수 있다.

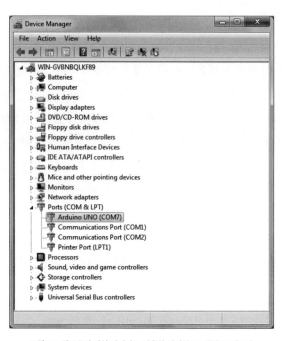

그림 9-1 윈도우의 장치 관리자는 가용한 시리얼 포트들을 보여준다

기타 디버깅 기법들

• 프로젝트를 대신 검사해 줄 수 있는 사람을 찾는다. 작업을 하다 보
면 종종 자신의 실수가 눈에 들어오지 않는 경우가 생기곤 한다. 누
군가 대신 검사해 줄 사람을 찾았다면 무엇을 만들려고 했는지에
대한 설명은 잠시 접어 두도록 한다. 대신 회로도를 건내고 회로도
에 맞게 회로를 구성했는지를 검사해 달라고 부탁한다. 이렇게 하
면 검사하는 사람도 편견에 빠져 똑같은 실수를 범하는 일 없이 제
대로 검사를 해줄 수 있다. (만약 회로도가 없다면 반드시 회로도를
그리도록 한다.)

- "분할통치"의 원리는 스케치에도 적용할 수 있다. 스케치의 사본을 만들고, 문제가 발생하는 부분과 관련이 없는 코드들은 조금씩 스케치에서 지워나가도록 한다. 이 작업을 진행하다 보면 정상적으로 작동하는 것처럼 보였던 부분이 예기치 않게 문제와 관련이 있는 것으로 드러나는 경우가 있다. 만약 이 방법으로 문제를 해결할 수 없다고 하더라도 문제의 프로그램을 최소한으로 줄여서 누군가에게 보다 쉽게 도움을 요청할 수 있는 상태를 만들 수 있고, 실질적인 도움을 받기에도 수월해질 수 있다.

- 만약 프로젝트에 센서(또는 스위치 등)가 포함되어 있다면 최소한으로 구성된 기본적인 기능이 담긴 스케치로 각 센서를 개별적으로 검사해 보도록 한다. "파일→예제→01.Basics에 있는 AnalogRead Serial 예제와 DigitalReadSerial" 예제는 각 센서의 정상 여부를 확인할 수 있는 가장 기본적인 스케치들이다.

- 만약 센서의 값을 읽지 못한다면 아두이노의 입력 핀이 정상적으로 작동하는지의 여부도 확인해 봐야 한다. 아두이노에서 센서를 분리하고, 5V 및 GND 전원을 차례로 입력 핀에 연결해서(물론 동시에 연결하지 않도록 한다) AnalogReadSerial 및 DigitalReadSerial 스케치를 구동하며 결과를 확인한다. 입력 핀에 GND를 연결했을 때는 0이 출력되어야 하며 5V를 연결했을 때는 1 또는 1023이 출력되어야 한다.

  두 개 이상의 센서를 연결했는데 그중 하나에서 적절한 값을 읽을 수 없다면 센서를 바꿔서 연결해 보거나 제대로 작동하는 회로의 부품을 문제가 있는 회로의 부품 대신 끼워보고, 문제가 사라지는지 확인한다. 만약 그렇다면 부품이 망가져서 문제가 발생했을 가능성이 높다.

- 만약 작동기를 사용하고 있다면 마찬가지로 가장 기본적인 예제를 사용해서 각 작동기를 검사해 보도록 한다. 이 작업에는 Blink 또는 Fade 예제가 적당하다. 작동기가 작동하지 않는다면 아두이노의 해당 출력 핀에 LED를 연결하고 출력 핀이 정상적으로 작동하는지도 확인한다.
- 만약 스케치에 if 구문과 같이 의사 결정과 관련된 코드가 포함되어 있다면 Serial.println() 함수로 의사 결정 과정을 추적해 보도록 한다. 이는 반복 구문에서도 효과적인 방법이다. 반복 구문이 적절한 때에 종료되는지 확인하도록 한다.
- 만약 라이브러리를 사용하고 있다면 라이브러리와 함께 제공되는 예제를 실행해서 정상적으로 작동하는지 확인한다. 아두이노용 라이브러리가 아닌 라이브러리를 사용하고 있다면 관련 포럼이나 온라인 커뮤니티가 있는지 검색해서 정보를 얻도록 한다.

앞의 방법들로도 문제를 해결할 수 없거나 언급되지 않은 문제 상황에 봉착했다면 아두이노 홈페이지의 문제 해결 메뉴[2]를 참고하도록 한다.

온라인을 통해 도움 받기

만약 잘 풀리지 않는 문제가 있다면 홀로 이러저리 자료를 찾느라 여러 날을 보내지 말고 도움을 요청하자. 아두이노의 장점 중 하나는 바로 강력한 커뮤니티가 있다는 것이다. 자신의 문제를 잘 설명만 할 수 있다면 언제나 도움을 받을 수 있다.

검색 엔진에 이런저런 검색어를 입력해서 다른 사람들이 관련 문

---

2 https://www.arduino.cc/en/Guide/Troubleshooting

제에 대해 어떤 논의를 하고 있는지 찾아보는 습관을 갖도록 한다. 가령, 아두이노 IDE가 뭔지 모를 에러 메시지를 출력한다면 에러 메시지를 구글에서 검색하고 어떤 결과가 나오는지 확인해 본다. 검색을 할 때는 에러 메시지를 따옴표 안에 넣어서 메시지의 단어들이 임의의 순서로 조합되어 검색되지 않도록 하는 것이 좋다. 같은 요령으로 작업 중인 코드의 일부분이나 특정한 함수의 이름을 검색해도 좋은 결과를 얻을 수 있다. 관련이 없는 자료들이 너무 많이 검색되는 경우에는 Arduino라는 단어를 검색어에 포함하여 검색해 보도록 한다.

이미 우리 주변에는 수많은 발명품들이 있으며 이러한 사물들에 대한 정보는 인터넷 어디엔가 기재되어 있다. 나는 종종 나만 경험했다고 생각한 문제를 누군가의 홈페이지에서 해결 방법과 함께 발견할 때면 놀라곤 한다.

추가적인 정보가 필요하다면 아두이노 홈페이지의 첫 화면[3]에 나오는 주요 내용들부터 확인하고, 그다음 FAQ[4]도 읽어보도록 한다. 그 이후에는 Arduino Playground[5]메뉴를 살펴본다. 이 메뉴는 사용자들이 자발적으로 참여하여 자유롭게 문서를 편집하여 배포할 수 있는 일종의 위키(wiki)이다. 위키는 오픈 소스 철학을 통틀어 가장 훌륭한 점 중 하나를 반영한다. 사람들이 자발적으로 아두이노와 관련된 문서와 예제를 작성하고 공유하는 데 참여하기 때문이다.

(프로젝트를 진행하면서 얻게 된 경험 중 아직 커뮤니티에 문서화되지 않은 것이 있다면 직접 문서화 작업을 진행하도록 한다. 이러한 활동이 곧 오픈 소스 커뮤니티를 풍요롭게 만드는 데 기여한다.)

---

3 http://www.arduino.cc/
4 http://www.arduino.cc/en/Main/FAQ
5 http://playground.arduino.cc/

여전히 문제 해결에 필요한 적절한 정보를 얻을 수 없었다면 아두이노 포럼[6]을 검색하도록 한다.

온갖 방법을 다 써봤지만 여전히 답을 찾지 못했다면 아두이노 포럼에 질문을 올릴 수밖에 없다. 아두이노 포럼은 소프트웨어, 하드웨어 그리고 심지어는 언어별로 세분화되어 있으므로 적절한 게시판을 선택하여 질문을 작성하도록 한다. 만약 어떤 게시판을 선택해야 할지 잘 모르겠다면 Project Guidance 게시판을 이용하도록 한다.

질문은 신중하게 작성하도록 한다. 현재의 상황에 대해 최대한 많은 정보를 제공하고, 명확하고 빈틈없이 문제를 기술하도록 한다. 문제를 명확하고 정확하게 기술하는 데 시간과 공을 들이는 것은 그 자체로도 충분한 가치가 있다. 뿐만 아니라 이는 자신이 문제를 해결하기 위해 충분한 노력을 했고 자신이 해야 할 일을 포럼에 의존하고 있는 것이 아니라는 사실을 잠재적인 답변자에게 보여주는 근거가 되기도 한다. 좋은 질문을 작성하는 데 도움이 될만한 몇 가지 지침은 다음과 같다.

- "How to use this forum - please read"[7]라는 게시물을 반드시 읽는다.
- 자신이 사용하고 있는 아두이노 보드의 종류를 명시한다.
- 자신이 사용하고 있는 운영체제의 종류를 명시한다.
- 자신이 사용하고 있는 아두이노 IDE의 버전을 명시한다.
- 무엇을 만들고자 하는지 개괄적인 설명을 하도록 한다. 특이한 부품을 사용하고 있다면 데이터시트의 링크도 올리도록 한다. 질문과 직접적인 관계가 없는 정보는 오히려 질문의 요점을 흐릴 수 있으니 주의해야 한다. 프로젝트의 개념에 대한 설명이나 포장 용기 및

---

6 http://forum.arduino.cc/
7 http://forum.arduino.cc/index.php/topic,148850.0.html

동봉물 등의 사진은 문제와 관련이 없다면 게시할 필요가 없다.

- 문제를 명확하게 보여줄 수 있는 최소한의 스케치 또는 회로도를 함께 게시하도록 한다. "How to use this forum" 게시물을 읽어 보면 게시물에 코드를 추가하는 방법과 파일을 첨부하는 방법을 알 수 있을 것이다.

- 포럼에서 도움이 될 만한 기존의 게시물을 검색할 때는 커뮤니티의 문화에도 주의를 기울이도록 한다. 특히 사람들이 기꺼이 도움을 주고자 하는 질문들의 특징과 아무도 도움을 주지 않는 게시물의 특징을 눈여겨보도록 한다. 이왕이면 도움을 받을 수 있는 유형의 게시물을 작성하는 것이 좋을 것이다.

- 어떤 작동이 일어나기를 기대하는지, 그리고 기대하는 것 대신 어떤 현상이 발생하고 있는지 정확하게 기술하도록 한다. 단지 "작동하지 않아요."와 같은 식으로 표현하지 않도록 한다. 만약 에러 메시지가 뜬다면 그 메시지도 함께 게시하도록 한다. 또한 작성한 프로그램이 무엇인가 출력하도록 했다면 그 출력물도 함께 게시한다.

- 자신의 문제를 신중하게 설명했다면 이제 적절한 제목을 정해야 한다. 게시물의 제목은 기술적 문제를 잘 요약할 수 있도록 정해야 한다. 자신이 진행하는 프로젝트의 목표를 제목으로 사용하는 것은 바람직하지 않다(가령, "우주비행선의 제어판 제작을 도와주세요."라는 제목보다는 "스위치를 여러 개 눌렀을 때 합선이 발생하는 문제"라고 제목을 다는 것이 좋다).

질문이 명확하고 잘 정리되어 있을수록 더 많은 양질의 답을 더 빠르게 받을 수 있다는 점을 명심하도록 한다.

다음은 게시판에 질문을 올릴 때 피해야 할 사항들이다(이는 아두이노 포럼 뿐만 아니라 모든 온라인 포럼에 해당된다).

- 제목을 비롯하여 모든 내용을 대문자로 작성하는 것은 하지 않도록 한다. 이는 게시물을 읽는 사람을 매우 성가시게 만들 뿐만 아니라 자신의 얼굴에 "초짜"라는 낙인을 찍고 동네방네 활보하는 것과 같은 행위이다(온라인 커뮤니티에서 모든 글자를 대문자로 쓰는 것은 "소리 지르기"로 간주되곤 한다).
- 포럼의 여기저기에 동일한 게시물을 여러 번 중복해서 올리지 않도록 한다.
- 자신의 게시물에 "이봐요, 왜 아무도 답해주지 않죠?"라고 스스로 댓글을 달거나 심지어는 "bump"라는 텍스트를 게시하여 소란을 피우는 짓은 하지 않도록 한다. 만약 자신의 게시물에 대해 아무도 답변을 달지 않는다면 게시물에 문제가 있는 것은 아닌지 다시 확인해 봐야 한다. 제목은 명확한가? 자신의 문제를 다른 사람이 한눈에 알아볼 수 있도록 잘 설명하고 있는가? 공손한 말을 사용했는가? 커뮤니티에 게시하는 글에는 언제나 공손한 말을 써야 한다.
- "아두이노로 우주 왕복선을 만들고 싶은데 어떻게 해야 하나요?"와 같은 질문은 하지 않도록 한다. 이런 질문은 자신이 직접 문제를 해결하는 대신 누군가에게 전적으로 의지하려 한다는 오해를 받기 쉬우며 또한 팅커러로서 달가운 자세도 아니다. 차라리 무엇을 만들고 싶은지 설명하고 프로젝트와 관련된 구체적이고 특정적인 질문을 해서 그에 대한 답을 구하는 것이 바람직하다. 그러면 적절한 답을 얻을 수 있을 뿐만 아니라 프로젝트에 대한 유용한 제안을 받을 수도 있다.
- 만약 답변자에게 모종의 보수를 제공한다면 앞의 상황은 다르게 전

개될 수 있다. 일반적인 경우, 구체적이고 명확한 질문에 대해서는 많은 사람들이 기꺼이 도움을 주고자 할 것이다. 하지만 누군가 자기 대신 (무보수로) 일을 해주기 바란다면 사람들의 반응은 차가울 것이다.

• 학교의 과제로 의심받기 쉬운 질문을 하거나 자신의 숙제를 대신 해달라는 글을 포럼에 올리지 않도록 한다. 포럼에는 필자와 같은 교수들이 많이 있으며 숙제를 해달라는 학생들을 발견하면 심하게 꾸짖곤 한다. 포럼을 자주 방문하는 사람들도 이러한 종류의 질문들을 쉽게 알아챌 수 있으며 언짢은 반응을 보이곤 한다.

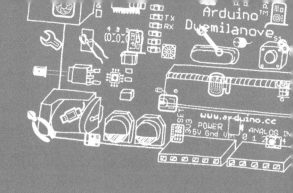

A
브레드보드

정상적으로 작동하는 회로를 하나 만들기 위해서는 수없이 많은 회로 변경과 실험을 반복하게 된다. 이렇게 회로를 만들다 보면 디자인을 개선할 수 있는 아이디어를 얻을 수도 있다. 보다 효율적으로 작동하게 만들거나 시스템의 신뢰성을 높일 수도 있고, 소요되는 부품의 수를 줄일 수도 있을 것이다. 디자인은 직접 다양한 조합을 실험하고 확인하는 과정을 통해 발전하게 된다. 마치 스케치를 하며 마음에 드는 형상을 완성해 가듯이 전자 회로 디자인도 유사한 과정을 거친다.

부품을 빠르고 쉽게 연결하고 변경하며 회로를 구성해 나갈 수 있다면 더없이 이상적일 것이다. 납땜을 하면 더 안정적이고 영구적인 회로를 만들 수는 있지만 빠른 방법을 사용해야 할 때도 있다.

이런 문제는 브레드보드라고 하는 매우 실용적인 장치를 사용해서 해결할 수 있다. 그림 A-1을 통해 볼 수 있듯이, 브레드보드는 수많은 작은 구멍이 있는 플라스틱 보드로, 각 구멍에는 부품을 고정할 수 있도록 고안된 금속 판 장치가 들어 있다. 전선이나 부품의 금속심을 구멍에 찔러 넣으면 용수철 역할을 하는 집게 같은 금속 판이 부품을 잡아 고정시킨다. 더욱 중요한 것은 이웃하는 금속 판끼리 서로 연결되어 있기 때문에 구멍들끼리 전기적 통전 상태를 만들 수 있다는 점이다.

중앙 구역(a~j까지 표기된 부분)의 금속 판은 수직 방향으로 연결되어 있다. 그래서 이곳의 구멍에 끼워 넣은 부품들은 같은 수직선 방향에 있는 다른 구멍에 기워 넣은 부품들과 전기적으로 연결된다.

브레드보드 중에는 추가적인 구멍들이 있는 유형도 있다. 보통 위에 두 줄, 그리고 아래에 두 줄의 구멍들이 있고, 구멍들을 따라 빨간 선과 파란 선이 그려져 있으며 +와 -가 표시되어 있는 경우도 있다. 이 구멍들은 수평 방향으로 연결되어 있으며 자주 사용하는 전기적 신호를 흘려 보내기 편하도록 만들어졌다. 이 수평 방향의 구멍들은 5V 또는 GND 연결용으로 사용하는 데 안성맞춤이다. 5V와 GND는 이 책은 물론 일반적인 전자 프로젝트에서 가장 자주 사용하기 때문이다. 이 수평선에 나열된 구멍들은 종종 레일 또는 버스라고 부른다.

만약 빨간 (또는 +라고 표시된) 레일을 아두이노의 5V에 연결하고 그리고 파란 (또는 -라고 표시된) 레일을 아두이노의 GND에 연결하면 브레드보드의 전 구역에서 쉽게 5V와 GND에 연결할 수 있다.

레일에 대해서는 7장에서 다양한 사용법을 소개하고 있다.

> 일부 브레드보드는 레일이 끝까지 연결되지 않고 중간에 끊어져 있는 경우도 있다. 이를 나타내기 위해 브레드보드에 중간이 끊어진 빨간 선이나 파란 선을 표시하기도 하고, 구멍들 사이의 간격을 다른 곳에 비해 살짝 넓게 만드는 경우도 있다. 많은 사람들은 이러한 점을 잊지 않기 위해 중간의 끊어진 지점을 아예 점퍼선으로 연결해 놓고 사용하기도 한다.

저항, 커패시터, 그리고 LED 같은 부품들은 길고 유연한 금속심이 달려 있어서 쉽게 구부려서 원하는 구멍에 꽂을 수 있도록 되어 있다.

그러나 다른 부품들, 가령 전자 칩의 경우는 쉽게 구부릴 수 없는 다리(핀이라고 표현하는 사람들도 많이 있다)들이 달려 있다. 하지만 이러한 핀들의 간격은 거의 대부분 2.54mm이며 브레드보드에 있는 구멍들의 간격도 이와 동일하다.

대부분의 전자 칩에는 핀들이 두 줄로 나열되어 있다. 그래서 만약 브레드보드의 수직 열이 모두 다 연결되어 있다면 칩을 브레드보드에 꽂았을 때 칩의 한쪽 편에 있는 핀이 다른 편에 있는 핀과 연결되고 말 것이다. 이를 방지하기 위해 브레드보드의 가운데에는 틈이 있어서 칩의 핀들이 서로 연결되지 않도록 방지할 수 있다. 즉, 핀의 다리를 벌려서 브레드보드의 틈 양쪽에 걸쳐 꽂으면 핀들이 서로 전기적으로 연결되지 않는다.

일부 브레드보드는 행의 번호를 글자로 표시하고 열의 번호는 숫자로 표시한다. 이는 브레드보드마다 조금씩 다를 수 있으므로 이 책에서는 이 글자들과 숫자들을 특별하게 지칭하지는 않을 것이다. 이 책에서 핀 번호를 언급할 때는 아두이노의 핀을 의미하는 것이지 브레드보드의 핀을 언급하는 것은 아니다.

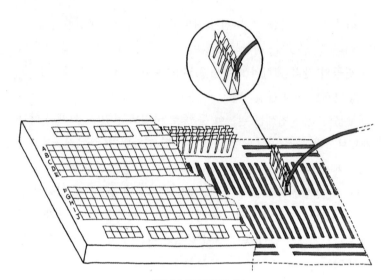

그림 A-1 브레드보드의 모습

B
저항 및 커패시터의 값 읽기

전자 부품을 사용하려면 먼저 부품을 알아볼 수 있어야 하는데, 익숙하지 않은 초보자에게는 다소 어려운 일일 수도 있다. 시중에서 판매 중인 저항 대부분은 원통형 몸체와 몸체에서 뻗어 나온 두 개의 금속 심으로 이루어져 있다. 특히 몸체에는 다양한 색깔의 띠들이 그려져 있다. 처음 상업용 저항이 시중에 나왔을 때는 그 작은 크기 때문에 저항의 값을 숫자로 표현할 방법이 없었다. 이에 몇몇 기술자들은 기지를 발휘하여 숫자를 표기하는 대신 서로 다른 색깔의 띠로 값을 표시하는 방법을 고안해 냈다.

오늘날의 초보자들은 저항에 표시된 이 기호를 읽는 방법을 익혀야 한다. 요령은 상당히 간단하다. 일반적으로 저항에는 네 개의 띠가 표시되어 있다. 그리고 띠의 색깔은 저마다 특정한 숫자를 의미한다. 네 개 중 띠 하나는 거의 대부분 금색이며, 이는 저항의 허용 오차를 나타낸다. 저항의 값을 읽으려면 먼저 금색(또는 은색인 경우도 있다) 띠가 오른쪽으로 가도록 저항을 잡는다. 그 다음 왼쪽부터 차례로 색깔을 읽어서 해당 숫자를 찾으면 된다. 다음의 표는 띠의 색깔과 그에 해당하는 숫자의 값을 보여준다.

색깔	숫자
검정	0
갈색	1
빨강	2
주황	3
노랑	4
초록	5
파랑	6
보라	7
회색	8
흰색	9
은색	10 %
금색	5 %

가령 갈색, 검정, 주황 그리고 금색 띠는 저항의 값이 1 0 3 ±5%라는 의미이다. 여기까지는 비교적 쉬운 편이지만 저항의 값을 제대로 읽으려면 조금 더 신경을 써야 하는 부분이 있다. 바로 세 번째 띠는 사실 0의 개수를 의미한다는 점이다. 그러므로 1 0 3은 1 0 뒤에 0이 3개 붙었다는 의미이므로, 저항의 값은 10,000옴에 허용 오차는 ±5%라는 의미가 된다.

전자 장치 매니아들은 저항의 값을 킬로(천 단위) 옴이나 메가(백만 단위) 옴과 같은 방식으로 줄여 부르곤 한다. 그래서 10,000옴 저항은 보통 10K옴이라고 줄여서 표현한다. 또한 10,000,000옴은 10M옴이 된다. 기술자들은 모든 것을 최적화하고 싶어하기 때문에 어떤 회로도에서는 4k7과 같은 표기를 볼 수도 있을 것이다. 이는 4.7K옴 즉 4,700옴이라는 뜻이다.

때로는 보다 정밀한 저항, 즉 허용 오차가 1% 또는 2% 정도인 저항을 사용하게 될 수도 있다. 이러한 저항에는 다섯 개의 띠를 사용하여 보다 정밀한 값을 표현하곤 한다. 색깔에 해당하는 숫자는 동일하지만 앞의 세 띠는 저항의 값을 표현하고 네 번째 띠는 0의 개수를 표현한다. 다섯 번째 띠는 허용 오차의 값을 나타낸다. 가령, 허용 오차가 2%일 경우 빨간 띠로 표시하고 1%인 경우에는 갈색으로 표시한다. 예를 들어 띠가 네 개일 경우에는 갈색, 검정, 주황, 금색으로 10K옴을 표시했지만 띠가 다섯 개일 경우에는 갈색, 검정, 검정, 빨강, 갈색과 같은 식으로 같은 저항 값을 표시한다.

커패시터는 조금 더 읽기가 쉽다. 원통 모양의 커패시터(전해 커패시터)에는 일반적으로 값이 인쇄되어 있다. 커패시터의 값은 패럿(farad, F) 단위로 표시하지만 일반적으로 사용하게 되는 대부분의 커패시터는 마이크로 패럿(micro, μF) 단위로 값이 표시되어 있다. 그러므로 100μF라고 표시된 커패시터를 보면 100 마이크로 패럿이라고 이해하면 된다.

그에 비해 원판 모양의 커패시터(세라믹 커패시터)는 세 개의 숫자 코드로 값을 표시하며 별도의 단위 표시가 없는 대신 피코 패럿(pico, pF)을 표준 단위로 사용한다. 1pF은 1μF의 1/1,000,000에 해당하는 작은 값이다. 커패시터의 숫자 코드에서 세 번째 숫자는 저항의 코드와 유사하게 0의 개수를 의미한다. 단, 예외 사항이 있다. 0-5까지는 0의 개수를 의미하지만 6과 7은 사용하지 않으며 8과 9는 다른 의미로 해석해야 한다.

만약 세 번째 숫자가 8이라면 앞의 두 숫자를 조합한 값에 0.01을 곱해야 한다. 그리고 9라는 숫자가 있다면 앞의 두 숫자를 조합한 값에 0.1을 곱해야 한다.

그러므로 어떤 커패시터의 값이 104라면 이는 100,000pF 또는 0.1

μF라는 의미이다. 만약 어떤 커패시터에 229라고 표시되어 있다면 그 커패시터의 값은 2.2pF 라는 의미이다.

다음은 전자 분야에서 일반적으로 많이 사용하는 승수를 정리해 놓은 표이다.

승수	값	예
M (mega, 메가)	10^6 = 1,000,000	1,200,000옴 = 1.2M옴
k (kilo, 킬로)	10^3 = 1,000	470,000옴 = 470K옴
m (milli, 밀리)	10^{-3} = .001	.01A = 10mA
u (micro, 마이크로)	10^{-6} = .000001	4700u암페어 = 4.7mA
n (nano, 나노)	10^{-9}	10,000n패럿 = 10μF
p (pico, 피코)	10^{-12}	1,000,000pf = 1μF

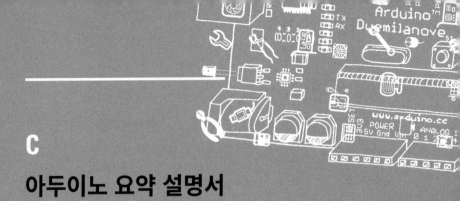

C
아두이노 요약 설명서

이 부록에서는 아두이노 언어가 지원하는 모든 표준 명령어를 요약해서 설명한다.

　보다 자세한 내용은 아두이노 홈페이지의 "Language Reference"[1] 메뉴를 참고하도록 한다.

구조

아두이노 스케치는 두 부분으로 구성된다.

void setup()

이 부분에는 아두이노가 작동을 시작해서 loop() 단계로 넘어가기 전에 설정해야 할 사항이나 한 번만 실행해야 할 코드들을 입력한다.

void loop()

이곳에는 스케치의 주요 코드들을 입력한다. 여기에 입력된 모든 코드는 보드에 전원이 공급되는 한 무한 반복하여 실행된다.

1　https://www.arduino.cc/en/Reference/HomePage

특수한 기호들

아두이노에는 코드의 줄, 주석, 그리고 코드 블록을 기술하는 몇 개의 특수한 기호들이 있다.

; (세미콜론)

각 지시 사항(코드의 한 줄)은 세미콜론으로 끝나야 한다. 이 구문 덕분에 코드를 보다 자유롭게 형식화할 수 있다. 가령, 각 지시 사항을 세미콜론으로 구분만 한다면 한 줄에 두 개 이상의 지시 사항을 작성할 수도 있다. (하지만 이런 형식화는 코드의 가독성을 떨어뜨릴 우려가 있다.)

예:
```
delay(100);
```

{} (중괄호)

중괄호는 코드를 블록으로 묶을 때 사용한다. 가령, loop() 함수에 코드를 작성할 때는 코드가 시작 부분과 끝나는 부분에 중괄호를 표시해야 한다.

예:
```
void loop() {
  Serial.println("ciao");
}
```

주석

주석은 코드에서 아두이노가 실행하지 않고 지나치는 부분이다. 코드의 내용을 다른 사람에게 설명할 때(그리고 자신이 코드의 내용을 기억하기 위해 메모를 남길 때) 매우 유용하게 활용할 수 있다.

아두이노에서는 두 가지 방식으로 주석을 표현할 수 있다.

```
// 한 줄짜리 주석: 주석의 오른쪽 부분이 무시된다
/* 여러 줄짜리 주석:
   두 줄 이상의 코드를
   주석으로 처리할 수 있다
*/
```

상수

아두이노에는 사전에 특정한 값으로 정의된 예약어(키워드)들이 있다.

가령, HIGH와 LOW는 아두이노 핀을 켜거나 끌 때 사용하는 상수들이다. INPUT과 OUTPUT은 특정한 핀을 입력용이나 출력용으로 설정할 때 사용한다.

true와 false는 어떤 조건이나 표현이 참 또는 거짓인지 확인할 때 사용한다. 이 상수들은 주로 비교 연산자들과 함께 사용한다.

변수

변수란 아두이노의 메모리 중 이름이 붙여진 특정한 구역을 의미하며 사용자는 이곳에 데이터를 저장할 수 있다. 스케치는 변수의 이름을 지칭함으로써 저장된 데이터를 사용하거나 변경할 수 있다. 변수라는 이름에서 알 수 있듯이, 변수에 저장된 데이터는 사용자의 필요와 상황에 따라 얼마든지 변경될 수 있다.

아두이노는 매우 단순한 마이크로컨트롤러이기 때문에 사용자가 변수를 선언할 때 변수의 자료형도 특정해야 한다. 이는 마이크로컨트롤러에게 저장할 데이터가 차지할 메모리의 크기를 지정한다는 의미이다.

다음은 아두이노에서 사용할 수 있는 자료형들이다.

boolean

참(true) 또는 거짓(false) 중 하나의 값을 저장할 수 있다.

char

문자형 변수에는 하나의 글자(가령, A) 또는 부호를 저장할 수 있다. 사용자에게는 그렇게 보이지 않지만, 다른 컴퓨터와 마찬가지로 아두이노는 문자형 데이터를 숫자 코드로 저장한다. 한편, 문자형 변수에는 -128부터 127까지의 숫자 데이터를 저장할 수 있다. 하나의 문자형 데이터는 1바이트의 메모리 공간을 점유한다.

> 🖉 현재 컴퓨터 시스템에서 사용되는 문자 집합은 크게 두 종류다. 하나는 ASCII 이고 다른 하나는 UNICODE다. ASCII는 127개의 문자로 이루어져 있으며 무엇보다도 시리얼 터미널이나 시분할 컴퓨터 시스템(가령, 메인 프레임 컴퓨터와 미니 컴퓨터 같은 초기 컴퓨터들 사이에 텍스트를 전송하기 위한 용도로 개발되었다. 그에 비해 UNICODE는 훨씬 큰 문자 집합으로 이루어져 있으며 최근의 컴퓨터 운영체제에서 다양한 언어권의 문자를 표현하기 위해 사용된다. 하지만 ASCII는 여전히 이탈리아어나 영어와 같이 언어로 구성된 짧은 정보를 교환하는 데 유용하게 사용되고 있다. 예를 들어 라틴 문자, 아라비아 숫자, 그리고 구두점과 같은 일반적인 타자 기호들로 이루어진 정보는 ASCII로 표현하기 쉽다.

byte

0부터 255까지의 숫자를 저장할 수 있다. 문자 자료형(char)과 마찬가지로 1바이트의 메모리 공간을 점유한다. 문자 자료형에는 음수도 저장할 수 있지만 바이트는 0을 포함한 양수만 저장할 수 있다.

int

2바이트의 메모리를 사용하며 -32,768부터 32,767까지의 정수를 저장할 수 있다. int는 아두이노에서 가장 흔히 사용하는 자료형 중 하나이다. 어떤 자료형을 사용해야 할지 모르는 상황이라면 int를 먼저 사용해 보도록 한다.

unsigned int

정수형 데이터와 마찬가지로 2바이트의 메모리를 사용한다. 무부호(unsigned)라는 의미는 음수를 저장할 수 없다는 뜻이므로, 0부터 65,535"까지의 정수를 저장할 수 있다.

long

정수 자료형에 비해 2배의 메모리를 사용할 수 있으며 -2,147,483,648부터 2,147,483,647까지의 정수를 저장할 수 있다.

unsigned long

long의 무부호(unsigned) 자료형이다. 0부터 4294967295까지의 정수를 저장할 수 있다.

float

이 자료형은 메모리를 상당히 많이 점유하며 부동 소수점이 있는 값, 즉 소수점이 있는 숫자를 저장할 수 있다. float는 메모리에서 4바이트나 사용하고, 이 자료형을 처리하는 함수들도 상당히 많은 코드 메모리를 사용한다. 그러니 float는 꼭 필요한 경우에만 사용하도록 한다.

double

배정밀도 부동 소수점 수를 의미하며 저장할 수 있는 최댓값은 1.7976 931348623157×10^{308}이다.

string

텍스트 정보를 저장하기 위한 자료형으로, 하나 이상의 ASCII 문자 집합으로 이루어진다. 포트로 메시지를 전송하거나 LCD 디스플레이에 문자를 표시할 때 문자열을 사용할 수 있다. 문자열은 한 글자당 1바이트의 메모리를 사용하고, 맨 마지막에 null 문자 한 개가 붙어 추가로 1바이트를 더 사용한다. null 문자는 문자열이 끝나는 지점을 아두이노에게 알려주는 역할을 한다. 다음은 동일한 표현이다.

```
char string1[] = "Arduino"; // 7 문자 + 1 null 문자
char string2[8] = "Arduino"; // 위의 줄과 동일함
```

array (배열)

목록형 변수이며 인덱스를 통해 개별 값에 접근할 수 있다. 배열은 값들을 쉽게 사용할 수 있도록 표로 정리할 때 자주 사용한다. 가령, LED의 밝기를 조절하는 프로젝트에서 다양한 밝기의 값을 미리 지정해 두고 필요할 때마다 특정한 값을 꺼내서 사용하고 싶다면 light01, light02 등등과 같이 변수들을 만들고 변수마다 특정한 밝기 값을 저장해 둘 수 있을 것이다. 하지만 더 좋은 방법은 다음과 같이 배열로 값의 목록을 저장하는 것이다.

```
int light[6] = {0, 20, 50, 75, 100};
```

변수를 만들 때는 array라는 용어 자체는 사용하지는 않는다. 대신 {}와 []로 변수의 자료형이 배열이라는 점을 표시한다.

배열은 다수의 데이터를 동일한 연산식으로 처리해야 할 때 가장 이상적으로 활용할 수 있다. 배열의 각 데이터는 인덱스 값만 바꾸는 식으로 접근이 가능하므로 필요한 연산식을 한 번만 코드로 작성하면 for 반복문과 같은 표현으로 반복해서 배열의 데이터를 처리할 수 있기 때문이다.

변수의 유효영역

아두이노의 변수들은 유효영역(scope)이라는 속성을 갖고 있다. 즉, 어떤 곳에서 변수를 선언하느냐에 따라 변수의 유요형역은 지역(local)에 국한될 수도 있고 전역(global)으로 확장될 수도 있다.

전역 변수는 프로그램 내의 어떤 함수든지 볼 수 있고 사용할 수 있다. 그에 비해 지역 변수는 선언된 지역(함수) 내에서만 볼 수 있고 사용할 수 있다.

프로그램이 커지고 복잡해질수록 함수는 내부에서 선언한 지역 변수를 활용하도록 설계하는 것이 좋다. 이렇게 하면 어떤 함수가 다른 함수도 사용하는 전역 변수의 값을 의도치 않게 수정해서 다른 함수의 작동에 영향을 주는 상황을 피할 수 있기 때문이다. 한편, 여러 함수가 공통적으로 사용해야 하는 변수들은 전역 변수로 선언해야 한다.

아두이노 환경에서는 함수(가령, setup(), loop(), 또는 사용자가 정의한 함수) 밖에서 선언한 모든 변수는 전역 변수이다. 반면에 함수 내에서 선언한 변수는 지역 변수이며 오직 해당 함수만 접근이 가능하다.

때로는 for 반복문 안에서 변수를 선언하고 초기화하는 방식이 편한 경우도 있다. 이런 변수들은 for 반복문의 중괄호 내에서만 사용할 수 있다. 즉, 중괄호 내에서 선언된 변수는 해당 중괄호(지역) 내에서만 사용할 수 있는 변수가 된다.

구조 제어

아두이노에는 스케치의 논리적 흐름을 제어할 수 있는 몇 개의 예약어가 있다.

if...else 구문

프로그램 내에서 무엇인가를 판단하고 그 결과에 따라 선택적으로 코드를 실행하는 구조를 만든다. if 다음에는 괄호 안에 무엇인가를 판단하는 질문을 표현해야 한다. 만약 그 표현이 참(true)이라면 이어지는 중괄호 내의 코드들이 실행된다. 만약 표현이 거짓(false)이라면 else 다음에 이어지는 중괄호 내의 코드들이 실행된다. else 절에 코드를 작성하는 것은 선택 사양이다.

예:

```
if (val == 1) {
  digitalWrite(LED,HIGH);
}
```

for 구문

블록 내의 코드들을 특정한 횟수만큼 반복해서 실행한다.

예:

```
for (int i = 0; i < 10; i++) {
  Serial.print("ciao");
}
```

switch case 구문

if 구문은 프로그램 안에 있는 갈림길이라고 비유할 수 있다. 그에 비해 switch case 구문은 사방으로 길이 나있는 교차로라고 할 수 있다. switch case 구문을 사용하면 어떤 특정한 변수의 값에 따라 프로그램이 다양한 방향으로 전개될 수 있도록 만들 수 있다. 또한 switch case 구문은 if 구문에 비해 코드를 조금 더 정돈된 모양으로 유지하고 싶을 때 유용하게 사용할 수 있다.

각 case 절을 마치기 전에는 break 키워드를 적절하게 사용해야 한다. 만약 어떤 case 절에 break 표현이 없다면 아두이노는 switch case 구문이 끝나거나 break 키워드가 나올 때까지 다음 case 절의 코드들도 실행한다.

예:

```
switch (sensorValue) {
  case 23:
    digitalWrite(13,HIGH);
    break;
  case 46:
    digitalWrite(12,HIGH);
    break;
  default: // 일치하는 값이 없다면 default 절이 실행된다
    digitalWrite(12,LOW);
    digitalWrite(13,LOW);
}
```

while 구문

if 구문과 마찬가지로 while 구문은 어떤 특정한 조건이 참일 때 블록의 코드들을 실행한다. 하지만 if 구문은 블록을 한 번만 실행하는데 비해 while 구문은 조건이 참인 이상 블록에 머물며 계속 반복해서 실행한다.

예:

```
// 센서의 값이 512 미만이라면 LED를 계속 깜박인다
sensorValue = analogRead(1);
while (sensorValue < 512) {
  digitalWrite(13,HIGH);
  delay(100);
  digitalWrite(13,HIGH);
  delay(100);
  sensorValue = analogRead(1);
}
```

do...while 구문

while 구문과 같은 요령으로 사용한다. 다만 조건을 판단하기 전에 일단 블록의 코드가 먼저 실행된다. 이 구문은 조건과 상관 없이 블록 안의 코드를 최소한 1회 이상은 실행해야 하는 프로그램을 만들 때 유용하다.

예:

```
do {
  digitalWrite(13,HIGH);
  delay(100);
  digitalWrite(13,HIGH);
  delay(100);
  sensorValue = analogRead(1);
} while (sensorValue < 512);
```

break

이 표현은 while이나 for 구문의 반복 조건이 여전히 유효해서 계속 반복을 해야 하는 상황에서도 반복 구조를 종료하고 벗어날 수 있게 만든다. 또한 switch case 구문의 각 절을 구분하는 데도 사용되는 표현이다.

예:

```
// 센서의 값이 512 미만이라면 LED를 계속 깜박인다
do {
  // 버튼을 누르면 반복문을 벗어난다
  if (digitalRead(7) == HIGH)
    break;
    digitalWrite(13,HIGH);
    delay(100);
    digitalWrite(13,LOW);
    delay(100);
    sensorValue = analogRead(1);
} while (sensorValue < 512);
```

continue

반복문 안에서 continue를 사용하면 구문 내의 나머지 코드들을 건너

뛰고 조건을 다시 검사하게 만든다.

예:
```
for (light = 0; light < 255; light++)
{
  // 140부터 200 사이의 밝기는 건너 뛴다
  if ((x > 140) && (x < 200))
      continue;
    analogWrite(PWMpin, light);
    delay(10);
}
```

continue는 break와 비슷하다. break는 반복문 자체를 벗어나게 하지만 continue는 반복문의 다음 단계가 진행되도록 한다.

return

함수의 실행을 종료하고 함수를 호출한 곳으로 돌아간다. 또한 함수 내에서 어떤 값을 반환하도록 만든다.

가령, computeTemperature()라는 함수가 있고 함수를 호출한 코드 상의 특정한 위치로 어떤 결과를 반환하고 싶다면 다음과 같이 코드를 작성한다.

```
int computeTemperature() {
  int temperature = 0;
  temperature = (analogRead(0) + 45) / 100;
  return temperature;
}
```

연산과 공식

사용자는 특수한 구문을 사용해서 아두이노로 복잡한 계산을 처리할 수 있다. +와 -는 학교에서 배운 것과 동일한 방식으로 작동한다. 곱셈은 * 기호로 처리하고 나눗셈은 / 기호로 처리할 수 있다.

한편 아두이노에는 모듈로(modulo, %)라는 연산자도 있다. 이 연산자는 정수의 나눗셈에서 나머지를 계산하여 반환한다. 수학 시간에 배웠듯이 괄호를 필요한 만큼 사용하여 표현들을 적절하게 묶어 원하는 연산식을 만들 수 있다. 하지만 학교에서 배운 것과는 다르게 대괄호과 중괄호는 다른 용도(각각 배열의 인덱스와 블록을 표시한다)로 사용하기 위해 예약되어 있으므로 수식을 표현하는 용도로는 사용할 수 없다.

예:

```
a = 2 + 2;
light = ((12 * sensorValue) - 5) / 2;
remainder = 7 % 2; // 1을 반환함
```

비교 연산자

if 구문이나 while 구문 또는 for 구문의 조건은 비교 연산자를 사용하여 표현해야 한다. 사용할 수 있는 연산자는 다음과 같다.

==	같다
!=	같지 않다
<	보다 작다
>	보다 크다
<=	보다 작거나 같다
>=	보다 크거나 같다

동일함을 비교할 때는 할당 연산자인 =이 아니라 비교 연산자인 ==를 사용해야 한다. 실수로 할당 연산자를 사용하면 기대하지 않은 결과가 발생할 수 있다.

불(Boolean) 연산자

불 연산자는 다수의 조건을 조합할 때 사용한다. 가령, 센서의 값이 5 부터 10 사이에 있는지 확인하고 싶다면 다음과 같이 조건을 표현할 수 있다.

```
if ((sensor => 5) && (sensor <=10))
```

불 연산자는 세 종류가 있다. &&로 표시하는 논리곱 연산자, ||로 표시하는 논리합 연산자, 그리고 !로 표시하는 부정 연산자가 있다.

복합 연산자

복합 연산자란 어떤 값을 증가시키는 것과 같이 매우 일반적인 연산을 표현할 때 코드를 보다 간결하게 작성할 수 있도록 고안된 특수한 연산자들이다. 가령, value라는 변수의 1만큼 증가시키는 연산은 다음과 같이 표현한다.

```
value = value + 1;
```

이는 복합 연산자로 다음과 같이 보다 간결하게 표현할 수 있다.

```
value++;
```

복합 연산자를 반드시 사용해야 하는 것은 아니다. 하지만 일반적으로 매우 널리 사용되고 있으므로 복합 연산자에 익숙하지 않은 초보자들은 예제 코드들을 익히는 데 어려움을 겪을 수 있다.

증가와 감소 (--와 ++)

이 연산자들은 어떤 값을 1만큼 증가시키거나 감소시킨다. 이 연산자는 변수의 앞에 붙여도 되고 뒤에 붙여도 되지만 그에 따라 미묘하게 다른 결과를 산출한다. 만약 i++라고 표현하면 먼저 i의 값으로 실행한 다음 i + 1로 증가하지만, ++i의 경우 먼저 i의 값을 1만큼 증가시키고 증가한 값을 실행문에 적용한다. -- 연산자도 동일한 원칙이 적용된다.[2]

+= , -=, *=, /=

이 연산자들은 ++ 또는 --와 유사하지만 1 이외의 값으로도 증가시키거나 감소시킬 수 있고 또한 곱셈과 나눗셈도 표현할 수 있다. 다음 두 표현의 의미는 같다.

```
a = a + 5;
a += 5;
```

입력 및 출력 관련 함수들

아두이노의 주요 기능 중 하나는 센서로부터 정보를 입력 받는 것과 작동기에게 값을 출력하는 것이다. 이미 이 책의 예제 프로그램을 통해 이 기능 중 일부를 직접 확인했었다.

---

2 (옮긴이)
```
int i = 1;
int j = i++;
```
위의 코드를 실행하면 i=2가 되고 j는 1이 된다.
하지만,
```
int k = 1;
int l = ++k;
```
위의 코드를 실행하면 k=2가 되고 l도 2가 된다.

pinMode(pin, mode)

특정한 디지털 핀의 모드를 입력 또는 출력용으로 (재)설정한다.

예:

```
pinMode(7,INPUT); // 7번 핀을 입력용으로 설정한다
```

깜박 잊고 pinMode() 함수로 핀을 출력용으로 설정하지 않으면 출력 기능이 제대로 작동하지 않거나 이상하게 작동하는 결과를 초래한다.

보통 pinMode()는 setup() 함수에서 사용하지만 필요하다면 loop()에서 호출해서 핀의 기능을 변경할 수도 있다.

(책이나 일반 문서에서 함수의 이름을 표기할 때는 종종 빈 괄호를 끝에 붙여서 다른 용어들과 구분하곤 한다.)

digitalWrite(pin, value)

디지털 핀의 전압을 HIGH 또는 LOW 상태로 만든다. digitalWrite() 함수가 제대로 작동하기 위해서는 반드시 사전에 pinMode() 함수로 해당 핀을 출력용으로 설정해야 한다.

예:

```
digitalWrite(8,HIGH); // 디지털 핀 8번을 5V로 설정한다
```

일반적으로 HIGH 또는 LOW는 각각 켜기 및 끄기와 동일한 의미로 사용되곤 하지만 엄밀히 말하자면 이는 핀을 어떻게 사용하느냐에 따라 달라질 수 있다. 가령, LED를 5V와 핀 사이에 연결하면 핀이 LOW 상태일 때 LED가 켜지고 반대로 핀이 HIGH 상태일 때는 LED가 꺼진다.

int digitalRead(pin)

입력 핀에 걸린 전압의 상태를 읽어서 전압이 높다면 HIGH를 반환하고 전업이 낮거나 0V라면 LOW를 반환한다.

예:
```
val = digitalRead(7); // 7번 핀의 값을 val 변수에 할당한다
```

int analogRead(pin)

아날로그 입력 핀에 걸린 전압을 읽고 0V부터 5V까지의 전압에 해당하는 값을 0부터 1,023까지의 값으로 반환한다.

예:
```
val = analogRead(0); // 아날로그 입력 0번 핀의 값을 val 변수에 할당한다
```

analogWrite(pin, value)

PWM 핀에 가해지는 PWM 값을 변경한다. 이 함수는 PWM을 지원하는 아두이노 핀, 즉 우노의 경우 3, 5, 6, 9, 10, 그리고 11번 핀에서만 사용할 수 있으며, 레오나르도의 경우에는 3, 5, 6, 9, 10, 11 그리고 13번 핀에서 사용할 수 있다. 값은 0부터 255까지의 숫자만 사용할 수 있다. 여기서 value는 아두이노가 공급하는 평균 전력을 의미한다고 보면 된다. 가령 value가 0이라면 완전히 전력을 차단하는 것이고 value가 255라면 최대 전력을 공급하는 것이라고 할 수 있다.

예:
```
analogWrite(9,128); // 9번 핀의 LED 밝기를 50%로 설정한다
```

value가 0이면 출력을 완전히 LOW로 낮추고 value가 255라면 출력을 완전히 HIGH로 높인다.

shiftOut(dataPin, clockPin, bitOrder, value)

시프트 레지스터에게 데이터를 전송한다. 시프트 레지스터란 디지털 출력 핀의 수를 확장하는 장치이다. 이 장치를 사용하려면 dataPin과 clockPin을 아두이노와 연결해야 한다. bitOrder는 바이트의 배치법

(최하위 비트순이나 최상위 비트순)을 특정하는 옵션이며 value는 전송할 데이터를 의미한다.

예:
```
shiftOut(dataPin, clockPin, LSBFIRST, 255);
```

unsigned long pulseIn(pin, value)

디지털 입력 핀을 통해 들어오는 펄스의 시간을 측정한다. 일부 적외선 센서나 가속도 센서와 같이, 측정한 값을 가변 시간 펄스로 출력하는 장치들을 사용할 때 유용하게 쓸 수 있다.

예:
```
time = pulseIn(7,HIGH); // 다음의 펄스가 HIGH 상태를 유지하는
                        // 시간을 측정함
```

시간 관련 함수들

아두이노는 경과된 시간을 측정하거나 스케치의 실행을 잠시 멈추게 하는 함수를 제공한다.

unsigned long millis()

스케치를 실행한 이후 결과된 시간을 밀리초로 반환한다.

예:
```
duration = millis()-lastTime; // "lastTime" 이후 경과된 시간을 계산함
```

delay(ms)

특정한 밀리초 동안 프로그램의 실행을 멈춘다.

예:
```
delay(500); // 0.5초 동안 프로그램의 실행을 멈춤
```

delayMicroseconds(µs)

특정한 마이크로초 동안 프로그램의 실행을 멈춘다.

예:

```
delayMicroseconds(1000); // 1밀리초 동안 기다림
```

수학 관련 함수들

아두이노는 일반적인 수학, 삼각 함수 계산 관련 기능들을 제공한다.

min(x, y)

x와 y 중 더 작은 값을 반환한다.

예:

```
val = min(10,20); // val에 10이 할당됨
```

max(x, y)

x와 y 중 더 큰 값을 반환한다.

예:

```
val = max(10,20); // val에 20이 할당됨
```

abs(x)

x의 절댓값을 반환한다. 만약 x의 값이 음수라면 양수로 변환한 값을 반환한다. 가령, x의 값이 5라면 5를 반환하고 x의 값이 -5라면 5로 변환한 값을 반환한다.

예:

```
val = abs(-5); // val에 5가 할당됨
```

constrain(x, a, b)

x의 값을 a와 b 사이의 값으로 변환하여 반환한다. 만약 x의 값이 a 보다 작다면 a를 반환하고 x의 값이 b보다 크다면 b를 반환한다.

예:
```
val = constrain(analogRead(0), 0, 255); // val에 255보다
                                         // 큰 값이 할당되지 않도록 함
```

map(value, fromLow, fromHigh, toLow, toHigh)

fromLow부터 fromHigh까지 변하는 value의 값을 toLow부터 toHigh까지의 값으로 변환하여 반환한다. 아날로그 센서의 값을 필요한 범위의 값으로 변환하여 사용할 때 매우 유용하다.

예:
```
val = map(analogRead(0),0,1023,100, 200); // 0부터 1023까지 변하는
                                           // 아날로그 0번 핀의 값을
                                           // 100부터 200 사이의 값으로 변환
```

double pow(base, exponent)

어떤 수(밑 수, base)를 특정한 값(지수, exponent)으로 거듭제곱한 결과를 반환한다.

예:
```
double x = pow(y, 32); // y를 32제곱하여 x에 할당함
```

double sqrt(x)

어떤 수의 제곱근을 반환한다.

예:
```
double a = sqrt(1138); // 약 33.734256744438이 반환됨
```

double sin(rad)

라디안 단위로 표현한 각도의 사인(sine) 값을 반환한다.

예:

```
double sine = sin(2); // 약 0.909297370910 반환됨
```

double cos(rad)

라디안 단위로 표현한 각도의 코사인(cosine) 값을 반환한다.

예:

```
double cosine = cos(2); // 약 -0.416146850580 반환됨
```

double tan(rad)

라디안 단위로 표현한 각도의 탄젠트(tangent) 값을 반환한다.

예:

```
double tangent = tan(2); // 약 -2.185039758680 반환됨
```

난수 관련 함수

만약 어떤 임의의 수를 생성해야 한다면 아두이노의 유사난수 발생기를 사용한다. 임의의 수는 프로젝트가 매번 다른 방식으로 작동하게 할 때 유용하게 사용할 수 있다.

randomSeed(seed)

아두이노의 유사난수 발생기를 다시 초기화한다. random() 함수는 기본적으로 임의의 숫자들을 반환하지만 난수들의 차례는 예측이 가능하다. 이를 피하기 위해서는 난수 발생기를 어떤 임의의 값으로 재설정할 필요가 있다. 아무것도 연결하지 않은 아날로그 핀의 값을 읽어

서 난수 발생기의 시드(seed)로 사용하여 발생기를 초기화하면 양질의 난수, 즉 예측하기 어려운 난수를 만들 수 있다. 아무것도 연결하지 않은 아날로그 핀에는 주변의 환경(전파, 우주선, 휴대전화나 형광등 같은 장치들이 유발하는 전자기장 등) 때문에 임의의 잡음이 발생하기 때문이다.

예:

```
randomSeed(analogRead(5)); // 5번 핀의 잡음으로 난수를 만듦
```

long random(max) long random(min, max)

min과 max-1까지의 long 자료형 유사난수를 반환한다. 만약 min의 값을 특정하지 않으면 0부터 max-1까지의 유사난수가 반환된다.

예:

```
long randnum = random(0, 100); // 0부터 99까지의 난수
long randnum = random(11);     // 0부터 10까지의 난수
```

시리얼 통신

5장에서 보았듯이 시리얼 통신 규약을 이용하면 USB 포트에 연결된 장치들과 통신할 수 있다. 다음은 시리얼 통신 관련 함수들이다.

Serial.begin(speed)

아두이노가 시리얼 데이터를 송신하거나 수신할 수 있는 상태가 되도록 설정한다. 일반적으로 아두이노 IDE의 시리얼 모니터와 통신할 때는 9,600보드(baud, 초당 비트 수)로 설정한다. 하지만 최대 115,200 bps까지 통신 속도를 다양하게 설정할 수도 있다. 서로 통신하는 양측이 동일한 통신 속도를 유지하는 한, 속도를 높게 설정하거나 낮추는 것은 큰 문제가 되지 않는다.

예:

```
Serial.begin(9600);
```

Serial.print(data) Serial.print(data, encoding)

시리얼 포트로 데이터를 전송한다. encoding은 옵션이다. 만약 en coding을 특정하지 않으면 데이터는 일반적인 평문으로 취급된다.

예 (마지막 행은 Serial.write() 함수를 사용하고 있다):

```
Serial.print(75);        // "75"를 출력함
Serial.print(75, DEC);   // 위와 동일한 결과를 산출함
Serial.print(75, HEX);   // "4B" (16진수로 변환된 75를 출력함)
Serial.print(75, OCT);   // "113" (8진수로 변환된 75를 출력함)
Serial.print(75, BIN);   // "1001011" (2진수로 변환된 75를 출력함)
Serial.write(75);        // "K" (K라는 글자는
                         // ASCII 표의 75에 해당함)
```

Serial.println(data) Serial.println(data, encoding)

Serial.print()와 같다. 단, 복귀 문자(\r)와 줄바꿈 문자(\n)가 데이터 의 맨 끝에 추가된다. 문서 편집기 등에서 리턴 또는 엔터 키를 누르는 것과 같은 기능을 한다.

예:

```
Serial.println(75);        // "75\r\n"를 출력함
Serial.println(75, DEC);   // 위와 동일한 결과를 산출함
Serial.println(75, HEX);   // "4B\r\n"
Serial.println(75, OCT);   // "113\r\n"
Serial.println(75, BIN);   // "1001011\r\n"
```

int Serial.available()

read() 함수로 읽을 수 있는 바이트들이 얼마나 많이 시리얼 포트에 남아 있는지 반환한다. 만약 시리얼 포트에 있는 모든 바이트를 다 read() 함수로 읽었다면 Serial.available() 함수는 0을 반환한다. 새 로운 데이터가 도착하면 그에 해당하는 수를 반환한다.

예:
```
int count = Serial.available();
```

int Serial.read()

아두이노에 도착한 시리얼 데이터에서 1바이트를 읽는다.

예:
```
int data = Serial.read();
```

Serial.flush()

시리얼 포트에 새로운 데이터가 도착하는 양이 도착한 데이터를 읽는 양보다 큰 경우에 대비할 수 있도록 아두이노는 도착한 모든 데이터를 일단 버퍼에 저장한다. 만약 버퍼에 있는 오래된 데이터를 지우고 버퍼에 새로운 데이터를 채우고 싶다면 flush() 함수를 사용한다.

예:
```
Serial.flush();
```

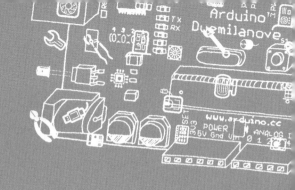

D

회로도 읽기

이 책에서는 회로의 모습을 설명할 때 각 부품의 모양과 배치된 위치를 매우 상세한 그림으로 그려서 보여준다. 하지만 이는 그다지 효과적이거나 효율적인 회로 문서화 방식이 아니다.

다른 분야에서도 유사한 문제가 일어날 수 있다. 가령 음악의 경우, 근사한 노래를 작곡했다면 그 곡을 음악적인 방식으로 표기하고 기록할 수 있어야 한다.

매우 실용적인 성향이 강한 기술자들은 어떤 회로를 나중에 직접 다시 만들거나 또는 다른 사람이 만들 수 있도록 문서화하기 위해 회로의 특성을 매우 빠르게 표현하는 방법을 성공적으로 고안했다.

전자 분야에서 회로도는 회로를 묘사하는 주요 방식 중 하나이며 덕분에 다른 사람들과 회로에 대해 쉽게 소통할 수 있다. 회로를 구성하는 각 부품은 모양이나 특성을 참고하여 추상화된 회로도 기호로 재현된다. 가령, 커패시터의 경우 공기나 플라스틱으로 서로 분리된 두 장의 금속 판으로 만들어졌기 때문에 그림 D-1과 같은 모양의 기호로 표현한다.

그림 D-1 커패시터의 회로도 기호

인덕터의 기호도 좋은 사례가 될 것이다. 인덕터란 구리선을 원통 모양의 소자에 돌돌 감아 놓은 부품인데, 이러한 특성 덕분에 그림 D-2와 같은 기호로 표현된다.

그림 D-2 인덕터의 회로도 기호

회로의 부품들은 보통 전선이나 회로에 인쇄된 선로를 통해 서로 연결된다. 회로도에서 부품의 연결을 표시할 때는 부품 기호들 사이에 선을 그어 서로 연결하기만 하면 된다. 한편 어떤 두 선이 서로 전기적으로 연결되어 있다면 선들이 교차하거나 접하는 지점에 그림 D-3과 같이 큰 점을 찍어서 표현한다.

그림 D-3 전기적으로 서로 연결된 전선을 표현하는 회로도 기호

기본적인 기호들에 대해서는 이 정도만 알아도 충분하다. 그림 D-4는 아두이노 관련 회로도에 자주 사용되는 부품들의 기호와 명칭을 보여준다.

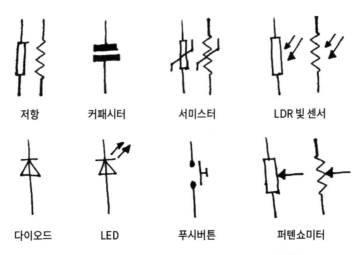

그림 D-4 아두이노 관련 회로에서 자주 사용하는 부품들의 기호와 명칭들

앞에서 나열한 기호들은 다소 변형되어 사용되기도 한다(가령, 저항의 경우 두 가지 기호 중 하나로 표현할 수 있다). 위키피디아[1]에는 더 많은 부품 기호가 설명되어 있으니 참고하기 바란다.

지금까지 (다소) 표준적인 부품 기호에 대해 알아보았다. 이 기호들로 회로도를 그리기 위해서는 몇 가지 관습을 고려하여 반영하는 것이 좋다. 회로도는 정보의 흐름이 왼쪽에서 오른쪽으로 향하도록 그린다. 가령, 라디오의 회로를 그린다면 안테나를 가장 왼쪽에 배치하고 스피커를 가장 오른쪽에 배치하도록 한다. 그 사이에는 라디오의 신호가 처리되는 과정을 표현한다.

1 https://en.wikipedia.org/wiki/Electronic_symbol

그림 D-5는 앞서 이 책에서 살펴 보았던 푸시 버튼 회로를 회로도로 그린 모습을 보여준다.

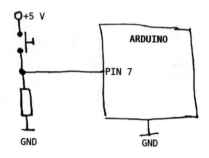

그림 D-5 푸시 버튼을 아두이노의 디지털 입력 핀에 연결한 회로도

위 그림은 아두이노를 핀 하나와 GND만 있는 작은 상자로 표현했다. 이 회로도에서 아두이노의 중요한 부분은 오직 이 두 가지 뿐이라서 아두이노의 다른 부분은 생략되어 있다. 또한 두 가닥의 전선이 각각 GND라는 표시(라벨)에 연결되어 있는 것도 보일 것이다. 이는 두 전선이 서로 연결되어 있다는 의미이다. 이와 같이 전선을 라벨로 연결하는 기법은 매우 많은 선이 연결되는 곳(가령, GND 핀)이나 회로도 상에서 연결된 모습을 표현하기에는 서로 너무 멀리 떨어져 있는 부품들을 표현할 때 유용하게 활용할 수 있다.

8장에서는 회로도를 실용적으로 활용하는 다양한 사례들을 소개하고 있으며, 144쪽 "전자 회로도"에서는 회로도에 대해 보다 자세한 설명이 담겨 있다.

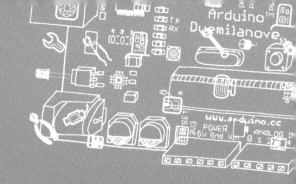

찾아보기